»Unser Leben ist nichts anderes als das,
worauf wir unsere Aufmerksamkeit richten.«

William James,
Begründer der Psychologie, 1890

Inhalt

Vorwort

In einer kleinen montenegrinischen Stadt begegne ich während einer Urlaubsreise der riesengroßen Puppe eines Mädchens, das jeder kennt. Es sitzt auf der Stadtmauer und lächelt in die Sonne. Unverkennbar sind die Sommersprossen und die geflochtenen Zöpfe links und rechts. Es ist das Mädchen, das sich die Welt macht, wie sie ihr gefällt, gemeinsam mit ihrem Affen Herrn Nilsson und dem Pferd Kleiner Onkel. Unweigerlich muss ich schmunzeln, als ich diese übergroße Pippi Langstrumpf erblicke und an ihre wohl bekannteste Liedzeile denke: »Ich mach mir die Welt, widde widde wie sie mir gefällt.«

Denn nicht nur das Mädchen mit den wilden Ideen macht sich die Welt, wie sie ihr gefällt, sondern wir alle machen das. Geboren mit unserem individuellen Erbgut und geprägt durch jeden einzelnen Moment unseres Lebens, nimmt jeder seine Umwelt ganz individuell wahr. Schuld daran ist niemand anderes als der beeindruckende Zellhaufen in unserem Kopf, unser Gehirn. Knapp zehn Jahre lang habe ich mich damit beschäftigt, wie sehr unser Oberstübchen die eigene Wahrnehmung beeinflusst und sich gleichzeitig ständig verändert, abhängig davon, womit wir unsere Zeit verbringen. Während meiner Promotion in Neurowissenschaften in London kam ich zunehmend ins Grübeln über meine Rolle in der Welt. Die wichtigste Frage dabei war für mich: Wie kann ich meinen Beitrag zu einer besseren Welt leisten? Und weil ich mich so viel damit beschäftigt hatte, was unser Gehirn mit den Informationen anstellt, die ihm begegnen, landete ich schnell bei der Frage, woher diese Informationen eigentlich kamen. Zeitung, Radio, Fernsehen, Internet: Ein Großteil kommt aus den Medien. Leider musste ich auch feststellen, dass unser Steinzeithirn im digitalen Zeitalter damit hoffnungslos überfordert ist.

Und dann? Dann habe ich ein Medienunternehmen mitgegründet. Klingt verrückt? Ist es aber nicht. Vielmehr war es für mich die logische Konsequenz aus der Erkenntnis, wie sehr unser täglicher Medienkonsum unser Gehirn und damit unser Weltbild und -verständnis beeinflusst. Denn mit Blick auf die Welt der Nachrichten und Berichterstattung da draußen war mir schnell klar: Die wenigsten Medienschaffenden sind sich ihrer Macht bewusst. Stattdessen sorgen sie mit ihrer Arbeit – häufig unbewusst – nicht nur dafür, dass wir schlecht informiert sind, sondern verstärken auch Vorurteile, Missverständnisse und Konflikte. Weil sie die wichtigste Zutat im Medien- und Informationsalltag vergessen: unser Gehirn.

Kapitel 1
Süchtig nach dem nächsten Update: Nachrichtenkonsum im 21. Jahrhundert

Eigentlich müssten wir richtig viel Zeit haben

Eigentlich müssten wir richtig viel Zeit haben. Jeder, der schon mal umgeben von Regalwänden voll mit Büchern und Ordnern nach einem bestimmten Satz gesucht hat, weiß, wie lange eine solche Suche dauern kann. Das Internet und gut programmierte Algorithmen, die riesige Datenbanken rasend schnell durchsuchen, haben uns Suchende arbeitslos gemacht – und jeden Menschen mit Internetzugang potenziell allwissend. Suchmaschinen werden immer cleverer, sodass wir mittlerweile einfach nur noch unsere Fragen in das Eingabefeld tippen müssen, um innerhalb von Millisekunden eine Antwort zu erhalten. Vorausgesetzt, die Netzabdeckung reicht aus, haben wir immer und überall Zugang zum Wissen der Welt. Die Ausrede »Das weiß ich nicht!« hat ausgedient und muss stattdessen lauten: »Ich habe keine Lust, nachzuschauen!«

So können wir unser Wissen über die Welt nach Lust und Laune erweitern und vergrößern. Und wer liefert dieses Wissen und bestimmt so auch unser Weltbild? Vor allem zwei Akteure. Da ist zum einen alles, was wir als Bildungseinrichtungen zusammenfassen. Schulen, Universitäten und andere Ausbildungsstätten vermitteln Jung und Alt das nötige Wissen für jede Grund- und Fachausbildung. Der zweite Akteur ist einer, der zwar auf den ersten Blick sehr greifbar wirkt, dessen Grenzen aber immer mehr verschwimmen: die Medien. Haben wir unsere Ausbildung abgeschlossen, werden sie zum dominanten Faktor, wenn es um die Prägung unseres Weltbildes geht: »Das hab ich in der Zeitung gelesen.« »Das kam im Fernsehen.« »Das haben sie im Radio gesagt.«

Die digitale Medienrevolution der letzten Jahre hat dafür gesorgt, dass Medien unseren Alltag grundlegend verändert haben: Smartphone und Internet haben Einzug in alle Lebensbereiche gehalten – und sind immer verfügbar, ob wir es wollen oder nicht. Gleichzeitig haben sich Form und Absender grundlegend verändert. Im Zeitalter von Zeitungen, Radio und Fernsehen konnten wir zwischen gedrucktem oder gesprochenem Wort und Bewegtbild wählen. Im Internet ist alles scheinbar gleichzeitig möglich. In der bunten Multimediawelt können wir einen Podcast hören, parallel der Live-Berichterstattung über Video und Ticker folgen und den interaktiven Wetterbericht überfliegen. Und das alles, wann immer wir wollen. Streamingdienste haben Videotheken und DVD-Rekorder abgelöst. In der Straßenbahn und am Bahnhof halten uns Videobildschirme gleichzeitig über die neuesten Nachrichten und das günstigste Brillenmodell auf dem Laufenden. Selbst im öffentlichen Raum werden wir mit den aktuellsten News versorgt, ohne danach fragen, geschweige denn suchen zu müssen.

Auch wenn der Begriff des Journalisten oder Reporters noch nie geschützt war oder keiner bestimmten Ausbildung bedurfte, sind wir im 21. Jahrhundert nicht nur scheinbar allwissend, sondern auch alle tatsächlich in der Lage, selbst zum Journalisten zu werden. Egal ob als Blogger mit eigener Website oder über einen unserer zahlreichen Social-Media-Kanäle, theoretisch können wir jetzt mit den einfachsten Mitteln der ganzen Welt unsere Ansichten mitteilen.

Formen und Absender von Nachrichten fallen also nicht mehr länger in feste Kategorien, die digitale Medienwelt ist dezentral, crossmedial, hochgradig heterogen und immer verfügbar. Wir müssen nicht länger auf die frisch gedruckte Zeitung warten, auf die volle oder halbe Stunde im Radio, auf den Gong zur *Tagesschau*. Diese dauerhafte Verfügbarkeit scheint das Schlüsselwort zu mehr Selbstbestimmtheit und besserer Informiertheit zu sein. Wenn wir es wollten, könnten wir jeden Tag 24 Stunden Neuigkeiten lesen, hören und schauen – und wären trotzdem nicht »fertig«. Denn die Zeiten der Zeitung, die irgendwann durchgelesen – oder zumindest durchgeblättert – ist, und die der Nachrichten, auf die im Radio Musik oder im Fernsehen der Spielfilm folgten, sind vorbei.

Warum also fühlt es sich so an, als hätten wir immer weniger Zeit? Ja, wir müssen nicht mehr Schrankwände voll mit Büchern durchsuchen, um Kants Kategorischen Imperativ zu finden oder um den Satz des Pythagoras nachzuschlagen. Doch immer, wenn wir gerade auf der Suche nach etwas sind, sei es im Büro am Computer oder unterwegs am Smartphone, wenn wir »nur kurz« etwas nachschauen wollen: Immer und überall werden wir verführt, zu klicken, zu scrollen und zu swipen. Aus dem einfachen Grund, dass die wertvollste Ressource im 21. Jahrhundert nicht mehr die Information, sondern unsere Aufmerksamkeit ist. Vom Suchenden sind wir zum Wählenden geworden, gefühlt immer und überall. Weil wir scheinbar wählen *müssen* zwischen der Push-Nachricht, der Netflix-Serie, dem Sparangebot für eine neue Regenjacke, dem YouTube-Video zur neuen Hit-Single und dem Hyperlink zum nächsten Text, der uns verrät, wie wir uns weniger ablenken lassen.

Dabei geben wir uns gern der Illusion hin, mehrere Aufgaben gleichzeitig lösen zu können und somit effizienter und erfolgreicher zu sein. Doch das Gegenteil ist der Fall, weil sich unser Gehirn immer nur auf eine Sache wirklich konzentrieren kann.[1] Wenn wir meinen, drei Dinge gleichzeitig zu erledigen, betreiben wir also kein Multitasking, sondern eher ein schnelles »Taskswitching«, das heißt, wir springen mit unserer Aufmerksamkeit sehr schnell zwischen verschiedenen Aufgaben hin und her. Mal abgesehen davon, dass wir so mehr Fehler machen, brauchen wir dabei insgesamt auch länger für das, was wir erledigen wollen. Zu allem Überfluss macht uns das ständige Springen auch noch unzufriedener.

Den Wert unserer Aufmerksamkeit haben Online-Unternehmen und somit auch die Medien natürlich längst erkannt. Täglich optimieren sie die Algorithmen und Angebote ihrer Websites, um möglichst viel unserer Zeit und Zuwendung abzugreifen. Denn das Internet des 21. Jahrhunderts und die damit verknüpften Geschäftsmodelle basieren längst auf einem Kampf um unsere Aufmerksamkeit. Der hinterlässt zwar keine äußerlichen Wunden und Narben, aber Spuren in unserem Gehirn und unserer Psyche – um die es vor allem in Kapitel 2 gehen wird. Und weil es bei diesem Kampf um sehr viel Geld geht, wird hart gekämpft: Für die sogenannten Aufmerksamkeits-Händler[2] ist unsere gedankliche Zuwendung Gold wert: »Das grundlegende Ziel der meisten Datenanalysten bei Facebook besteht darin, die Stimmung und das Verhalten von Menschen zu beeinflussen. Sie tun das die ganze Zeit, sodass dir die Geschichten besser gefallen, du auf mehr Werbeanzeigen klickst, du mehr Zeit auf der Website verbringst. Genauso funktioniert eine Website, jeder macht das und jeder weiß, dass es jeder tut.« So beschreibt Andrew Ledwina, ehemaliger Datenanalyst bei Facebook, das »offene Geheimnis«.[3]

Ich wollte doch nur ein Ticket kaufen ...

Wenn du meinst, ich übertreibe oder du seist immun gegen die Tricks und Techniken der »Aufmerksamkeits-Händler«, erinnere dich einfach an das letzte Mal zurück, als es darum ging, »eben schnell eine E-Mail zu verschicken«, »nur gerade das eine Buch zu bestellen« oder »noch kurz ein Zugticket zu buchen«.

Während also die Website der Deutschen Bahn lädt – auch wenn es nur Millisekunden dauert –, driftet deine Aufmerksamkeit schon ab, du springst zum E-Mail-Programm oder klickst auf die Schlagzeile einer Nachrichtenseite, überfliegst zwei Überschriften und springst wieder zurück zur Eingabemaske für dein Ticket. Während die Suchergebnisse für den gewählten Reisezeitraum vorbereitet werden, springst du zurück zu den Überschriften des Tages und googelst den Namen eines Unternehmens, das dort erwähnt wird und du noch nicht kanntest. In dem Moment kommt eine Nachricht eines Freundes bei dir an, und er fragt, ob es bei der Radtour nächste Woche bleibe. Gestern waren noch Regen und starker Wind vorhergesagt. Du willst dich vergewissern und öffnest schnell die Wetter-App. Während die lädt, checkst du Twitter, Xing oder Facebook. Ein Pop-up informiert dich über eine neue E-Mail mit dem Betreff: »Kurze Rückmeldung«. Das sollte schnell gehen, und du klickst vorher noch mal eben zum Browser, um … ja, um was eigentlich? Das Bahn-Ticket. Die Suche hat vier Ergebnisse geliefert, und du wählst das oberste aus. In dem Moment erscheint der verhasste Ladekreis, und du springst wieder zurück zu den Schlagzeilen des Tages. Irgendwo in den 42 offenen Tabs beginnt ein Song zu spielen, und verzweifelt startest du deine Suche nach ebendiesem Tab.

Eine halbe Stunde später hast du noch immer kein Ticket gekauft, und die verlorenen 30 Minuten sind das jüngste Opfer des Kampfes um deine Aufmerksamkeit, den im Hintergrund unzählige Unternehmen und Programmierer vorbereitet und ausgefochten haben. Indem sie Schriftfarben und -größen, Button-Texte und Links minimal angepasst haben. Stets optimiert für das eine Ziel, dich wie hypnotisiert weiterklicken zu lassen.

Angefangen hat der Kampf um unser teuerstes Gut, lange bevor der Großteil der Bevölkerung mit einem Smartphone in den Händen seinen Alltag zu bestreiten begann. In einer Zeit, in der Menschen tatsächlich noch viel Zeit damit verbrachten, in

Regalwänden voll mit Büchern und gedruckten Zeitungen nach Informationen zu suchen.

In der ersten Hälfte des 19. Jahrhunderts waren gedruckte Zeitungen ein Nischenprodukt, das gebildeten und wohlhabenden Menschen vorbehalten war. Reißerische Überschriften gab es noch nicht, die Artikel waren kompliziert und nicht besonders zugänglich geschrieben. Werbung war noch keine eigene Industrie; die Idee, damit Geld zu verdienen, kam gerade erst auf.

Diesen Status quo stellte ein findiger amerikanischer Verleger infrage. Im Alter von 23 Jahren witterte Benjamin Day eine Marktlücke und verkaufte seine *New York Sun* für einen statt die damals üblichen sechs Cent. Gleichzeitig erhöhte er die Auflage, sodass seine Zeitung für Unternehmen als Werbekunden interessant wurde. Plötzlich wollten alle eine Werbeanzeige in der *New York Sun* schalten, weil sie dadurch viele Menschen und damit potenzielle Kunden erreichen konnten. Das Ganze war wie so oft nur durch technologischen Fortschritt möglich. In diesem Fall durch dampfgetriebene Druckmaschinen, mit denen so schnell gedruckt werden konnte, dass jeden Tag eine frische Ausgabe der Zeitung verkauft werden konnte.

Dass der neue Massenmarkt der werbefinanzierten Zeitungen eine Goldgrube war, erkannten schnell auch andere, und das klassische *race to the bottom* begann: Im Wettlauf um die größtmöglichen Gewinne senkte die Regierung Sozial-, Arbeits- und Umweltstandards, deregulierte fleißig und ermöglichte Unternehmen, Steuern zu vermeiden. Bei diesem Abwärts-Wettlauf konnte es, genau wie heute, auch schon mal passieren, dass etwas in der Zeitung landete, was Unfug ist. So gab es schon 1835 Fake News in der *New York Sun:* In einer Serie über astronomische Entdeckungen zeigte sie das Leben auf dem Mond. Inklusive entsprechender Zeichnungen, auf denen Lebewesen, halb Mensch, halb fliegende Dinosaurier, auf dem Erdtrabanten umherwandelten.[4]

Der Wert deiner Aufmerksamkeit

Die wildesten Geschichten über Mord und Totschlag, Kriege und Skandale, Ehebrüche und Intrigen verkaufen sich auch knapp 200 Jahre später noch am besten. Und klar ist auch: Wer mit einer Ressource – in diesem Fall unserer Aufmerksamkeit – Geld verdienen will, sollte möglichst viel davon sammeln. Massenmedien aller Art und Websites, die unsere Aufmerksamkeit gewinnbringend weiterverkaufen wollen, setzen also vor allem darauf, möglichst viele Augen- und Ohrenpaare so lange wie möglich in ihren Bann zu ziehen.

Ausgerechnet im Internet war das nicht immer so. Das World Wide Web bestand aus kleineren Netzwerken, in denen sich eine begrenzte Anzahl Menschen austauschte. Ganz ohne Werbung. Selbst die beiden Gründer von Google, Sergey Brin und Larry Page, verwiesen 1998, in der Anfangsphase ihres Unternehmens, auf die korrumpierende Wirkung von Werbung und wussten, »dass werbefinanzierte Suchmaschinen von Natur aus die Interessen der Werbekunden gegenüber denen der Konsumenten bevorzugen«.[5] Der anfängliche Idealismus hielt nicht lange an, und heute kämpft Google an vorderster Front mit um unsere Aufmerksamkeit. Kein Internet-Unternehmen verdient mehr Geld mit Werbeeinnahmen.[6]

Das funktioniert so gut, weil wir unsere wichtigste Ressource häufig unter Wert verkaufen. Während wir mit unserem Geld sehr viel sorgsamer umgehen und uns häufig zweimal überlegen, wofür wir es ausgeben, verschenken wir unsere Aufmerksamkeit eher freizügig. Du glaubst mir nicht? Dann lade ich dich ein, einen kleinen Test mitzumachen.

Wenn du das nächste Mal online unterwegs bist, stelle dir bei jedem Klick, jeder Website oder App, die du besuchst, die Frage: Ist das, was ich gerade konsumiere, voraussichtlich auch noch morgen, in einer Woche, einem oder gar fünf Jahren relevant? Mache dann einen Strich in einer von vier Spalten für den jeweiligen Zeitraum, in dem der Inhalt noch relevant sein wird. Probiere das eine Stunde lang oder vielleicht sogar einen ganzen Tag lang aus. Wie viele Einträge stehen am Ende in welcher Spalte? Wenn du mit der Spalte »Schon morgen nicht mehr relevant« begonnen hast und ganz rechts die Spalte »Noch in fünf Jahren relevant« angelegt hast, nimmt die Anzahl der Striche von links nach rechts ziemlich sicher mit jeder Spalte ab.

Wie gut weißt du Bescheid?

Nun gut, magst du vielleicht sagen, es muss ja nicht immer alles eine lange Halbwertszeit haben – dafür bin ich aber stets bestens über den Zustand der Welt informiert. Denn im Gegensatz zur Zeitung oder Nachrichtensendung bietet das Internet unendlich viel Platz und hat eine unbegrenzte Sendezeit. Es ist nie »leer« und immer auf dem neuesten Stand. Noch vor wenigen Jahrzehnten dauerte es Tage, Wochen oder gar Monate, bis eine Neuigkeit einmal um den Globus gereist war. Politiker, Entscheider und auch Bürger waren also quasi gezwungen, eine langfristigere Sicht einzunehmen. Jetzt informieren uns Push-Nachrichten auf dem Smartphone in Echtzeit über den Rücktritt eines Bundestagsabgeordneten, den schweren Verkehrsunfall am anderen Ende Europas und das drohende Unwetter an der US-amerikanischen Küste. Wir sind also stets bestens informiert und wissen, wie es um die Welt bestellt ist, oder?

Auch hier lade ich dich auf ein kleines Experiment ein, um dein eigenes Wissen zu überprüfen. Wann immer ich Menschen erkläre, welche Verantwortung die Medien haben, stelle ich ihnen eingangs ein paar Fragen zum Zustand der Welt. Nachfolgend siehst du vier Fragen mit jeweils drei Antwortmöglichkeiten. Deine Aufgabe ist es, die jeweils richtige Antwort zu finden. Im Anschluss erfährst du die richtigen Lösungen und außerdem, wie rund 1000 Deutsche die Fragen beantwortet haben.[7]

1. Wie viel Prozent erwachsener Menschen können weltweit lesen und schreiben?
a) 80 %
b) 60 %
c) 40 %

2. Wie hat sich die Zahl der Toten durch Naturkatastrophen seit 1970 weltweit entwickelt?
a) Mehr als verdoppelt
b) Ungefähr gleich geblieben
c) Auf weniger als die Hälfte gesunken

3. 1990 starben 9 % der Kinder weltweit vor dem Erreichen des 5. Lebensjahres. Welche Linie zeigt die Entwicklung der weltweiten Kindersterblichkeit seitdem?

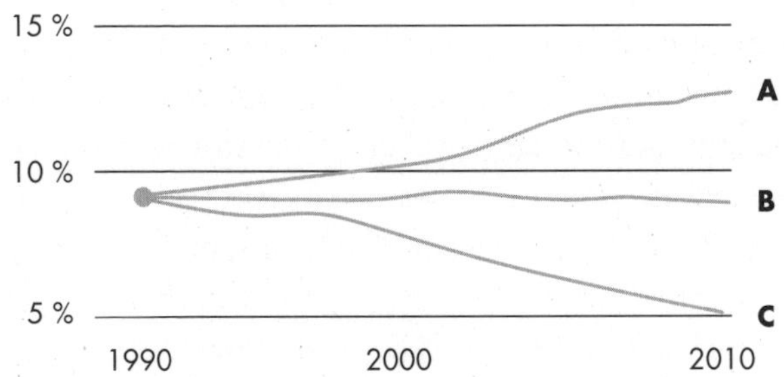

a) Linie A
b) Linie B
c) Linie C

4. Wie viel Prozent aller einjährigen Kinder auf der Welt sind gegen Masern geimpft?
a) 20 %
b) 50 %
c) 80 %

Letzte Frage – quasi als Bonus: Glaubst du, du hast alle Fragen richtig beantwortet?

Die richtige Antwort auf die erste Frage lautet: 80 %. So viele Menschen ab 15 Jahren können weltweit lesen und schreiben. Und weil der Anteil stetig wächst, waren es 2016 mittlerweile sogar schon mehr als 86 %.[8] Allerdings hat von den 1000 befragten Deutschen weniger als ein Drittel die Frage richtig beantwortet:

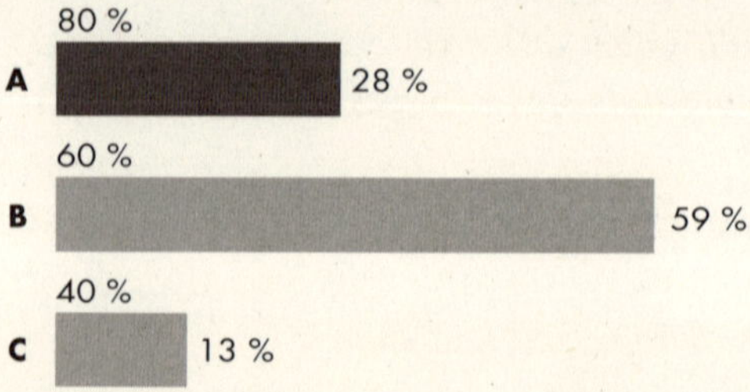

Wie sieht es bei der Anzahl der Toten durch Naturkatastrophen aus? Seit 1970 ist sie tatsächlich auf weniger als die Hälfte gesunken.[9] Nur 6 % der Befragten haben diese Frage richtig beantwortet:

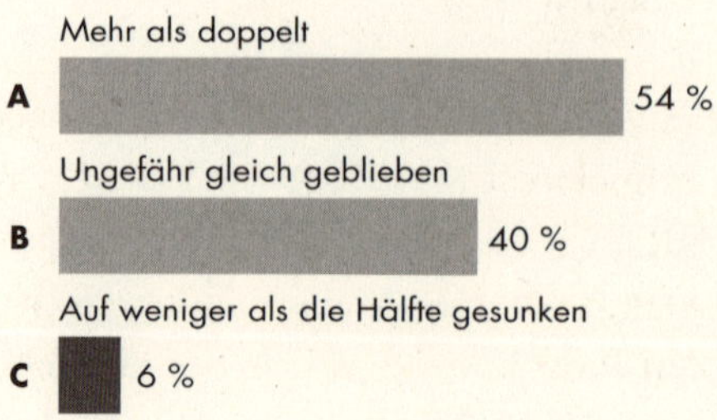

Die richtige Antwort auf Frage Nummer 3 scheint einfacher zu sein, denn immerhin tippen gut 40 %, dass die Kindersterblichkeit sich seit 1990 halbiert hat.[10] Mit Blick auf die aktuellsten Daten von 2016 ist sie sogar um 56 % gesunken.

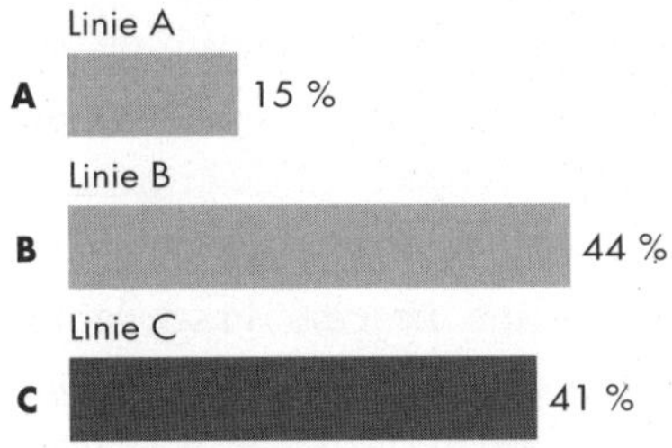

Bleibt die letzte Frage nach den Masernimpfungen. Vielleicht ahnst du es schon – auch hier ist die Antwort »unerwartet gut«. Vor allem durch den Einsatz einiger großer Stiftungen und Hilfsorganisationen sind mittlerweile sogar knapp 85 % aller einjährigen Kinder weltweit gegen Masern geimpft.[11] Das ist allerdings bei den meisten Befragten noch nicht angekommen, nur jeder Zehnte der gut 1000 Deutschen wählte die richtige Antwort:

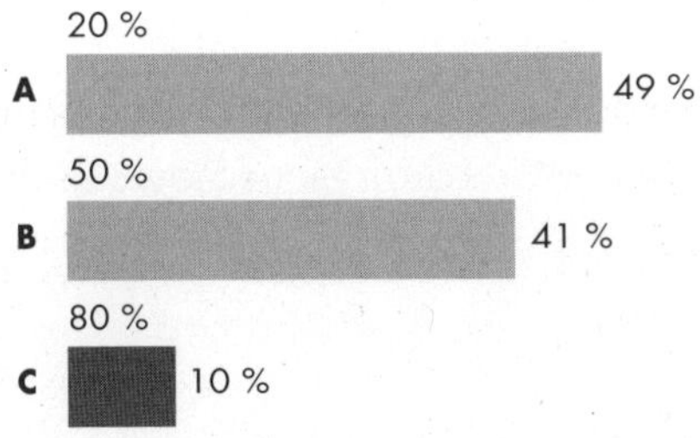

Fassen wir also zusammen: Bei drei von vier Fragen zum Zustand der Welt schneiden die Befragten schlechter ab, als wenn wir den Zufall hätten entscheiden lassen. Denn hätten wir rund 1000 Mal gewürfelt, wäre jede Antwortmöglichkeit im Durchschnitt auf gut 30 Prozent gekommen. Ein ähnliches Ergebnis könnten wir erzielen, wenn wir einen Affen oder Hund die

Fragen beantworten ließen. Was ich damit sagen will: Wir alle haben wenig Ahnung von der Welt – zumindest, wenn es um wirklich wichtige, langfristige Entwicklungen wie Alphabetisierung und Kindersterblichkeit geht. Das ist nicht nur in Deutschland der Fall, sondern in allen Ländern, in denen Menschen die insgesamt zehn Fragen des sogenannten Ignoranztests der schwedischen Gapminder Stiftung[12] beantwortet haben.

Das gleiche Bild bietet sich mir, wenn ich bei öffentlichen Vorträgen, in Seminaren und Workshops, auf Messen und Festivals sowie in großen und kleinen Redaktionen die vier ausgewählten Fragen beantworten lasse. Egal, welchem Publikum ich die Fragen gestellt habe, die Ergebnisse waren mindestens genauso falsch wie in der Gapminder-Befragung. Bei einem Workshop in der Redaktion eines öffentlich-rechtlichen Senders fragte mich sogar eine der Teilnehmerinnen: »Schneiden Journalisten beim Test besonders schlecht ab?« Damit hatte sie den Nagel auf den Kopf getroffen. Denn auch Hans Rosling,[13] der Gründer der Gapminder Stiftung und Erfinder des Ignoranztests, hat schon früh festgestellt, dass Journalisten ein besonders negatives Weltbild haben. Also die Menschen, die uns den Zustand der Welt beschreiben sollen, haben ein noch negativeres Bild von der Welt als der Rest von uns. So entsteht ein System, dass sich fortwährend selbst verstärkt. Denn Journalisten sorgen dafür, dass sich unser ohnehin schon zu negatives Weltbild weiter verschlechtert.

Wenn es knallt, wird es interessant

Die Vorliebe fürs Negative – gemäß dem Slogan »Only bad news are good news«, also »Nur schlechte Nachrichten sind gute Nachrichten« – ist in der journalistischen Arbeit weit verbreitet und ist auch empirisch gut untersucht. Haben Journalisten und Herausgeber die Wahl zwischen einem positiven oder negativen Aufhänger für ein Thema, erachten sie die Story mit negativer Aufmachung als wichtiger und sind geneigter, sie zu publizieren.[14] Diese Vorliebe ist in der Branche auch unter dem zuerst 1989 vom amerikanischen Journalisten Eric Pooley verwendeten Ausspruch »If it bleeds it leads« bekannt, also etwa »Wenn es blutet, steht's auf Seite 1«. Pooley verwendete die Aussage in einem Artikel in der *New York Times*, in dem er lokale Nachrichten dafür kritisierte, sich zu sehr auf negative Ereignisse zu fokussieren. Nachrichten gelten unter Medienmachern besonders dann als »nachrichtenwürdig«, wenn sie von Kriegen, Korruption, Skandalen, Mord, Hungersnöten und Naturkatastrophen handeln.[15] Die hier zusammengefassten Ergebnisse stammen aus den unterschiedlichsten Studien der letzten 60 Jahre und zeigen, wie fest verwurzelt der Fokus aufs Negative unter Journalisten ist.

(Nur) was nicht funktioniert, hat einen Nachrichtenwert. Klassisches Beispiel ist der Flugzeugabsturz und die mehr als 99,9 Prozent der Flugzeuge, die sicher gelandet sind. Ersteres hat einen Nachrichtenwert, die zweite Zahl ist keine Schlagzeile wert. Der Journalismus als vierte Macht im Staat berichtet vor allem über Probleme, Skandale und Schandtaten. Gern ist auch schnell von Krisen – egal ob Flüchtlings-,[16] Staats-, Klima-, Euro- oder Trainerkrise – die Rede. Wann genau eine Krise eigentlich beginnt, sei an dieser Stelle mal dahingestellt (mehr dazu im dritten Teil des Buches), Hauptsache Krise.

Der Fokus der Journalisten aufs Negative lässt sich in zweierlei Hinsicht erklären: Zum einen ist dieser Hang tief in uns allen verankert (dazu mehr in Kapitel 2), zum anderen will sich kein Journalist den Vorwurf gefallen lassen, Schönwetter-Journalismus oder Hofberichterstattung zu betreiben. Indem sich die Zunft auf das konzentriert, was schlecht läuft, soll der Journalismus seiner Wächterfunktion gerecht werden. Er soll die Mächtigen in Schach halten und sie an ihre Verantwortung erinnern; er soll informieren, damit Bürger aktiv an der Gesellschaft teilhaben können. Genau das sind die essenziellen Funktionen des Journalismus in unserer Gesellschaft. Dabei schießen die Redakteure und Herausgeber mit ihrem Hang zum Negativen aber häufig über das Ziel hinaus, weil sie am Ende nur einen Teil der Welt abbilden. Vor allem in der tagesaktuellen Berichterstattung wird kaum über mögliche Lösungsansätze und positive Entwicklungen berichtet. So rückt alles, was schiefläuft, unverhältnismäßig stark in den Fokus der Berichterstattung und damit auch unserer Wahrnehmung. Ganz konkret nachvollziehen können wir das zum Beispiel mit Blick auf die Berichterstattung über den Arbeitsmarkt in Deutschland: Obwohl sich die wirtschaftliche Lage von Ende 2000 bis Ende 2008 signifikant verbessert hatte, fanden Wissenschaftler im Wirtschaftsteil der *Welt* zwanzigmal so viele negative Beiträge zur Situation des Arbeitsmarktes wie positive.[17] Ein weiterer Faktor beim Hang zum Negativen ist übrigens die Geschlechterverteilung in den Chefetagen der Medienhäuser. Zeitungen mit überwiegend männlichen Herausgebern veröffentlichen einen höheren Anteil an Nachrichten mit negativem Fokus als solche, in denen mehr Frauen mitentscheiden.[18] Das Übermaß an negativer Berichterstattung ist aber nicht der einzige Grund für unser verzerrtes – überall auf der Welt verbreitetes,[19] zu negatives – Weltbild, das nicht der Realität entspricht.

Weil ein Flugzeugabsturz in vielen Fällen nicht in Zusammenhänge eingeordnet wird und wir nicht erfahren, wie sicher Flugreisen im Vergleich zu anderen Verkehrsmitteln sind, bleiben wir mit der »Erkenntnis« zurück: Fliegen ist gefährlich. Obwohl in Wahrheit sämtliche anderen Verkehrsmittel viel gefährlicher sind, gemessen anhand der tödlichen Unfälle pro zurückgelegte Kilometer.[20] Weil wir aber alle die Bilder von wild verstreuten Flugzeugteilen und menschlichen Überresten nach einem Flugzeugabsturz kennen, haben viel mehr Menschen Angst vor dem Fliegen als davor, jeden Morgen in ihr Auto zu steigen.

Der Negativ-Fokus in der Berichterstattung ist also die eine Zutat für unser verzerrtes Weltbild, die andere hat weniger mit den ausgewählten Themen zu tun, sondern mehr mit der Tiefe, mit der sie behandelt werden. Die Nachrichten des Tages sind meist eine Aufeinanderfolge von Einzelereignissen, die wir wie einen Haufen Puzzleteile vorfinden. Und wie wir das mit Puzzleteilen so machen, versuchen wir sie zusammenzusetzen, damit wir am Ende ein Bild haben, das wir an die Wand hängen können, oder in diesem Fall, das unser Weltbild ergibt. Dumm nur, wenn die Teile nicht zusammenpassen und wir sie notfalls mit viel Drücken und Gewalt irgendwie aneinanderpressen, damit am Ende doch nicht nur ein bunter Haufen Puzzleteile liegen bleibt, sondern ein Bild herauskommt. Das ist der Kraftakt, den wir aufwenden müssen, wenn wir versuchen, die Puzzleteile aus negativen Einzelereignissen, die wir aus den Nachrichten erfahren, zu einem Bild zusammenzusetzen: Wir füllen die Lücken mit ähnlichen – negativen – Dingen, sodass am Ende dabei ein verzerrtes, zu negatives Weltbild rauskommt. Denn was in der tagesaktuellen Berichterstattung meist untergeht, ist die Einordnung der Einzelereignisse. Was bedeutet es, wenn eine bestimmte Zahl gesunken oder gestiegen ist? Sei es das Wahlergebnis einer Partei, die Zahl der Arbeitslosen im Monat Mai oder die Zahl der Verkehrstoten?

Der Fokus in den Medien auf Negatives und Einzelereignisse hat noch eine weitere Folge, die in der Wissenschaft als sogenannte Optimism Gap[21] – also Optimismus-Lücke – bekannt ist: Nach dem Zustand unserer direkten Umgebung gefragt, schätzen wir den meist recht realistisch ein. Klar, wird ab und an mal irgendwo eingebrochen, es stirbt jemand, oder es brennt ein Restaurant. Aber im Großen und Ganzen haben wir ein realistisches, manchmal sogar zu positives Bild unseres eigenen Zustands und unserer alltäglichen Umgebung. Mit Blick auf den Zustand unserer Nation oder gar auf internationale Zusammenhänge ist unsere Einschätzung, wie eben gezeigt, sehr viel negativer. Sie ist besonders schlecht, wenn es um Zusammenhänge geht, die wir in den Medien aus zweiter oder dritter Hand erfahren. Diese Kluft ist die Optimism Gap.

Die Ironie der Gesamtsituation könnte kaum offensichtlicher sein: Nie zuvor in der Geschichte der Menschheit hatten wir Zugang zu so vielen Informationen, und dennoch kreiert das schier unbegrenzte Informationsangebot eine Bevölkerung, die ein verzerrtes, zu negatives Weltbild hat. Ein Paradox!

Denn obwohl wir eigentlich bestens über den Zustand der Welt informiert sein könnten, ist das nicht der Fall. Da der Tag aber nur 24 Stunden hat und unsere Zeit und Aufmerksamkeit, uns mit der Lage der Welt zu beschäftigen, beschränkt ist, sind wir auf Vermittler angewiesen. Das sind heutzutage in den meisten Fällen digitale Medienangebote unterschiedlichster Art – von klassischen (Online-)Zeitungen bis zu Blogs, Social-Media-Feeds und Newslettern. Die sind in den meisten Fällen zumindest anteilig über Werbung finanziert. Die Werbekunden sind zufriedener – sprich: zahlen mehr –, wenn wir möglichst viel Zeit auf ihren Websites verbringen, die sie als Werbefläche nutzen. Das hat dazu geführt, dass unsere Aufmerksamkeit zur wichtigsten Ressource im Online-Handel geworden ist. Die medialen Angebote sind also darauf aus, die Schlagzeilen zu bringen, die uns zum Klicken und Bleiben motivieren.

So wird der Kampf um unsere Aufmerksamkeit online zum Wettrennen um die attraktivsten Aufmacher. Während die wertvollste Ressource im 21. Jahrhundert also nicht mehr Informationen, sondern unsere Aufmerksamkeit ist, hat sich auch unsere wertvollste Fähigkeit verändert. Wenn Informationen immer und überall verfügbar sind, besteht die Kunst nicht mehr darin, Informationen zu finden, sondern sie zu filtern, zu evaluieren, einzuordnen und auch kritisch zu hinterfragen. Na ja, das kann so schwer ja nicht sein, denkst du vielleicht. Doch bei all diesen Aufgaben macht uns unser Gehirn einen dicken Strich durch die Rechnung. Denn es funktioniert nicht wie eine Festplatte, die alles fein säuberlich abspeichert, was wir an Eindrücken und Informationen jeden Tag so konsumieren. Und es kann Fehler, die sich gegebenenfalls eingeschlichen haben, nicht einfach löschen.

Im Gegenteil.

Nur wenn wir das verstehen, können wir Informationen und Medien so nutzen, dass sie uns weiterbringen.

Kapitel 2
Abhängigkeit mit Folgen: Das macht die Informationsflut mit Gehirn und Psyche

Unsere aktuelle – häufig ungefilterte – Informationswut, in der wir abwechselnd oder am besten gleichzeitig auf mehrere Bildschirme starren, Kopfhörer im Ohr haben und uns durch Websites klicken oder wischen, ist wie eine Sucht. Mit entsprechenden Folgen für unser Gehirn und unsere Psyche.

Beginnen wir also mit der Frage, wie wir neue Informationen verarbeiten und welche Rolle dabei unsere bisherigen Erfahrungen spielen. Genau das habe ich während meiner Doktorarbeit in Neurowissenschaften wissenschaftlich untersucht. Ich war besonders daran interessiert, wie unser sich ständig veränderndes Gehirn und unsere Wahrnehmung miteinander agieren. Könnte es tatsächlich möglich sein, dass neue Erfahrungen unser Gehirn so verändern, dass wir die Welt daraufhin anders wahrnehmen?

Als ich mit meinen Untersuchungen begann, war bereits bekannt, dass unser Denkapparat im Kopf viel plastischer ist als lange angenommen. Selbst im fortgeschrittenen Alter verändert er sich anatomisch, wenn wir neue Dinge lernen. Angenommen, ich würde zum Beispiel jetzt eine Aufnahme deines Gehirns mit einem Kernspintomografen (MRT) machen, dich dann für ein paar Wochen wegschicken, damit du Jonglieren erlernst, und anschließend erneut eine Aufnahme deines Gehirns machen. Dann könnte ich beim Vergleich der beiden Aufnahmen deines Gehirns anatomische Veränderungen sehen: das sogenannte neuronale Korrelat deiner neuen Fähigkeit zu jonglieren.[1]

Die Macht unserer Gewohnheiten

Richtig spannend wird es aber mit Blick auf meine und andere neue wissenschaftliche Ergebnisse, die klar zeigen, dass die Geschichte deines Gehirns – also alles, was du bisher in deinem Leben wahrgenommen und getan hast – beeinflusst, wie du Neues verarbeitest und lernst. Stärker noch: Was immer dein Gehirn in diesem oder jedem anderen Moment gerade tut, beeinflusst deine Wahrnehmung im nächsten Moment – also zum Beispiel, wie du die folgenden Zeilen dieser Buchseite liest und verarbeitest. In den Studien meiner Doktorarbeit konnte ich genau das zeigen. Also, dass sich die jeweils aktuelle Hirnaktivität und neue Erfahrungen unaufhörlich gegenseitig beeinflussen. Eben weil die aktuelle Aktivität in deinem Gehirn zu jedem Zeitpunkt beeinflusst, wie du die Welt wahrnimmst und wie du neue Erfahrungen verarbeitest. Umgekehrt bestimmt die vollständige Sammlung aller bisher gemachten Erfahrungen deine aktuelle Hirnaktivität.

Was sagt uns das? Dass die Aktivität deines Gehirns zu jedem Zeitpunkt eine wichtige Rolle dabei spielt, wie du die Welt wahrnimmst und Neues lernst.

Eine Gemeinsamkeit, die ich als Neurowissenschaftlerin mit vielen Journalisten teile, ist das Interesse an den Momenten, wenn etwas schiefläuft – oder sagen wir mal besser, nicht so läuft wie erwartet. In diesem Fall bedeutet das: Was passiert, wenn wir mit unseren Erwartungen über die Welt und wie sie funktioniert, falschliegen?

Dabei hilft ein einfaches Beispiel: Stell dir vor, du betrittst ein Krankenhaus, aber statt in Weiß gekleideten Ärzten und Pflegepersonal kommen dir lauter Frauen und Männer entgegen, die wie Rettungsschwimmer gekleidet sind. Das würde dafür sorgen, dass in deinem Gehirn ein kleines Feuerwerk neuronaler Aktivität zu beobachten wäre, die signalisiert, dass hier irgendetwas unerwartet – also falsch – läuft. Auch der Rest deines Körpers würde entsprechend überrascht reagieren, vielleicht würdest du wie angewurzelt stehen bleiben, die Rettungsschwimmer ungläubig anstarren und deine Kinnlade hinunterklappen.

Mit Blick auf die konstante Wechselwirkung zwischen aktueller Hirnaktivität und neuen Erfahrungen würde diese Erfahrung dein Gehirn und damit auch deine Erwartungshaltung verändern, wenn du das nächste Mal ein Krankenhaus betrittst. Angenommen, du besuchst dieses zunächst verwirrende Krankenhaus immer und immer wieder, würde sich mit jedem Mal deine Vorstellung, was ein Krankenhaus ist und wie es aussieht, verändern – genau wie dein Gehirn. Vielleicht würdest du sogar irgendwann automatisch Badesachen einpacken, wenn du dich auf den Weg ins Krankenhaus machst.

Genauso formen wir Gewohnheiten. Und die bestimmen unser Leben massiv: 50 bis 95 Prozent unserer Handlungen sind nichts anderes als Gewohnheiten.[2] Das untersuchten Wissenschaftler, indem sie ihre Probanden über längere Zeiträume jede Stunde aufschreiben ließen, was sie in den letzten 60 Minuten gemacht hatten, inklusive einer Bewertung, die den Wissenschaftlern erlaubte zu entscheiden: Gewohnheit oder nicht?

Wecker ausstellen, aufs Smartphone blicken, kurz strecken, Kaffeemaschine starten, Meerschweinchen füttern, Haare waschen. Würdest du jede dieser morgendlichen Handlungen in einem Tagebuch notieren, stelltest du fest: Die meisten Dinge, die du tust, laufen automatisch ab, also ohne dass du viel darüber nachdenkst.

Dabei sind Gewohnheiten mehr als bloßes sich wiederholendes Verhalten: Sie benötigen eine geringe bis gar keine bewusste Kontrolle, werden also durch relativ automatische Vorgänge gesteuert, die minimales Nachdenken erfordern. Nicht nur verhältnismäßig einfache Dinge, wie das Tippen auf einer Tastatur, Kochen und Radfahren, können zur Gewohnheit werden, sondern auch komplexe Zusammenhänge, wie das Frühstücksgespräch zwischen dem lang verheirateten Ehepaar, das trotz laufenden Radios und Zeitungslektüre mühelos gelingt.

Schon die Bandbreite zeigt: Gewohnheit ist nicht gleich Gewohnheit, und die Frage, wie lange es dauert, bis eine Gewohnheit zu einer solchen wird, hat in der populärwissenschaftlichen Literatur schon für das eine oder andere Gerücht gesorgt. Allen voran die 21-Tage-Hypothese, die auf Ergebnissen aus der plastischen Chirurgie beruht: Nach Operationen, die das eigene Aussehen verändern, benötigen Patienten durchschnittlich 21 Tage, um sich an ihre neue Nase oder ihren amputierten Arm zu gewöhnen.[3] Daraus schlossen findige Journalisten, dass neue Gewohnheiten generell nach 21 Tagen etabliert sind. Ganz unabhängig davon, dass unsere Gewöhnung an das eigene Spiegelbild wenig mit Gewohnheiten zu tun hat.

Tatsächlich kann es sehr unterschiedlich lang dauern, bis sich eine Gewohnheit einstellt. Das hängt nicht nur von der Tätigkeit ab, die zur Gewohnheit wird oder werden soll, sondern auch von der jeweiligen Person und anderen äußeren Faktoren. Jeden Morgen ein Glas Wasser zu trinken wird für die meisten Menschen schneller zur Gewohnheit, als täglich 50 Sit-ups zu machen. Die realistischere Einschätzung, wie lange es braucht, bis sich eine neue Gewohnheit in unserem Gehirn verankert hat, lautet: 18 bis 254 Tage.[4] Außerdem gilt: Je stärker eine Gewohnheit ist, desto schwieriger können wir sie ändern oder verlernen.

Eine einzelne Gewohnheit allein – egal ob das morgendliche Strecken oder das Anstellen der Kaffeemaschine – hat keine große Bedeutung. Doch in ihrer Summe bestimmen sie uns und unser Leben. Sie definieren unsere Kommunikation mit Freunden und Familie, unsere Freizeitplanung, wofür wir unser Geld ausgeben und wie wir unsere Gedanken organisieren. Sie sind die Dinge, die wir uns irgendwann mal bewusst überlegt haben zu tun – und die wir dann automatisiert haben. Ausgelöst wird eine Gewohnheit immer in einer bestimmten Umgebung – oder wissenschaftlicher ausgedrückt: dem Kontext.

Das kann das Geräusch des klingelnden Weckers sein, der Duft von frisch gebackenen Brötchen oder ein bestimmter Ort wie die Straßenkreuzung an der Bushaltestelle, an der du wie von selbst abbiegst.[5] Bleibt die Frage, wie etwas zur Gewohnheit wird. Zahlreiche Studien haben gezeigt, dass die Wiederholung eines Verhaltens in einem bestimmten Kontext dafür sorgt, dass nach einiger Zeit der Kontext allein ausreicht, um das Verhalten auszulösen. Wenn du also lange genug jedes Mal nach dem Aufstehen die Laufschuhe schnürst, reicht irgendwann der klingelnde Wecker aus, um dich scheinbar ferngesteuert deine Schuhe anziehen zu lassen – selbst wenn du keine Motivation oder Lust verspürst, durch den morgendlichen Nieselregen zu laufen. Sprich: Du hast eine neue Gewohnheit. Und die lässt sich auch im Gehirn messen. Zum Beispiel bei Ratten und Affen.

Eine neue Gewohnheit entsteht im Gehirn

In den 1990er-Jahren begannen Wissenschaftler mit Ratten zu untersuchen, wie Gewohnheiten entstehen.[6] Dafür setzten sie die Nager in ein kleines Labyrinth, an dessen Ende Futter lag. Die Ratten begannen also sich auf die Suche nach dem Futter zu machen, und bei ihren ersten Entdeckungstouren feuerten verschiedene Areale im Gehirn auf Hochtouren. Neue Gerüche und andere Sinneswahrnehmungen wurden vom Gehirn verarbeitet, erste Gedächtnisspuren gespeichert.

Nach nur einer Woche nahmen diese Hirnaktivitäten allerdings rapide ab. Die Ratten hatten das Labyrinth kennengelernt und navigierten auf direktem Wege zum Futter. Wie aber wird daraus eine Gewohnheit?

Um dies zu verstehen, trainierten Wissenschaftler Affen so, dass diese immer dann an einem Hebel ziehen, sobald sie auf einem Bildschirm vor ihnen einen bunten Kreis oder andere geometrische Formen entdecken. Ziehen sie zum richtigen Zeitpunkt am Hebel, erhalten sie einige Tropfen süßen Brombeersaft als Belohnung.[7]

Dazu musst du wissen: Affen lernen schnell und gewöhnen sich an die süße Belohnung. Sie gewöhnen sich so stark daran, dass die Aktivität der Nervenzellen in den Hirnarealen, die auf die Belohnung reagieren, sich verändert. Zu Beginn des Experiments, also wenn die Affen noch in der Lernphase sind, sind die Gehirnzellen erst aktiv, *nachdem* der Brombeersaft im Mund des Affen angekommen ist. Haben die Affen die Aufgabe gelernt und sich daran gewöhnt, dass sie, wenn sie zum richtigen Zeitpunkt am Hebel ziehen, leckeren Brombeersaft erhalten, dauert es nicht lang und die Nervenzellen sind aktiv, *bevor* der Saft im Mund des Affen landet. Das Gehirn beginnt also die Belohnung zu erwarten.

Und wehe, es kommt dann kein Brombeersaft aus dem Schlauch, und das Verlangen des Affen wird nicht gestillt! Je nachdem, wie stark die Gewohnheit schon im Gehirn verankert ist, bleibt ein unruhiger und wütender Affe zurück, der in seinem Frust selbst die Möglichkeit, mit seinen Kollegen zu spielen, vernachlässigt. Seine Erwartung, süßen Saft zu bekommen, geht vor.

Dieser kleine wissenschaftliche Exkurs mit Ratten und Affen zeigt: Gewohnheiten sind Segen und Fluch zugleich. Die Frage ist also: Nutzt diese »Automatik des Seins« unserer Gewohnheiten uns mehr, als dass sie uns schadet? Wie bei fast allen Dingen im Leben gibt es auch hier keine einfache Schwarz-Weiß-Antwort. Denn unsere Routinen sind nicht nur »gut« oder nur »schlecht«.

Gewohnheiten sind Segen!

Was wäre unser Leben kompliziert, wenn wir jeden Morgen erneut darüber nachdenken müssten, wie wir unser T-Shirt überstreifen können, unsere Zahnbürste halten müssen und wie die Haustür abzuschließen ist! Unsere Gewohnheiten agieren quasi als ein mentaler Butler, der uns Zeit und andere Kapazitäten freihält, um Neues zu entdecken. Ein Butler, der uns so gut kennt, dass er nicht nach unseren Vorlieben und Wünschen fragen muss, sondern sie einfach ungefragt berücksichtigt.

Um den enormen Nutzen und Segen von Gewohnheiten zu verstehen, denken wir hier noch mal an die Ergebnisse mit den Ratten im Labyrinth. Nach nur einer Woche verringerte sich die Aktivität in ihren Gehirnen, und der mentale Butler trat seinen Dienst an. Unser Gehirn ist ständig auf der Suche nach Energiesparmaßnahmen. Denn ein effizienteres Gehirn hat Luft, um Neues wahrzunehmen, und spart so Ressourcen und Platz. Aus diesem einfachen Grund gibt es Gewohnheiten.

Nimm dir drei Minuten Zeit und notiere in der Zeit alle Gewohnheiten, für die du dankbar bist und die dir das (tägliche) Leben einfacher machen.

Gewohnheiten sind Fluch!

Sosehr Gewohnheiten uns den Alltag erleichtern, so stumpfen sie uns auch ab:[8] Kleine Veränderungen gehen unter und werden nicht von uns berücksichtigt. Einmal im Autopilot-Modus, lassen sich Gewohnheiten nur schwer stoppen. Das gilt auch in Situationen, in denen vielleicht ein anderes Verhalten angemessener und effizienter wäre. Außerdem verpassen sie nicht nur unseren Emotionen und Gefühlen einen Dämpfer, sondern auch unserer Gedankenwelt und Kreativität. Sie schränken unsere Vorstellungskraft von dem, was möglich ist, ein. Wer immer in den gleichen Bahnen denkt, verlernt, neue Perspektiven einzunehmen. Was zunächst vielleicht ein wenig abstrakt klingen mag, lässt sich am besten anhand eines kleinen Selbsttests verdeutlichen.

Versuche die folgenden neun Punkte mit vier Linien zu verbinden, ohne zwischendurch den Stift abzusetzen. Diagonalen sind erlaubt, aber keine Schlangenlinien.

Die Auflösung findest du im Anhang.

Die Macht der Gewohnheiten erkannte 1890 auch schon William James, der als einer der Wegbereiter der modernen Psychologie gilt. Seine Feststellung – »Unser Leben ist nichts anderes als das, worauf wir unsere Aufmerksamkeit richten« – habe ich darum diesem Buch als richtungsweisendes Zitat vorangestellt.

Ein wenig so, als hätten wir uns gemeinsam auf die Reise gemacht, sprach er aber nicht nur der Aufmerksamkeit eine fundamentale Rolle zu, sondern erkannte auch den Zusammenhang zwischen dem, worauf wir unsere Aufmerksamkeit richten, und unseren Gewohnheiten, die daraus erwachsen und schließlich Teil unseres Lebens werden. So schrieb James keine zwei Jahre später über die Allgegenwärtigkeit unserer Gewohnheiten: »*Unser ganzes Leben, solange wie es eine bestimmte Form hat, ist nichts als eine Anhäufung von Gewohnheiten.*«

Diese Erkenntnis bringt uns zurück zu unserem alltäglichen

Medienkonsum. Der Fokus auf Negatives, Skandalöses und Katastrophen in der Berichterstattung sorgt bei uns nicht nur für ein zu negatives Weltbild (wie der Ignoranztest im ersten Kapitel anschaulich zeigt), sondern auch für bestimmte Erwartungshaltungen. Wie der Affe, der den Hebel zieht, um seinen Brombeersaft zu bekommen, schlagen wir – durch unsere Gewohnheiten bestimmt – die Zeitung auf, schalten Radio, Fernseher oder Smartphone an, um zu erfahren, was in der Welt gerade alles schiefläuft. Wir hängen am Tropf des Geschäfts mit der Aufmerksamkeit.

Nun gut, mag der ein oder andere nun sagen, dann stimmt das eigene Weltbild halt nicht mit der Realität überein. Vielleicht ist es ja sogar gut, wenn die Menschen davon ausgehen, der Zustand der Welt sei schlechter, als er es tatsächlich ist. Denn immerhin gibt es genügend Probleme auf der Welt, und vielleicht müssten sich nur genug Menschen über diese Missstände empören, um aktiv zu werden und so schließlich etwas zu verändern. Diese Vorstellung ist mir tatsächlich schon öfter von gestandenen Journalisten entgegengehalten worden. Das Problem bei diesem durchaus hehren Ansatz ist nur: Wir Menschen reagieren leider gänzlich anders auf schlechte Nachrichten. Aus der psychologischen Forschung zu dieser Fragestellung wissen wir mittlerweile, dass genau das Gegenteil der Fall ist. Die regelrechte Bombardierung unserer Wahrnehmung durch all die negativen Einzelereignisse auf dieser Welt – ich habe sie oben als Puzzleteile beschrieben – sorgt nicht nur dafür, dass wir ein zu negatives Weltbild haben, sondern hat auch weitreichende psychische Folgen.

Besser ängstlich und am Leben als fahrlässig und tot

In Zeiten von Säbelzahntigern und Mammuts war es wichtig, dass die Menschen keine schlechte Nachricht verpassten – schließlich konnte eine verpasste Warnung vor dem Mammut das Leben kosten. Eine verpasste positive Nachricht, etwa die Aussicht auf einen sicheren Schlafplatz oder eine gute Mahlzeit, war zwar ärgerlich, aber keineswegs lebensbedrohlich und damit weniger dringlich.[9]

Auch wenn schon lange keine Gefahr mehr von Säbelzahntigern ausgeht, funktioniert unser Gehirn im 21. Jahrhundert noch sehr ähnlich wie das unserer Vorfahren. Und manche Wissenschaftler begründen mit ebendieser evolutionsbiologischen Erklärung, dass der Reflex, »vor dem Mammut wegzulaufen«, nach wie vor in uns steckt.[10] Vor die Wahl gestellt, bevorzugen wir immer die negativen und zynischen gegenüber den positiven Schlagzeilen.[11] So zeigten zwei Wissenschaftler der kanadischen McGill University, dass das, was Medienkonsumenten sagen und wie sie sich tatsächlich verhalten, nicht immer übereinstimmen. Selbst Probanden, die angaben, sich nicht verstärkt für negative Meldungen zu interessieren, konsumierten im Praxistest ebendiese mit Vorliebe. Unabhängig davon, tendierten besonders politisch interessierte Versuchsteilnehmer dazu, negative Artikel auszuwählen.

So ist es letztendlich verständlich, dass sich Verleger und Herausgeber öfter für den Skandal und die negative Schlagzeile als Aufmacher entscheiden, statt hoffungsvolle Langzeitentwicklung in den Fokus zu rücken – schließlich verkauft sich Ersteres einfach besser. Doch klar ist auch, dass Mammut und Säbelzahntiger damals nicht im Minutentakt vor der Höhle standen, sondern in Abständen, die groß genug waren, um Gehirn und Körper eine ausreichende Regeneration zu erlauben. So konnten der ausgelöste Stress und die damit verbundene Angst verarbeitet werden und das körpereigene Abwehrsystem sich wieder sammeln. Genau das ist heute aber nicht mehr der Fall: Das Mammut grüßt nicht nur täglich, sondern im Sekundentakt. Egal wo wir sind, prasseln die Hiobsbotschaften, schlechten Nachrichten und Katastrophenberichte von überall aus der Welt auf uns ein – ohne dass unser Körper Zeit hat, sich zu erholen.

Akuter Stress – egal ob in Form eines Mammuts oder bedrohlicher Nachrichten im Live-Ticker – bedeutet erst mal eine Reihe körperlicher Reaktionen: Das Herz schlägt schneller, die Lungen weiten sich, und wir atmen intensiver, die Verdauung wird angeregt, und Hungergefühle werden unterdrückt, die Leber setzt Glucose und damit zusätzliche Energie frei.

Das alles steuert unser Hypothalamus, eine unscheinbare Region tief im Inneren des Gehirns. Sie ist die Steuerzentrale des vegetativen Nervensystems, das wiederum sämtliche automatisch ablaufenden biologischen Prozesse wie Herzschlag, Atmung und Verdauung kontrolliert. Beurteilt unser Körper eine Situation als »stressig«, reagiert der Hypothalamus und leitet die »Kampf-oder-Flucht-Reaktion« ein.[12] Binnen Sekunden entscheiden wir uns, den stressauslösenden Faktor zu bekämpfen oder vor ihm wegzurennen. Die Nebenniere schüttet das bekannte Stresshormon Adrenalin aus. Dauert der Stress länger an, kommt zusätzlich das langsamer reagierende Stresshormon Cortisol dazu, das ebenfalls in der Nebenniere produziert wird und von dort im Blut landet. Dieser Hormoncocktail leitet die beschriebenen körperlichen Veränderungen ein und sorgt für das bekannte Gefühl, unbesiegbar – oder zumindest sehr stark – zu sein. So weit, so gut – denn das Mammut ist entweder irgendwann besiegt, oder wir haben uns erfolgreich in Sicherheit gebracht. Die schlechten Nachrichten aber prasseln ohne Pause auf uns ein und können dazu führen, dass wir im Dauerstress sind. Dieser chronische Stress überfordert unseren Körper und kann weitreichende Folgen haben. Denn chronischer Stress bedeutet mehr als ständiger Zeitdruck oder das Gefühl, zu nichts mehr zu kommen. Zunächst gerät der Hormonhaushalt durcheinander, und das Immunsystem wird geschwächt. Das kann sowohl psychische Erkrankungen wie Depressionen begünstigen als auch die Entwicklung von Übergewicht und zahlreicher chronischer Beschwerden wie Bluthochdruck und Diabetes. Am Ende steht dann nicht selten ein Schlaganfall oder Herzinfarkt.[13]

Mein kleiner Exkurs in die Biologie der Stressverarbeitung zeigt, dass die aktuelle Dauerbeschallung mit (schlechten) Nachrichten nicht gesund für uns ist. Doch damit nicht genug, denn chronischer Stress und die mit ihm verbundenen Risiken sind nicht die einzige Auswirkung der modernen Nachrichtenwelt auf unsere Psyche und Gesundheit.

Nachrichten sind stressiger als die Realität

Am ersten Aprilwochenende 2018 mit Frühlingswetter fährt ein Mann einen Campingbus in das Traditionslokal Kiepenkerl in der Innenstadt Münsters in Westfalen. In den darauffolgenden Stunden des 7. Aprils wird meine Heimatstadt der lebende Beweis für einen mittlerweile gut erforschten Zusammenhang zwischen Medien und Stresswahrnehmung.

Wer an diesem Tag die Nachrichten verfolgte, konnte nicht nur allerhand Falschmeldungen zu vermeintlichen Hintergründen der Tat in den Live-Tickern mitverfolgen, er erfuhr auch vor allem eines: »Eine Stadt steht unter Schock.«[14] Falsch! Denn es scheint eher umgekehrt: Die Welt, die auf Münster schaut, ist im Schock, während für die meisten Menschen in Münster der Alltag in Parks, Cafés und Straßen (natürlich abgesehen vom direkten Umkreis des Tatorts) weitergeht.

Wahrscheinlich sind die Menschen, die von der Amokfahrt in Münster aus den Medien erfahren haben, gestresster und emotional aufgewühlter als diejenigen, die selbst in der Nähe des Tatorts waren. Diesen Effekt belegen die Ergebnisse einer Studie, die Wissenschaftler in den Wochen nach dem Anschlag auf den Boston-Marathon 2013 durchführten: Menschen, die zahlreiche Medienberichte in Zeitungen, Radio und Fernsehen über den Anschlag konsumierten, hatten ein höheres akutes Stresslevel als diejenigen, die den Anschlag live miterlebten.[15] Mit anderen Worten: Werden wir über die Massenmedien – am besten auf allen Kanälen – über das Mammut informiert, ist das für uns stressiger, als dem Mammutangriff selbst beizuwohnen.

Die Studie zum Boston-Marathon ist nicht die einzige, die die negativen Folgen der Katastrophen-Berichterstattung für unsere psychische Gesundheit zeigt. Die Liste der schädlichen Folgen des anhaltenden Konsums negativer Nachrichten ist lang. So können aus der daraus resultierenden schlechten Laune und gesteigerten Angst chronisch schlechte Laune und anhaltende Angstzustände werden.[16] In einer Studie zeigten Wissenschaftler den Versuchsteilnehmern Videos mit negativen Nachrichten, um sie im Anschluss nach ihrer Stimmung zu fragen. Wenig überraschend waren die Probanden nach den Videos ängstlicher und trauriger als davor. Die Videos wirkten sich sogar auf die Wahrnehmung der eigenen Probleme aus. So tendierten die Probanden dazu, ihre persönlichen Probleme als deutlich größer und bedrückender einzuschätzen, nachdem sie die Videos geschaut hatten.[17]

Wie wir bereits wissen, beeinflusst die Summe an Medienberichten über Katastrophen, Anschläge und andere schreckliche Ereignisse nicht nur unser Wohlempfinden. Der Hang zum Negativen in der Berichterstattung verfälscht eben auch unsere Sicht auf die Welt, sodass wir die Welt schlechter einschätzen, als sie ist. Das hat wiederum Einfluss auf unsere ohnehin fehlerhafte Risikoeinschätzung.[18] Sollte unsere größte Angst – wie 2016 zum ersten Mal geschehen[19] – wirklich einem möglichen Terroranschlag gelten? Oder sind beispielsweise Auto fahrende Senioren in Wahrheit eine viel größere Gefahr? Die kurze Antwort lautet: Ja, sind sie. Denn in Deutschland sterben viel mehr Menschen durch altersbedingte Autounfälle als durch Terroranschläge. Durch Letztere kamen im Zeitraum von 2000 bis 2017 durchschnittlich gerade mal 1,7 Menschen pro Jahr ums Leben.[20] Davon waren vier die Attentäter selbst, neun waren Einwanderer, die dem NSU zum Opfer fielen, ein Todesopfer war ein Polizist im Einsatz und zwei weitere waren US-Soldaten. In der Gesamtheit war es in diesem Jahrtausend in der Bundesrepublik etwa hundertachtzigmal wahrscheinlicher, durch einen Autofahrer der Generation Ü65 überfahren zu werden, als Opfer eines terroristischen Anschlags zu werden. Und doch ist unsere Angst vor einem Terroristen, der sich plötzlich in die Luft sprengt oder einen Van in eine Menschenmenge steuert, viel größer als davor, durch Oma oder Opa überfahren zu werden.

Doch bevor wir jetzt allen Rentnern ihre Führerscheine entziehen, gilt nach wie vor, dass die meisten Unfälle auf das Konto der jüngsten Autofahrer gehen. Allerdings: Auf gefahrene Kilometer umgerechnet, liegen die Senioren mit den Jungspunden ungefähr gleichauf.[21] Generell ist der Straßenverkehr sicherer als noch vor einigen Jahrzehnten. So starben 1970 viel mehr Menschen im Straßenverkehr – obwohl weniger Autos unterwegs waren. Anders ausgedrückt, war damals pro zugelassenes Auto die Wahrscheinlichkeit, einen Unfall zu verursachen, sechzehn Mal höher.[22] Mit Blick auf das reine Gefahrenpotenzial sollten wir vermutlich als Erstes Kugelschreiber verbieten. Ihnen fallen in Deutschland nämlich jedes Jahr weitaus mehr Menschen zum Opfer als Terroristen oder Auto fahrenden Senioren. Etwa 100 bis 300 Menschen ersticken hierzulande jährlich an Kugelschreiberteilen.[23]

Wie gut kannst du Risiken bewerten? Teste es aus und beantworte jeweils die Frage: Was ist statistisch gefährlicher?

1. *Der Konsum von acht Pillen Ecstasy (nicht auf einmal) oder 80 Kilometer Motorrad fahren?*
2. *Eine Bergtour im Himalaja (auf über 8000 Meter Höhe) oder mindestens zwölf Zigaretten rauchen?*
3. *Einen Marathon laufen oder mehr als 77 000 Kilometer Zug fahren (knapp zweimal um die Welt)?*
4. *120 Jahre im Umkreis von 32 Kilometern zu einem Atomkraftwerk leben oder mit dem Auto von Flensburg nach Athen fahren?*
5. *Einmal Drachenfliegen oder als 20-Jähriger acht Tage lang morgens das Haus verlassen?*

Fast alle genannten Tätigkeiten führen mit gleicher Wahrscheinlichkeit zum Tod. Einzige Ausnahme ist die Bergtour im Himalaja. Gemessen wird die Todes-Wahrscheinlichkeit in Mikromort. Ein Mikromort entspricht der Wahrscheinlichkeit von eins zu einer Million, dass eine bestimmte Handlung dem eigenen Leben ein Ende setzt. Die Einheit geht auf den Entscheidungstheoretiker Ronald A. Howard zurück, der Todeswahrscheinlichkeiten für den menschlichen Verstand vergleichbarer machen wollte.

Während fast alle genannten Tätigkeiten mit einer Wahrscheinlichkeit von acht Mikromort zum Tod führen, ist die Himalaja-Klettertour mit 12 000 Mikromort der klare Ausreißer. Die Gefahr, als Terroropfer ums Leben zu kommen, betrug im Gesamtzeitraum der letzten 18 Jahre (also nicht pro Jahr!), ausgehend von 80 Millionen Deutschen, gut ein Drittel Mikromort – inklusive der Gefahr, als Attentäter zu sterben. Bei 300 Toten im Straßenverkehr durch die Generation Ü65 liegt die Wahrscheinlichkeit, innerhalb eines Jahres von einem Senior tödlich überfahren zu werden, bei knapp vier Mikromort.

Halten wir kurz inne, um zusammenzufassen, was uns die vorherigen Beobachtungen zeigen: Je mehr der tendenziell negativ ausgerichteten Medien wir konsumieren, um nichts zu verpassen, desto gestresster sind wir – möglicherweise gestresster als die Menschen vor Ort. Unsere ohnehin schlechte Risikoeinschätzung ist aufgrund des Fokus in den Medien auf bestimmte Ereignisse – Kugelschreiber vs. Terroristen – zusätzlich verschoben und entspricht nicht den realen Gefährdungen. Je mehr Medien wir konsumieren, umso extremer sind diese Wirkungen. Hinzu kommt eine weitere Langzeitauswirkung: Wir stumpfen ab. Wer seinen Morgen mit Gewalt und Schrecken beginnt, normalisiert beides irgendwann. In der digitalen Welt des Dauerbeschusses mit Nachrichten pendeln wir also zwischen ständiger Alarmbereitschaft auf der einen Seite und Desensibilisierung auf der anderen Seite. Wohin wir eher ausschlagen, ist auch eine Typ-Frage und von Person zu Person unterschiedlich. Ganz unabhängig davon, ist aber klar, dass der individuelle Nachrichtenkonsum jeden von uns beeinflusst und sich niemand davon freimachen kann.

Wie unterschiedlich wir auf Gewaltberichte reagieren, zeigen die Ergebnisse einer Studie der britischen Bradford University. Dabei bekamen die Teilnehmer Bilder und Artikel aus den sozialen Medien zu Ereignissen wie den Anschlägen auf das World Trade Center am 11. September 2001, Schießereien in Schulen und Selbstmordattentaten gezeigt.[24] Bei mehr als jedem fünften führte das zu starken Stressreaktionen, die vergleichbar mit denen einer posttraumatischen Belastungsstörung (PTBS) sind. Eine PTBS entwickeln ansonsten Menschen, die extrem traumatische Erlebnisse hinter sich haben, wie Vergewaltigungen, Misshandlungen oder Kriegserfahrungen. Sie sorgt bei den Betroffenen für starke emotionale Reaktionen, die ihr Leben entschieden negativ beeinflussen. Außerdem fanden die Forscher heraus, dass die Teilnehmer, die häufiger gewalttätige Berichte konsumierten, stärker von ihnen betroffen waren als diejenigen, die ihnen seltener ausgesetzt waren. Das spricht gegen eine vollständige Abstumpfung.

Wir lernen, hilflos zu sein

Bekommen wir immer wieder nur das vorgesetzt, was falsch läuft in der Welt, sorgt das bei uns nicht nur für ein zu negatives Weltbild und möglicherweise chronischen Stress, der uns krank machen kann. Es lässt uns auch hilflos zurück. Dabei spielt ein bekanntes Phänomen der Psychologie eine Rolle, die sogenannte erlernte Hilflosigkeit.[25] Der Begriff und die ersten Untersuchungen dazu gehen auf den amerikanischen Psychologen Martin Seligman zurück. In den späten 1960er-Jahren untersuchte er mit einem Kollegen das Verhalten von Hunden.[26] Dabei teilte er seine tierischen Probanden in zwei Gruppen. Die erste Gruppe trainierte er in einer rechteckigen Lernumgebung, die in der Mitte eine schulterhohe Absperrung hatte – niedrig genug, um von den Hunden übersprungen zu werden. Die Vierbeiner der ersten Gruppe wurden in die Lernumgebung gebracht, und zu zufälligen Zeitpunkten blinkte für zehn Sekunden eine Lampe. Dieses Warnsignal läutete eine darauf folgende unangenehme Situation ein. Denn für die folgenden 50 Sekunden wurde der Boden der Lernumgebung elektrisch aufgeladen, sodass die Hunde Schocks an den Pfoten verspürten. Um diesen zu entkommen, mussten sie nur über die schulterhohe Absperrung springen. Die Vierbeiner konnten den Elektroschocks also ausweichen, indem sie entweder während der 50 Sekunden Elektroschock über die Absperrung sprangen oder sich, bereits während die Warnlampe leuchtete, in Sicherheit brachten. Als die Hunde zum ersten Mal den Elektroschocks ausgesetzt wurden, suchten sie ein wenig hilflos die Umgebung ab, lernten dann aber sehr schnell, den Schocks zu entkommen. Schon nach wenigen Durchgängen sorgte die Warnlampe bei den meisten Vierbeinern dafür, dass sie sich vor Beginn der elektrischen Schocks über die Barriere in Sicherheit brachten.

Nicht so die zweite Gruppe Hunde, die sich ganz anders verhielt. Im Gegensatz zur ersten Gruppe hatten sie vorab ein zusätzliches Training erhalten: Sie wurden im Vorfeld wiederholt elektrischen Schocks ausgesetzt, denen sie weder ausweichen noch entkommen konnten. Als diese Hunde der zweiten Gruppe in der gleichen Trainingsumgebung ankamen wie die Hunde der ersten Gruppe, schien sich ihr Verhalten zunächst nicht von dem ihrer Vorgänger zu unterscheiden. Auch sie suchten die Umgebung ab, als sie zum ersten Mal den Elektroschocks ausgesetzt wurden. Doch was dann passierte, stellt rückblickend den Beginn eines ganzen Forschungsfeldes dar: der sogenannten Positiven Psychologie. Dabei geht es um nicht weniger als die Erforschung dessen, was unser Leben (besonders) lebenswert macht.

Aber erst mal zurück zu den Hunden: Nach kurzer Zeit hörten die Vierbeiner der zweiten Gruppe auf, einen Ausweg aus den Schocks zu suchen, und legten sich stattdessen winselnd auf den elektrisch aufgeladenen Boden – bis die Schocks irgendwann stoppten. Es schien, als hätten sie aufgegeben. Auch in den darauf folgenden Durchgängen lernten sie nicht, die Barriere zu überspringen und so den Schocks zu entkommen.

Hatte das vorherige Training mit den unausweichlichen Schocks sie tatsächlich gelehrt, dass sie hilflos waren? So sehr, dass sie selbst in einer Situation, in der sie den gemeinen Elektroschocks leicht hätten entkommen können, nicht mehr in der Lage dazu waren und einfach aufgaben? Alles deutete darauf hin. Und mehr noch: Die Hunde der zweiten Gruppe waren nicht mehr in der Lage zu lernen, wie sie den Schocks entkommen konnten. Selbst wenn sie – mehr oder weniger zufällig – während der Schockphase die Barriere übersprangen und so die Schmerzen durch ihr Verhalten beendeten, lernten sie daraus nichts. Stattdessen legten sie sich im nächsten Durchgang wieder leise winselnd auf den Boden, bis die elektrischen Schocks aufhörten.

Martin Seligman und seine Kollegen tauften das beobachtete Verhalten der Hunde *erlernte Hilflosigkeit* und ahnten wahrscheinlich selbst nicht, welch weitreichende Folgen ihre Ergebnisse noch haben würden. Mittlerweile ist ein ähnliches Verhalten auch bei Menschen gut untersucht. So zum Beispiel bei Schulkindern.[27] Bekommen diese von einem Lehrer wiederholt lösbare und von einem anderen Lehrer immer wieder unlösbare Matheaufgaben gestellt, lernen auch sie, den Aufgaben des zweiten Lehrers gegenüber »hilflos« zu sein. Denn wenn der plötzlich die gleichen – und damit lösbare – Aufgaben wie der erste Lehrer verteilt, sind sie trotzdem nicht in der Lage, die Lösungen zu finden. Auch wenn sie zuvor die gleichen Aufgaben schon erfolgreich gelöst hatten, wenn der erste Lehrer diese gestellt hatte. Die Schulkinder hatten gelernt, dass Lehrer Nummer zwei nur unlösbare Aufgaben verteilt – jeder Lösungsversuch erschien also aussichtslos.

Die Ergebnisse lassen sich auch auf unseren Medienkonsum übertragen: Denn die geballte Ladung Katastrophen, Mord und Totschlag auf allen Kanälen kann uns in einen Zustand der erlernten Hilflosigkeit versetzen. Als die amerikanische Medienwissenschaftlerin Grace Levine die Abendnachrichten im Fernsehen zwei Jahre nach den ersten Studien zu erlernter Hilflosigkeit analysierte, stellte sie fest: Mehr als 70 Prozent aller Beiträge zeigten unterschiedliche Ausprägungen von Hilflosigkeit, also Menschen, die sich in scheinbar ausweglosen Situationen befanden.[28] Folgestudien belegten, dass erlernte Hilflosigkeit regelrecht ansteckend ist und es ausreicht, wenn wir andere in hilflosen Situationen beobachten, die sie nicht kontrollieren können, um uns selbst hilfloser zu fühlen.[29] Mit anderen Worten: Wir »lernen«, uns hilflos zu fühlen, wenn wir andere hilflose Menschen beobachten. Übertragen auf die Medien bedeutet das: Bekommen wir dort immer und immer wieder gezeigt, wie ausweglos viele Situationen sind, und werden wir fast ausschließlich mit Problemen konfrontiert, lehren uns die Nachrichten Hilflosigkeit. Für jeden Einzelnen kann diese Hilflosigkeit Pessimismus und Depressionen begünstigen[30] – auf gesellschaftlicher

Ebene sind die Auswirkungen ähnlich dramatisch: Unsere Bereitschaft, aktiv an der Gestaltung gesellschaftlicher Umstände mitzuwirken, sinkt, und wir zeigen uns weniger hilfsbereit.[31]

Moment mal ... war nicht genau das Gegenteil eine der grundlegenden Aufgaben des Journalismus? Sollte er nicht die »Informierten bemächtigen«,[32] aktiv an der Gesellschaft teilzuhaben?

Das Versagen der Medien?

Wissenschaftliche Untersuchungen der letzten Jahrzehnte zeigen, dass Medienberichte bei uns oft genau das Gegenteil ihres eigentlichen Zwecks hervorrufen: Statt uns zu empören und unsere Wut in Energie und gesellschaftliches Engagement umzuwandeln, sind wir durch sie gestresst und überfordert, im schlimmsten Fall gar deprimiert. Schließlich können die in vielen Berichten gezeigten Menschen und somit sicherlich auch wir selbst offenbar nichts ausrichten. Stattdessen stehen wir den Problemen und Herausforderungen machtlos gegenüber und lernen durch das immer wiederkehrende Narrativ der Hilflosigkeit, selbst hilflos zu sein.

Kann es da jemandem verübelt werden, wenn er sich von den Medien und damit auch den aktuellen gesellschaftlichen oder internationalen Problemen und Herausforderungen abwendet? Wenn er sich stattdessen zurückzieht, in sein eigenes Leben, in das neue Biedermeier. Statt sich über Klimawandel, Migration und geopolitische Spannungen tief gehende Gedanken zu machen, schnappt er sich dann eines der Wohlfühl-, Yoga- oder Ernährungs-Magazine, die uns so zahlreich und bunt am Bahnhofskiosk entgegenlachen. Farbenfroh verraten sie den Bahnreisenden, wie sie am besten Marmelade einkochen, Freunde fürs Leben finden und Familienkonflikten vorbeugen. Nach ihren Gründen gefragt, bestätigen Nachrichten-Verweigerer auf der ganzen Welt die Ergebnisse der Studien zur Nachrichtenwirkung. Fast jeder zweite Befragte, der aktiv versucht, Nachrichten nicht zu konsumieren, begründet seine Entscheidung damit, dass sich die Nachrichten negativ auf die eigene Stimmung auswirkten. Auch Platz drei und vier der meistgenannten Gründe sollten dir bekannt vorkommen: »Ich habe nicht das Gefühl, dass ich irgendetwas tun kann« und »Die Bilder nehmen mich zu sehr mit«.[33] Im Extremfall führt der Fokus aufs Negative dazu, dass Menschen komplett aufhören, Nachrichten zu konsumieren.[34] Aus der informierten Bevölkerung wird so also eine Bevölkerung, die gelernt hat, hilflos zu sein.

Genau hier kommen die Gewohnheiten zurück ins Spiel: Wir haben uns nicht nur an Katastrophenbilder, reißerische Überschriften und Weltuntergangsszenarien gewöhnt, sondern eben auch an das Gefühl der Machtlosigkeit. Mit anderen Worten ist die durch unseren Medienkonsum antrainierte erlernte Hilflosigkeit nichts weiter als eine Gewohnheit inklusive entsprechender Erwartungshaltungen. Mit der modernen Medienwelt konfrontiert, muss unser Gehirn, metaphorisch gesprochen, täglich kurz vor der Überhitzung stehen: Es ist, wie unser gesamter Körper, biologisch nicht auf eine Welt ausgelegt, in der ständig der Weltuntergang droht. Um Kabelbrände oder gar den Komplettausfall zu verhindern, lohnt es sich also, die eigenen Gewohnheiten, die wir in unserem Umgang mit dieser neuen Welt an den Tag legen, einmal gründlich zu hinterfragen.

Unsere Informationswut

Beginnen wir damit, dass wir uns daran gewöhnt haben, uns immer und überall ablenken zu lassen. Von Live-Tickern, Status-Updates und Verlinkungen, also von (vermeintlich) neuen Informationen und Nachrichten, die um unsere wichtigste Ressource – unsere Aufmerksamkeit – buhlen. Dabei geht es nicht um bewusste Ablenkung wie Pausen und Unterbrechungen, um uns von einer (anstrengenden) Tätigkeit zu erholen. Eine Ablenkung meint hier eine ungewollte Unterbrechung, die unsere Konzentration stört und es uns erschwert, wieder fokussiert zur beabsichtigten Tätigkeit zurückzufinden.

So sind wir heute fast dauerhaft abgelenkt und haben am Ende eines Tages häufig das Gefühl, viel gemacht, aber irgendwie nichts geschafft zu haben. Als »Homo digitalis«, der täglich mit Computern und Internet arbeitet und damit oft auch seine Freizeit verbringt, stehen wir vor der Herausforderung, unsere neue Lebensrealität in den Griff zu bekommen, bevor die neuen Technologien uns in den Griff bekommen.

Egal ob im Privaten oder im Berufsalltag: Ständig sind wir der Versuchung ausgesetzt, uns doch eben schnell der Push-Nachricht hinzugeben, die wichtigsten Nachrichten-Apps zu checken oder die sozialen Medien nach Neuigkeiten zu überfliegen. Schließlich könnten wir etwas verpassen. Dieses Gefühl hat sogar einen eigenen Namen: FOMO – »fear of missing out«, also die »Angst, etwas zu verpassen«. Seitdem der Autor Patrick J. McGinnis 2004 in einem Artikel der *Harvard Business School* über FOMO sprach,[35] hat der Begriff es nicht nur rund um den Globus geschafft, sondern auch in die Praxen von Psychologen und Verhaltenstherapeuten. Auch wenn FOMO bisher kein anerkanntes Krankheitsbild ist, wird unsere Angst, Dinge zu verpassen, nicht nur von Therapeuten mittlerweile sehr ernst genommen.

Bei der Frage nach den Geräten, die den perfekten Nährboden für FOMO bieten, fällt die Antwort nicht schwer. Richtig! Smartphones und Tablets, die uns in jedem Moment vor die Versuchung stellen: eben schnell draufschauen oder nicht? Wenn dabei die Grenze zwischen Gewohnheit und Abhängigkeit verschwimmt, kann unser Verhalten im Extremfall pathologisch werden und in einer klinisch diagnostizierten Abhängigkeit enden. Dann können die Betroffenen nicht mehr anders, als dauernd ihr Smartphone auf neue Informationen zu checken.[36]

Wer dem digitalen Hamsterrad entkommen will, versucht es mit sogenanntem digital detox, also »digitaler Entgiftung«. Neben allerlei hippen Angeboten die neu gewonnene Zeit ohne digitale Ablenkung im Baumhaus und der vollständigen Abgeschiedenheit zu verbringen, gibt es in Deutschland bereits erste Kliniken, die sich auf Abhängigkeit von der digitalen Welt spezialisiert haben. Dazu gehört zum Beispiel die Medienambulanz im Zentrum für Internetabhängigkeit in Bochum.[37]

Auch wenn es nicht zu einer extremen oder gar krankhaften Entwicklung kommt, ist für viele Menschen das Smartphone zum ständigen Begleiter geworden. Der durchschnittliche Nutzer in Deutschland schaut mehr als 50 Mal am Tag auf sein Gerät und verbringt so drei Stunden täglich mit dem digitalen Alleskönner. Das zeigen die Ergebnisse von mehr als 300 000 Smartphone-Nutzern, deren Daten im Rahmen einer Studie der Universität Bonn ausgewertet wurden. Dabei installierten die Smartphone-Nutzer die von den Wissenschaftlern entwickelte Menthal-App, die aufzeichnet, wie oft und lange die Nutzer jeden Tag auf ihr Smartphone schauen.[38]

Die Angst, Dinge zu verpassen, befeuert unser Verlangen, soziale Medien zu nutzen, unseren Posteingang auf neue E-Mails zu kontrollieren und andere digitale Medien zu konsumieren. Nach den Beweggründen gefragt, versuchen wir unser Verhalten gern zu rationalisieren. So erklären Menschen, die sich ihrer FOMO hingeben, dass ihr ständiger Blick aufs Smartphone für sie keine Ablenkung sei, sondern sie so in Verbindung mit anderen Menschen stünden.[39] Dabei ist häufig genau das Gegenteil der Fall: Mit dem Smartphone in den Händen verpassen wir häufig den direkten sozialen Austausch. Wer kennt sie nicht, die Bilder von Menschengruppen, die gemeinsam am Tisch sitzen, jeder auf das kleine Display starrend – statt sich von Angesicht zu Angesicht zu unterhalten. Unsere Informationswut und Angst, etwas zu verpassen, wirken sich aber nicht nur auf den direkten sozialen Austausch aus, sondern können auch unsere Ziele und Selbstwahrnehmung beeinträchtigen.

Ungefähr die Hälfte aller befragten US-Amerikaner und Briten gaben in einer Umfrage an, dass sie sich von der Informationsmenge überwältigt fühlen, die es ihnen erlauben soll, »up to date« zu sein. Sie bestätigten, dass es fast unmöglich sei, Dinge nicht zu verpassen. Wer den Eindruck hat, viel zu verpassen, kann schlechter genießen, hat das Gefühl, weniger zu haben, und ist am Ende unzufriedener. Das geht so weit, dass FOMO die allgemeine Gemütslage und Lebenszufriedenheit senken kann.[40] Gleichzeitig setzt die erwähnte Negativität vieler Informationen, die wir konsumieren, noch einen obendrauf und sorgt auch dafür, dass wir schlechter arbeiten. So zeigt eine Studie, dass diejenigen, die morgens besonders viele negative Nachrichten vorgesetzt bekommen, später weniger effizient arbeiten.[41] Mit Blick auf den morgendlichen Nachrichtenkonsum sollten sich Arbeitgeber also vielleicht überlegen, ob sie ihren Angestellten nahelegen, ihren Medienkonsum besser zu kontrollieren. Wenn sie schon dabei sind, können sie ihnen auch gleich erklären, dass die Sache mit dem Multitasking ein Mythos ist.

Ständige Ablenkung und das Gefühl, sich nicht mehr konzentrieren zu können. Das ist ein Gefühl, das immer mehr Menschen teilen und das sie belastet. Durchschnittlich alle elf Minuten unterbrechen wir unsere Arbeit[42] – nicht, weil wir es wollen, sondern weil die Informationsflut uns dazu animiert. Die vermeintliche Lösung: Multitasking. Das verspricht nicht mehr nur eine effiziente Arbeitsweise für gestresste Manager, sondern gar der Schlüssel zu einem intensiveren Leben zu sein. Die neue Serie schauen und dabei einen Artikel überfliegen; Spanisch lernen und zwischendurch im Internet nach einem Geburtstagsgeschenk suchen. Nur wer immer gleichzeitig mindestens drei Dinge tut, ist wirklich produktiv. Multitasking wird gern als erstrebenswerter Arbeits- oder gar Seinszustand angepriesen, der für Effizienz und Erfolg steht.

Fakt ist aber: Unser Gehirn ist nicht in der Lage, sich gleichzeitig auf mehrere Dinge zu konzentrieren. Versuchen wir es trotzdem, arbeiten wir nicht parallel an mehreren Baustellen, sondern springen zwischen den verschiedenen Aufgaben hin und her – und sind am Ende erschöpfter und weniger produktiv. Denn jeder Wechsel kostet uns Energie und somit Zeit. Nicht nur, weil wir jedes Mal entscheiden müssen, ob und wohin wir mit unserer Aufmerksamkeit springen, sondern auch, weil wir uns jedes Mal wieder neu in die jeweilige Aufgabe einfinden müssen. Das bedeutet auch: Je mehr wir springen, desto schneller sind wir erschöpft.

Wollen wir verstehen, warum unser Gehirn kein Multitasking beherrscht, müssen wir vorab zwei Begriffe definieren, die umgangssprachlich häufig in einem Topf landen: Aufmerksamkeit und Konzentration.

In jedem Moment sind wir zahllosen Reizen ausgesetzt: Bilder, Töne, Gerüche, Berührungen, Geschmäcker – unsere Sinne bekommen meist so viel Input, dass wir nicht alles bewusst wahrnehmen können. Unsere Aufmerksamkeit hilft uns dabei, und wir entscheiden, ob wir uns bewusst auf das Essen konzentrieren oder doch lieber hauptsächlich der Fernsehserie folgen – und wir uns dann später gar nicht mehr an den Geschmack unserer Mahlzeit erinnern können. In jedem Fall ermöglicht unsere Aufmerksamkeit es uns, ein bestimmtes Ziel zu verfolgen. Wie aufmerksam wir sein können, hängt von vielen Faktoren ab und schwankt im Tagesverlauf. Sind wir müde oder besonders hungrig, sind wir beispielsweise weniger aufmerksam als ausgeschlafen und satt.

Genau hier kommt die Konzentration ins Spiel. Sie ist die Daueraufmerksamkeit. Vielleicht hilft es, sich unsere Aufmerksamkeit wie einen Scheinwerfer vorzustellen. Je dichter gebündelt dessen Licht auf eine Sache gerichtet wird, desto klarer ist sie erkennbar. Konzentrieren wir uns, bündeln wir unsere mentalen Kapazitäten auf eine Sache. Das ist anstrengend, und wir brauchen nach einiger Zeit eine Pause. Willst du diese möglichst gut nutzen, solltest du dabei über andere Dinge nachdenken als die Tätigkeit, die du vorher ausgeübt hast, und wenn möglich sogar einen Ortswechsel wagen.

Das Bild des Aufmerksamkeitsscheinwerfers verdeutlicht, warum unser Gehirn gar nicht multitasken kann. Denn wir alle haben nur *einen* solchen Scheinwerfer; wir können das Licht bündeln, um konzentriert zu sein, aber wir können den Strahl nicht portionieren, um mehrere Aufmerksamkeitsscheinwerfer zu nutzen. Um im Bild zu bleiben: Das schnelle Wechseln kommt also einem schnellen Umherschweifen des Scheinwerferlichts gleich – dass dabei die Qualität der Ausleuchtung leidet, liegt auf der Hand. Wir sehen alles ein wenig schwächer und unscharf. Genauso verschlechtert das konstante Springen auch unsere Leistung, wenn wir zwischen E-Mail-Posteingang, Präsentationsvorbereitung und Einkaufsliste hin und her springen. Es macht uns regelrecht »dümmer«, denn wir machen mehr Fehler, und unser Gedächtnis funktioniert auch schlechter. In IQ-Punkten gemessen, sorgt Ablenkung für Einbußen von bis zu 15 IQ-Punkten beim Intelligenztest und hat einen gravierenderen Einfluss, als Cannabis zu rauchen. Das zeigte eine Studie, die zwei Gruppen von Studierenden einen Intelligenztest absolvieren ließ. Während die erste Gruppe alle elf Minuten durch eine E-Mail oder Benachrichtigung auf dem Handy unterbrochen wurde, hatte die andere Gruppe vorab Cannabis geraucht, durfte aber ohne Unterbrechungen die Aufgaben lösen. Die Studierenden, die Cannabis konsumiert hatten, schnitten besser als die immer wieder abgelenkten Kollegen ab.[43]

Das ständige Hin und Her lässt auch die in Kapitel 1 erläuterte Wechselwirkung zwischen den neuen Erfahrungen, die wir ständig machen, und der aktuellen Hirnaktivität nicht unberührt. Wie wir dort gesehen haben, verändert sich unser Gehirn ein Leben lang aufgrund unserer Lernerfahrungen. »Verlernen« wir also, uns zu konzentrieren, und »lernen«, andauernd zu springen, verändert das auch die Anatomie unseres Gehirns. Eine Studie konnte beispielsweise einen Zusammenhang mit der Größe der Gehirnregion, die uns hilft, Impulse zu kontrollieren, zeigen.[44] Und wieder sind wir bei den Gewohnheiten. Denn wer öfter springt, lässt sich zunehmend leichter ablenken – wir gewöhnen uns daran, abgelenkt zu sein, hinterfragen es nicht mehr und springen aus Gewohnheit mit unserer Aufmerksamkeit wie selbstverständlich hin und her.

Das Märchen vom erfolgreichen Multitasker hakt außerdem noch an einer anderen Stelle, nämlich der Vorstellung, dass der vermeintliche Multitasker glücklich sei. Sind wir andauernd mit unseren Gedanken woanders, sind wir tatsächlich unzufriedener. Dabei ist es egal, ob wir in unserer mentalen Abwesenheit um Negatives kreisen, etwa weil wir uns Sorgen machen oder Angst vor einem entscheidenden Termin haben, oder wir zu positiven Tagträumen oder Erinnerungen springen.[45] Unsere Stimmung wird außerdem durch den zusätzlichen Stress gestört, der entsteht, wenn wir unsere Aufmerksamkeit versuchen zu teilen. Nicht nur Push-Nachrichten, Vibrationsalarm und aufpoppende Infoboxen lösen diesen Stress in uns aus, sondern schon die schiere Nähe eines Smartphones. Bereits in Sichtweite lenkt es uns ab, und unsere Konzentration leidet. Die Macht der Gewohnheit kann auch dafür sorgen, dass wir ganz automatisch nachschauen, ob vielleicht neue Nachrichten angekommen sind. Unabhängig davon, ob wir damit unsere Arbeit oder eine laufende Unterhaltung unterbrechen.

Und so begegnet uns das Paradox aus Kapitel 1 in einer neuen Facette. Die erste Erkenntnis war, dass wir niemals zuvor Zugriff auf so viele Informationen hatten wie heute und trotzdem schlecht informiert sind. Und das auf eine Art und Weise, die unsere Sicht auf die Welt ins Negative verzerrt. Die neue Facette dieses Paradoxons bringt die technische Seite dieser Entwicklung ins Spiel. Denn es sind die technologischen Errungenschaften von Internet bis Smartphone, die es uns theoretisch ermöglichen, immer und überall erreichbar zu sein und untereinander Informationen auszutauschen – gerade das setzt uns aber so sehr unter Druck, dass wir uns abgehängt, überfordert und allein oder gar einsam fühlen. Aus einer potenziell immer und überall miteinander verbundenen Gesellschaft wird also im Extremfall eine Gesellschaft aus Menschen, die sich isoliert, gestresst und einsam fühlen. Menschen, die immer Angst haben, etwas zu verpassen – und so am Ende möglicherweise wirklich mehr verpassen. Das Spektrum der psychischen Folgen reicht von einem unterschwelligen Gefühl der Abgehängtheit hin zu klinischen Leiden wie Angsterkrankungen, (Internet-)Abhängigkeit und Depression.

Wer sich unwohl fühlt, vielleicht sogar psychisch angeschlagen ist, wird verletzlich und misstrauisch. Das bringt uns zum letzten Punkt in diesem Kapitel: der Vertrauensfrage. Anders formuliert: Welchen Einfluss hat die Art und Weise, wie wir Informationen verarbeiten, darauf, wem und was wir vertrauen?

Die Sache mit dem Medienvertrauen

Der Begriff des Vertrauens ist ein schwieriger, und es lassen sich Bücher allein mit der Frage, was Vertrauen bedeutet, füllen. Intuitiv hat jeder eine Vorstellung davon, was mit Vertrauen gemeint ist. Und wenn die Rede vom Vertrauen in die Medien ist, geht es meist schnell auch um den viel diskutierten Vertrauensverlust. Immerhin landet in der schon erwähnten internationalen Umfrage zu den Gründen, warum Menschen Medien meiden, auf Platz 2 die Aussage »Ich kann mich nicht darauf verlassen, dass die Nachrichten stimmen«.[46] 37 Prozent der Befragten stimmten dem zu. Das allein bedeutet aber nicht, dass wir einen Vertrauensverlust in die Medien haben. Theoretisch könnte es sogar sein, dass genau das Gegenteil der Fall ist und die 37 Prozent ein historischer Tiefstwert sind.

Hinzu kommt bei solchen Umfragen, dass eine Pauschalisierung der Kategorie Medien es schwer macht, aus den Umfrageergebnissen eindeutige Schlüsse zu ziehen. Sicher kennt jeder Mensch Medien, denen er aus gutem Grund nicht vertraut. Dabei geht es nicht nur um einzelne Sender oder Angebote, sondern auch um Medienformen. Historisch betrachtet, ist das Vertrauen in das Radio beispielsweise immer höher gewesen als das in das Fernsehen und die Presse. Und selbst das ist nur eine oberflächliche Analyse. Gehen wir noch einen Schritt weiter und unterscheiden zwischen privatem und öffentlich-rechtlichem Fernsehen, wie in einer Umfrage im Auftrag des *WDR* vom Februar 2018, landen öffentlich-rechtliche Fernsehsender weiterhin auf Platz 2 der vertrauenswürdigsten Medien, hinter den öffentlich-rechtlichen Radiosendern.[47] Das Privatfernsehen landet aber abgeschlagen hinter Tageszeitungen und privatem Radio auf Platz 6 – und damit sogar mittlerweile hinter »Internet im Allgemeinen« und lediglich vor der Boulevardpresse und den sozialen Medien. Obwohl diese Einteilung schon besser ist, als nur zwischen Presse, Radio und Fernsehen zu unterscheiden, scheint es fast ein wenig absurd, dass »das Internet« als eine Kategorie für die große Bandbreite an Online-Inhalten herhalten muss.

Wie wichtig die Langzeitperspektive ist, zeigt ein kurzer Blick auf die Daten zum Medienvertrauen seit 2000. Dabei helfen die jährlich erhobenen Werte des Eurobarometers, eine von der Europäischen Kommission beauftragte Meinungsumfrage in den EU-Ländern. In Deutschland werden dafür jährlich mehr als 1000 Personen zu ihrem Vertrauen in die Medien befragt.[48]

Bestimmt erinnerst du dich noch an den Sommer und Herbst 2015, als die »Vertrauenskrise der Medien« nicht nur aufgrund der »Flüchtlingskrise« laut diskutiert wurde und das Wort »Lügenpresse« Hochkonjunktur hatte. Schauen wir also auf das Vertrauen in die Presse im Jahr 2015 in Deutschland, stellen wir fest, dass gerade mal 46 Prozent der Befragten der Presse vertrauten. Ordnen wir diesen Wert aber in der Langzeitperspektive beginnend im Jahr 2000 ein, scheint er gar nicht so schlecht zu sein. Denn auch wenn das Vertrauen in die Presse 2015 geringer war als 2014 (da waren es 47 Prozent), war es nur in sieben von 16 Jahren größer als 2015.

Der Langzeitvergleich zwischen Radio, Fernsehen und Presse zeigt, dass Schwankungen in allen drei Bereichen auftreten, es aber in den untersuchten 15 Jahren keine großen Ausreißer gab. Schauen wir noch weiter, bis nach 1990, zurück und vergleichen außerdem die genaue Fragestellung und die unterschiedlichen Antwortmöglichkeiten, wird noch deutlicher:[49] Über »das Medienvertrauen« zu sprechen ist zu kurz gedacht.

Natürlich gilt es, wie bei jeder Umfrage, alle Ergebnisse mit Vorsicht zu genießen und methodische Standards zu hinterfragen. Die Antworten der Befragten hängen von zahlreichen Faktoren – von aktueller Laune bis Tageszeit – ab. Um den Einfluss dieser zumindest zu minimieren, kommt es auf die methodischen Feinheiten der Umfrage an. Wurden Antwortmöglichkeiten zum Beispiel zwischen Befragten randomisiert, also in unterschiedlicher Reihenfolge gezeigt, um zu verhindern, dass die bloße Position einer Antwort das Ergebnis verfälscht? Wurde die Umfrage telefonisch oder schriftlich durchgeführt? Wie standardisiert war der Ablauf? Aus wie vielen Antwortmöglichkeiten konnten die Befragten wählen, und wurden für die Auswertungen mehrere Antwortmöglichkeiten gebündelt?

So verwundert es nicht, dass die Ergebnisse von sechs unterschiedlichen Untersuchungen zum Medienvertrauen ein buntes Bild liefern. Dabei zeigen die Langzeitdaten vom IfD Allensbach sogar neue Höchstwerte für das Vertrauen in »die Zeitungen« – also die Presse – in den Jahren 2012 bis 2014. Zum Vergleich: Der Aussage »Ich habe großes Vertrauen in die Medien« stimmten zuletzt (2013 und 2014) weniger Menschen zu als zuvor; allerdings genauso viele wie 2009.

Wenn wir schon so genau hinschauen, wagen wir doch auch einen kurzen Blick über die Landesgrenzen. Im europäischen Vergleich schneidet Deutschland überdurchschnittlich ab. Der Anteil der Befragten, die der Presse vertrauen, liegt drei Prozentpunkte über dem EU-Durchschnitt (beim Fernsehen sind es sogar sechs Prozentpunkte und beim Radio fünf).

Weitere Analysen zeigen:[50] Menschen, die eher stark links oder stark rechts im politischen Spektrum stehen, haben für gewöhnlich ein niedrigeres Vertrauen in die Presse. Auch der Wohnort hat einen Einfluss auf das Medienvertrauen. So ist das Vertrauen in sehr kleinen Gemeinden mit weniger als 5000 Einwohnern und Großstädten ab 100 000 Einwohnern größer als in mittelgroßen Städten und Gemeinden. In Deutschland ist vor allem der Unterschied zwischen neuen und alten Bundesländern markant: In den neuen Bundesländern misstraut der Großteil der Menschen der Presse (58 Prozent), in den alten Bundesländern vertraut die Mehrheit der Presse (53 Prozent). Auch die eigene wirtschaftliche Lage beeinflusst nicht nur das Vertrauen in die Medien, sondern in gesellschaftliche Institutionen generell. Dabei gilt: Verschlechtert sich die Lage, sinkt das Vertrauen.

Von einer »generellen Vertrauenskrise« kann also nicht die Rede sein. Stattdessen sollten wir besser fragen: Wie kommt es überhaupt, dass so viele Menschen »den Medien«, »der Presse« oder »den Journalisten« nicht vertrauen? Das hängt wiederum mit der Frage zusammen, *wie* Medien uns überhaupt informieren können. Und dabei sitzen viele einem Trugschluss auf:

Entscheide dich bei der folgenden Frage spontan für eine der zwei Antwortmöglichkeiten:
Wie sollen Medien berichten?
A) Objektiv – neutral – rational
Oder:
B) Subjektiv – voreingenommen – emotional

Und? Hast du A) gewählt? Schließlich erscheint A) auf den ersten Blick einfach logisch. Denn wie jeder weiß, sollten sich Journalisten nicht von ihrer eigenen Wahrnehmung oder gar irgendeiner Gefühlsduselei ablenken lassen. Emotionen haben in den Nachrichten nichts zu suchen, sie sind bestenfalls ein Zeichen von Schwäche und vernebeln die Sicht. Die Menschen haben ein Recht darauf, objektiv und neutral über den Zustand der Welt informiert zu werden. Oder?

Bei dieser hehren Wunschvorstellung gibt es nur ein Problem: Es gibt keinen objektiven Journalismus.

Objektiver Journalismus ist eine Fata Morgana

Dass Medien uns einen objektiven Blick auf die Welt geben sollen, ist sogar staatsvertraglich festgehalten. So heißt es zum Beispiel im *ZDF*-Staatsvertrag: »In den Angeboten des *ZDF* soll ein objektiver Überblick über das Weltgeschehen, insbesondere ein umfassendes Bild der deutschen Wirklichkeit vermittelt werden.«

Auch Kai Gniffke, der als *ARD*-Chefredakteur jeden Abend das letzte Wort über die Nachrichten für rund zehn Millionen Zuschauer hat, erklärte Studierenden in Hamburg 2016: »[D]ie neutrale und objektive Berichterstattung der *Tagesschau* könnte angesichts politisch unruhiger Zeiten wichtiger sein denn je.«

Dabei gibt es nur ein Problem: Objektivität an sich ist eine Fata Morgana. Denn die Frage, wie jemand »objektiv« berichtet und »Subjektivität« vermeidet, stellt sich überhaupt nicht – weil es schlicht unmöglich ist. Genau wie bei einer echten Fata Morgana erkennen wir die des objektiven Journalismus auch nur als solche, wenn wir uns auf den Weg zu ihr machen. Bleiben wir stehen, können wir die Luftspiegelung nicht erkennen und halten weiter auf Biegen und Brechen an unserer Illusion fest.

Machen wir also den ersten vorsichtigen Schritt in Richtung Fata Morgana und fragen: Wonach entscheidet eine Redaktion, welche Nachrichten es auf die Titelseiten oder in die *Tagesschau* schaffen? Da sind zunächst bestimmte Relevanzkriterien wie Nähe und Aktualität, die eine Nachricht erfüllen muss. Darum wird beispielsweise über die Olympischen Spiele berichtet, während sie stattfinden – und nicht zwei Monate danach. Und aus demselben Grund erfahren wir von Verkehrsunfällen und geplanten Steuerreformen im eigenen Land, aber seltener von denen in Peru oder China. Was »objektiv« auf die Titelseite gehört, unterscheidet sich je nach Land und Interessenlage. So weit, so gut.

Schwieriger wird es bei der Frage, wie wir die ausgewählten Nachrichten darstellen. Warum werden beispielsweise Wirtschaftswachstum und steigender Export in den meisten Fällen als erstrebenswert beschrieben? Obwohl wirtschaftliches Wachstum häufig dem Klima und damit langfristig unser aller Lebensgrundlage schadet. Obwohl der Titel »Export-Weltmeister« auf der anderen Seite der Welt oder im Süden Europas vielen Menschen die Existenz kostet? Und warum veröffentlichen Journalisten ihre Recherchen über die Panama- und Paradise Papers? Weil sie das Verhalten der involvierten Menschen und Unternehmen für falsch erachten und dies den Rest der Gesellschaft wissen lassen wollen. Weil Journalismus »die da oben« in Schach halten soll und weil Journalismus als vierte Macht im Staat eine Wächterfunktion hat.

Genau mit diesem großen Schritt Richtung Luftspiegelung kommt hier die entscheidende Erkenntnis: Diese ehrenwerten Ziele sind nur deshalb sinnvoll, weil (und wenn) wir uns für eine liberale Demokratie starkmachen.

Ein einfacher Vergleich verdeutlicht das: In China hat die Wächterfunktion eine ganz andere Bedeutung. Im Reich der Mitte steht der Schutz der Nation an oberster Stelle. Auf den Punkt gebracht, kann ein Kai Gniffke, ein Xi Jinping oder kannst du als Zuschauer der *Tagesschau* – sprich jeder Mensch – doch nur urteilen, *weil* er Werte hat, weil du Werte hast. Werte, die dich fühlen lassen und verärgern, wenn »die da oben« oder »die da drüben« oder »die daneben« sich gemäß den eigenen Wertvorstellungen wieder mal danebenbenehmen.

Das hat entgegen des manchmal gehörten Vorwurfs der »Meinungsmache« oder des »Nanny-Journalismus« nichts mit Gefühlsduselei zu tun, sondern ist der einzige Grund, warum wir zwischen »richtig« und »falsch« (oder »gut« und »böse«) unterscheiden können. Damit ist es auch der einzige Grund, warum wir überhaupt Entscheidungen treffen können. Denn die basieren immer auf bestimmten Moral- und Wertvorstellungen, ohne sie sind wir schlicht handlungsunfähig.

So gesehen, bekommen die Vorwürfe, die Presse sei nicht vertrauenswürdig, einseitig und verlogen, eine ganz neue Bedeutung. »Wir haben den Eindruck, nicht objektiv informiert zu werden. Bei Themen wie EU, Brexit oder Trump berichten *ARD* und *ZDF* einseitig und parteiisch.« So äußerte sich die führende AfD-Politikerin Beatrix von Storch 2018 in der Talkshow *Maischberger* bei einer Diskussion zum Thema »Wozu brauchen wir noch ARD und ZDF?«.[51] Ihre Aussage steht stellvertretend für die Vorwürfe von ebenjenen Menschen, die der Presse am wenigsten vertrauen und – wir erinnern uns – besonders häufig extreme politische Positionen haben, egal ob links oder rechts, egal ob AfD, Trump oder Orban.

Wenn Journalisten immer wieder betonen, objektiv zu berichten, ist also Stress vorprogrammiert. Eben weil eine objektive Berichterstattung nicht möglich ist, da sie immer von Werten geprägt ist. Stimmen die Werte der Medienmacher nicht mit den eigenen überein, ist der Vorwurf, nicht »objektiv« zu berichten, plötzlich gerechtfertigt. Egal ob es um nationale Interessen oder demokratische Grundwerte geht. So schadet die Behauptung oder der Anspruch, »objektiv« zu berichten, am Ende unserer Demokratie.

Jetzt haben wir einige Schritte Richtung Horizont gemacht, und der Moment, wenn sich die Fata Morgana in heiße Luft auflöst, kann beunruhigend sein. Genau wie der Gedanke, dass es keine Objektivität gibt. Nicht nur für Leser, Hörer und Zuschauer, sondern auch für die Medienmacher selbst – vor allem für diejenigen, die seit jeher das Gegenteil proklamieren.

Was wir gewinnen, wenn wir uns auf den Weg machen

Ja, es ist anstrengend, sich auf den Weg zu machen. Es ist unangenehm, wenn Gewohnheiten und das sicher Geglaubte durch Unsicherheit ersetzt werden, wenn du dich angreifbar machst.

Übrigens bedeutet das alles nicht, dass Willkür Tür und Tor geöffnet sind. Natürlich gibt es Fakten, Zahlen und Tatsachen. Der Punkt ist: Ohne Wertung und Zusammenhang sind sie alle bedeutungslos. Es ist genau diese Erkenntnis, die es Journalisten ermöglicht, sich darüber klar zu werden, warum sie gerade das eine Thema aus potenziell unendlich vielen Themen heute als Aufmacher gewählt haben. Sie ermöglicht es, zu akzeptieren, dass die Recherche dazu vom eigenen Horizont bestimmt wird; dass die Sprache, die Bilder und Töne, die sie am Ende für einen Artikel, einen Beitrag oder ein Video auswählen, vom eigenen Wissen und den eigenen Werten durchtränkt sind.

Vielleicht können Journalisten so auch verstehen, warum manche Leserin oder mancher Zuhörer mit ebendieser Auswahl nicht einverstanden ist und trotzdem ihr Vertrauen (zurück)gewinnen. Eben weil die Journalisten beginnen, ehrlich zu sagen, warum sie sich so und nicht anders entschieden haben – statt ihre Entscheidungen als vermeintlich objektive Wahrheit zu verkaufen.

Hier also meine Forderung: Statt eines verwurzelten Glaubens an die Fata Morgana »objektive Berichterstattung« brauchen wir mehr kritisches Denken, Vernunft, Ehrlichkeit und vor allem Mut – um die eigene Beschränktheit anzuerkennen.

Und das vielleicht Beste daran: Fast »nebenbei« lassen wir so auch unsere Sucht der Informationswut hinter uns. Zeit, um über den Weg weg von der Nadel nicht nur zu sprechen, sondern ihn auch einfach mal zu gehen.

Kapitel 3
Weg von der Nadel: Konstruktiver Journalismus als Alternative

Die große Frage ist also: Wie kann Journalismus aussehen, der uns nicht mit einem zu negativen Weltbild gestresst und hilflos zurücklässt? Diese Frage drängte sich mir im Verlauf meiner Promotion in Neurowissenschaften immer wieder auf. Damals hatte ich zwar schon journalistische Erfahrungen gemacht, untersuchte als Doktorandin aber, wie wir in unserem Gehirn neue Informationen verarbeiten, welche Rolle beim Erlernen von neuen Tätigkeiten die schon beschriebene aktuelle Hirnaktivität spielt und wie Emotionen unser Gedächtnis, unsere Stressverarbeitung und unsere Weltsicht beeinflussen.

Hätte mir damals jemand gesagt, dass ich bald ein Medienunternehmen mitgründen würde, hätte ich mein Gegenüber wohl ausgelacht. Zwar war ich schon immer am Journalismus interessiert gewesen, hatte als freie Mitarbeiterin auch die ersten Artikel für die *Neue Westfälische* geschrieben und spielte sogar kurz mit dem Gedanken, Journalistin zu werden. Doch nur eine journalistische Ausbildung zu machen und zu berichten erschien mir nicht besonders attraktiv. Schließlich wollte ich auch etwas bewirken und fragte mich schon damals: Wie sollte ich die Menschen richtig informieren, wenn ich selbst kein Fachwissen in den Themen mitbrachte, über die ich andere informieren wollte? Das erschien mir zweifelhaft. Selbst die Redakteure der kleinen Lokalredaktion der *Neuen Westfälischen* empfahlen mir: »Studier erst mal was Richtiges!«

Knapp zehn Jahre später fand ich mich also in London wieder, um meine Promotion in Neurowissenschaften abzuschließen. In der britischen Hauptstadt fällt es nicht schwer, an jeder Ecke auf interessante Personen und faszinierende Geschichten zu treffen. Ich begegnete täglich so vielen Menschen und Organisationen, die an konkreten Lösungen für soziale und politische Probleme arbeiteten, sich auf politischer Ebene engagierten oder bereits geschaffene Lösungsansätze für die großen Fragen unserer Zeit erprobten. Sie alle hatten erkannt, dass wir gesellschaftlich vor riesigen Herausforderungen stehen, sei es nun der menschengemachte Klimawandel,[1] weltweit ansteigende Flucht- und Migrationsbewegungen (immer häufiger auch durch die Folgen des Klimawandels bedingt) oder die ebenfalls damit verbundene Frage globaler Ungerechtigkeit.

Warum standen diese Themen und Menschen nicht regelmäßig auf Seite eins der Tages- und Wochenzeitungen? Warum machten sie keine Schlagzeilen? Warum hörten und sahen wir davon wenig bis gar nichts in den Nachrichtensendungen im Radio und Fernsehen? Die Antwort auf diese zugegeben recht naiven Fragen habe ich in Kapitel 1 natürlich schon selbst gegeben und knüpfe jetzt daran an, wenn ich die alles entscheidende Frage stelle: Wie wollen wir den aktuellen Herausforderungen begegnen, wenn wir nicht zukunftsorientiert darüber sprechen? Und wie sollen wir zukunftsorientiert darüber sprechen, wenn wir nicht wissen, welche Herausforderungen uns bevorstehen und welche Lösungsansätze es bereits gibt? So stellte ich mir immer mehr Fragen nach der Verantwortung der Medien im Allgemeinen und des Journalismus im Speziellen – und war bald nicht mehr allein. Gemeinsam mit Han Langeslag, ebenfalls Neurowissenschaftler, begannen wir uns immer mehr Gedanken darüber zu machen, bis wir schließlich gemeinsam *Perspective Daily* gründen sollten.

Bis mir die Zusammenhänge, die ich in den ersten beiden Kapiteln beschreibe, klar wurden, dauerte es zwar noch ein wenig, aber der Anfang war gemacht, und ganz persönlich ließ mich eine Frage nicht mehr los: Sollte ich doch meine Berufung im Journalismus finden? Plötzlich sah ich meine mögliche Rolle als Neurowissenschaftlerin ganz klar vor mir. Ganz einfach, weil ich mir in den kommenden Monaten ein paar grundsätzliche Fragen stellte: Woher bekommen wir eigentlich unsere Informationen und damit unsere Sicht der Welt? Die Antwort ist verblüffend einfach: zu einem großen Teil aus den Medien.

Wollte ich selbst daran mitarbeiten, dass mehr Menschen über die Zukunft und mögliche Lösungen nachdachten, musste ich also doch in die Medien. Und das möglichst schnell. Denn gerade mit Blick auf die Herausforderungen durch den Klimawandel hatte ich das Gefühl, dass wir in einem voll besetzten Zug auf den Abgrund zurasten. Es brauchte also möglichst schnell viele motivierte Menschen, die die Schienen in eine andere Richtung verlegten, weg vom Abgrund. Oder die es vielleicht sogar schaffen konnten, den Zug zu stoppen, alle Gäste baten auszusteigen und eine neue Art des Transports im Angebot hatten.

Aber meine akademische Karriere dafür an den Nagel hängen? Egal wie ich es drehte oder wendete, die Überlegungen zu meiner persönlichen beruflichen Zukunft lieferten ein eindeutiges Ergebnis: Ich kann die Erkenntnisse meiner bisherigen wissenschaftlichen Arbeit zum menschlichen Gehirn nutzen, um einen Journalismus voranzutreiben, der es schaffte, die Menschen für aktuelle Probleme zu sensibilisieren, und ihnen gleichzeitig aufzeigte, wie wir diese Probleme bewältigen können.

Genau in dieser Zeit, in der ich mir Gedanken über meine eigene Zukunft machte und zu der Überzeugung kam, dass ich als Journalistin oder Redakteurin deutlich mehr Menschen erreichen könnte denn als Neurowissenschaftlerin, stolperte ich auch das erste Mal über den Ignoranztest von Hans Rosling. Ich muss zugeben, ich schnitt ziemlich schlecht ab, und mein Ergebnis zeigte mir: Auch ich habe ein zu negatives Weltbild.

Eins und eins zusammengezählt, war damit klar: Irgendwas

lief bei der Aufgabe der Journalisten, den Menschen ein realistisches Weltbild zu vermitteln, gehörig schief. So kam der Moment, in dem ich meiner wissenschaftlichen Karriere Lebewohl sagte und nach Deutschland zurückkehrte.

Dabei ging es mir selbstverständlich nicht darum, den Journalismus neu zu erfinden oder jetzt den Journalisten dieser Welt zu erklären, wie unser Gehirn funktionierte und was sie bisher alles falsch gemacht hatten. Denn wenn ich während der vergangenen Jahre als Neurowissenschaftlerin eins gelernt hatte, war es vor allem die Einsicht, dass der Zellhaufen in unserem Kopf noch viel komplexer war, als ich jemals zu ahnen vermutet hätte. Je mehr ich mich mit dem menschlichen Gehirn auseinandersetzte, desto klarer wurde mir, wie wenig die gesammelten Heerscharen an Neurowissenschaftlern bisher über die Funktionsweise und das Zusammenspiel der 86 Milliarden Zellen in unserem Oberstübchen wussten. Aber auch wenn wir vieles über die Funktionsweise unseres Gehirns noch nicht wissen – und vielleicht niemals begreifen werden können –, haben wir seit der Etablierung der Neurowissenschaften als eigenständige wissenschaftliche Disziplin einiges dazugelernt.

Die Ergebnisse zahlreicher Studien und Untersuchungen helfen uns, uns selbst besser zu verstehen – zum Beispiel, welche neuronalen Trigger Menschen Zigaretten kaufen und rauchen lassen, was in unserem Oberstübchen uns nach fettigen Burgern und süßen Muffins lechzen lässt und warum wir uns von Werbebotschaften einlullen lassen. Aber auch, welche Hirnregionen notwendig sind, um neue Erinnerungen abzuspeichern, Fahrradfahren zu lernen oder eine Klaviersonate von Mozart zu spielen. Wissenschaftler sind mittlerweile sogar in der Lage, mit vollständig gelähmten Menschen zu kommunizieren, indem sie einfache Gedanken anhand der Aktivierungsmuster im Gehirn auslesen.

Warum also sollten wir das Wissen über die Vorlieben und Funktionsweise des menschlichen Gehirns nicht auch dazu nutzen, um einen Journalismus zu ermöglichen, der einer seiner wichtigsten Aufgaben gerecht werden kann – nämlich den Menschen ein realistisches Bild der Welt zu vermitteln.

So landete ich, ausgehend von der Frage, wo wir unsere Informationen und unser Weltbild herbekommen, also bei der Folgefrage: Wie sieht ein Journalismus aus, der uns nicht mit einem zu negativen, sondern einem realistischen Weltbild ausstattet; der uns nicht kontinuierlich stresst, sondern uns zeigt, wie wir den Herausforderungen dieser Welt entgegentreten können. Ein Journalismus, der uns nicht hoffnungs- und hilflos macht, indem er uns immer wieder implizit den Eindruck vermittelt: »Die da oben machen sowieso, was sie wollen. Du kannst dagegen nichts ausrichten!«, sondern der uns hoffnungsvoll auf die Zukunft schauen lässt. Und der uns in letzter Konsequenz nicht zynisch und passiv zurücklässt, sondern lösungsorientiert und aktiv.

Von der Idee zum Medien-Start-up: *Perspective Daily*

Knapp zwei Jahre später war aus den ersten Gedanken am Küchentisch der Wohngemeinschaft in London eine handfeste Unternehmung und auch ein Unternehmen geworden. Zurück in Deutschland, hatten mein Mitgründer und ich, zuerst zu zweit und dann gemeinsam mit einem wachsenden Team, etwas geschaffen, das an einem Januarabend 2016 die heimische Vertrautheit verlassen sollte und die Wohnzimmer der Nation erreichte. In den vorherigen Monaten waren wir kreuz und quer in der Republik unterwegs, um Unterstützer für unser geplantes Medienunternehmen zu finden, hatten eine Unternehmergesellschaft (also eine Mini-GmbH) gegründet, einen kostenlosen Büroplatz im nagelneuen Coworking-Space der Gründergarage im westfälischen Münster organisiert, eine erste Website programmiert, einen Businessplan geschrieben, gemeinsam mit der Universität Münster ein Gründerstipendium eingeworben[2] und – beinahe das Wichtigste – einen Namen für unser Medienunternehmen gefunden: *Perspective Daily*.

Bei der Planung hatten wir uns von erfolgreichen Projekten in anderen Ländern, allen voran *De Correspondent* aus den Niederlanden,[3] inspirieren lassen. Jetzt wollten wir zeigen, dass eine kleine journalistische Revolution auch in Deutschland funktionieren konnte. Dafür brauchten wir aber nicht nur eine Website, einen Gesellschaftervertrag und Büroräume, sondern vor allem auch eine Redaktion mit festen Autoren. Denn sie waren es, die anders berichten sollten, um so ein Gegengewicht zum vorherrschenden »Nur-Negative-Nachrichten-sind-gute-Nachrichten«-Trend zu bieten.

An besagtem Januarabend hatten wir also sämtliche Punkte auf unserer Liste abgehakt, um unsere Crowdfunding-Kampagne starten zu können. Das Ziel: In wenigen Wochen wollten wir 12 000 Menschen von *Perspective Daily* überzeugen. So sehr überzeugen, dass sie bereit waren, 42 Euro zu investieren, um damit – im Falle einer erfolgreichen Finanzierung – ein Jahr lang Zugang zu unseren Artikeln zu erhalten. Erreichten wir diese Zahl, sollten wir am Ende der Kampagne ziemlich genau eine halbe Million Euro beisammenhaben, um starten zu können. Mit festangestellten Autoren, Designern, Entwicklern und Öffentlichkeitsmitarbeitern. Knapp kalkuliert, aber möglich.

Unser Team war in den vergangenen Wochen weiter gewachsen, und neben ersten wagemutigen Journalisten hatten wir auch Designer und Programmierer, sogar einen ersten Praktikanten, an unserer Seite. Wir druckten Flyer, Poster und Visitenkarten – Herzstück des Unterfangens war aber die eigens programmierte Website, auf die wir an besagtem Abend starrten, um live zu beobachten, wie schnell der Zähler der Crowdfunder, die uns 42 Euro überweisen wollten, stieg.

Denn ein paar Menschen zur Mitarbeit zu überreden, Fördergelder zu beantragen und die Infrastruktur für eine Websiteredaktion aufzustellen erschien uns mit Blick auf die bevorstehende Herausforderung jetzt plötzlich vergleichsweise einfach: Fremde Menschen im ganzen Land davon zu überzeugen, uns und unserer Idee Glauben und Vertrauen zu schenken. So war die Luft an besagtem Januarabend zum Schneiden dick. Auch weil wir zum Start unserer Crowdfunding-Kampagne eine ganz besondere Unterstützung hatten: Die Schauspielerin Nora Tschirner saß am 17.01.2016 in der Talkrunde *Schulz und Böhmermann* und erzählte begeistert von *Perspective Daily*. So begeistert, dass unsere Server kurzzeitig in die Knie gezwungen wurden, weil der Ansturm auf unsere Website plötzlich unerwartet groß war.

Die Finanzierung für unsere neue, andere Art des Journalismus war also auf einem guten Wege – wie aber sollte dies in die Tat umgesetzt werden?

Zutat 1: Ein neuer Blick auf die Welt

»Die Medien berichten zu viel über Probleme und zu wenig über Lösungen« – dieser Aussage stimmen 76 Prozent der Befragten in Deutschland zu, wenn sie nach den Defiziten der Berichterstattung befragt werden. Damit belegt die Aussage den ersten Platz, denn keinem anderen Defizit stimmen mehr Menschen zu.[4] Die Leser, Hörer und Zuschauer wünschen sich also, dass mehr über mögliche Lösungen berichtet wird. Dass das auch deswegen sinnvoll ist, weil es sie eben nicht in der Negativspirale der Hilflosigkeit zurücklässt, zeigen erste Untersuchungen und Studien.

So deuten die Ergebnisse des »Engaging News Project« der

University of Texas in Austin darauf hin, dass Zeitungsartikel bei Lesern zu unterschiedlichen Reaktionen führen, je nachdem, ob darin neben der Problembeschreibung auch Lösungen diskutiert werden oder nicht.[5] Thematisch geht es in den Untersuchungen zum Beispiel um das Bienensterben: Wurde nur berichtet, dass in immer größerem Ausmaß Bienenvölker sterben, reagierten die Leser konsterniert und deprimiert auf die Artikel. Wurde im Artikel aber auch diskutiert, welche Möglichkeiten es bereits gibt oder geplant sind, um das Bienensterben einzudämmen, fühlten sich die Leser am Ende nicht nur informierter und waren interessierter an der Thematik, sie verspürten auch ein größeres Verlangen danach, mit anderen Menschen über den Artikel zu sprechen, sich noch mehr zu dem Thema zu informieren und auf die Suche nach weiteren lösungsorientierten Berichten zum Thema zu machen. Nach dem Experiment waren diejenigen, die auch von möglichen Lösungen gegen das Bienensterben gelesen hatten, optimistischer gestimmt als diejenigen, die nur die Problembeschreibung gelesen hatten.

Wohlgemerkt: Beide Artikel – die mit und ohne Lösungsbeschreibungen – beschreiben die gleiche Realität da draußen. Mit dem Unterschied, dass der Artikel, der auch Lösungsvorschläge diskutiert, seinen Lesern ein vollständigeres Bild unserer Welt gibt, indem er auch mögliche oder bereits vorhandene Lösungen aufzeigt. Denken wir an die Puzzleteil-Analogie zurück, liefert der lösungsorientierte Text dem Leser zumindest einen kleinen zusammengehörigen Ausschnitt des Puzzles – statt nur eines einzelnen Teils, das nirgendwo reinpasst und uns ratlos zurücklässt.

Seinen Ursprung hat der lösungsorientierte Journalismus in den USA. Die Journalistin Tina Rosenberg veröffentlichte 2001 ihren Artikel »Look at Brazil!«,[6] also »Schaut nach Brasilien!«, im Magazin der *New York Times*. Darin schildert sie, wie Brasilien die Aids-Epidemie im eigenen Land in den Griff bekommen hat. Gleichzeitig ruft sie die afrikanischen Länder, die ebenfalls sehr stark mit Aids zu kämpfen haben, dazu auf, aus den Erfahrungen Brasiliens zu lernen – also lösungsorientiert »abzugucken«.

Mittlerweile hat sich dieser journalistische Ansatz, bei dem immer auch mögliche Lösungen für die beschriebenen Herausforderungen und Probleme diskutiert werden, international einen Namen gemacht. Tina Rosenberg gründete gemeinsam mit ihren Kollegen David Bornstein und Courtney Martin das Solutions Journalism Network (SJN), das mittlerweile weltweit Journalisten ausbildet und vernetzt, um auch über das zu berichten, »was heute noch in den Nachrichten fehlt: wie Menschen auf Probleme reagieren«.[7] Lösungs-Journalismus wird von der nicht gewinnorientierten Organisation, die von zahlreichen Stiftungen wie der Bill-und-Melinda-Gates-Stiftung finanziert wird, als »gründliche Berichterstattung zu Antworten auf soziale Probleme« beschrieben. Das ambitionierte Ziel des SJN: Lösungs-Journalismus in alle Redaktionen der Welt bringen. So sollen die Nachrichten ausgeglichener werden. Ganz einfach indem Menschen täglich mit Artikeln und Geschichten konfrontiert werden, die ihnen einerseits helfen, Probleme und Herausforderungen zu verstehen, und die andererseits auch mögliche Wege aufzeigen, auf diese Herausforderungen zu reagieren.

Die Organisation verwaltet auch eine Datenbank mit lösungsorientierten Medienbeiträgen aus aller Welt. Dieser »Solutions Story Tracker«[8] umfasst bereits mehr als 5000 Beiträge aus über 150 Ländern. Interessierte können sich in einen Newsletter eintragen, um neue Beiträge per E-Mail zu erhalten. Der Fokus der Berichte und Reportagen liegt auf sozialen Herausforderungen, von Gesundheitsversorgung über Bildung bis Altersarmut. In einem Artikel geht es zum Beispiel um eine New Yorker Initiative, die nicht registrierten Einwanderern kostenlosen Rechtsbeistand gibt und sie auch in anderen Bereichen unterstützt.[9] Ein anderer beschreibt, wie Hausbesuche von Bildungsexperten bei Kindern in Philadelphia, die in Armut leben, deren Gesundheit, Kind-Eltern-Verhältnis und Bildungschancen verbessern.[10]

Der lösungsorientierte Ansatz ist häufig auch evidenzbasiert, also beweisgestützt: Ein gesellschaftliches Problem wird in einer bestimmten Stadt, einem Land oder generell einem Umfeld angegangen, und nach einiger Zeit wird geschaut, ob es Verbesserungen gibt. Ist das der Fall, kann die lösungsorientierte Geschichte geschrieben werden – und so zum Nachahmen motivieren. Die Frage nach der Übertragbarkeit ist also meist zentral. Denn nur weil eine Lösung in Brasilien oder Berlin funktioniert, heißt das noch lange nicht, dass sie auch von den Menschen in Nigeria oder Nürnberg umgesetzt werden könnte. Kultur, Infrastruktur und Politik sind wichtige Komponenten bei der Frage nach der möglichen Übertragbarkeit und dem erfolgreichen Kopieren eines Lösungsansatzes.

»Schön und gut, dann werden auch ein paar Lösungsansätze vorgestellt. Aber ändern tut das doch nicht viel, oder?« Ich bin beileibe kein Fan von schlauen Kalendersprüchen, die manche Menschen neben der Garderobe oder auf der Gästetoilette aufhängen, um sich besser zu fühlen. Aber es gibt einen solchen Satz, der die Motivation hinter dem lösungsorientierten Denken wunderbar auf den Punkt bringt und den ich immer zitiere, wenn ich die Arbeit von *Perspective Daily* vorstelle. Es ist meist auch der Moment, in dem ein nicht geringer Anteil meiner Zuhörer das Smartphone zückt, um die Aussage des amerikanischen Autors und Psychotherapeuten Steve de Shazer von meiner Powerpoint-Folie abzufotografieren. Dort steht dann:

**»Das Reden über Probleme schafft Probleme,
das Reden über Lösungen schafft Lösungen.«**[11]

Die Aussage mag zunächst banal klingen, fasst aber eine Denkweise – ja, eine Lebensphilosophie – zusammen, die in allen Lebensbereichen ein Umdenken und -handeln schaffen kann.

Teste deine Denkweise! Denkst du eher problem- oder eher lösungsorientiert?
Nimm dir einmal ein paar Minuten Zeit und notiere dir drei Themen, die dich gerade beschäftigen. Es ist egal, ob sie privater oder gesellschaftlicher Natur sind.
Schreibe in einem zweiten Schritt die ersten drei bis fünf Assoziationen auf, die dir spontan zu dem jeweiligen Thema einfallen.
Fertig? Dann lies nun weiter, um deine Notizen auszuwerten.

Sind deine notierten Assoziationen eher problem- oder eher lösungsorientiert? Konzentrieren sich deine Gedanken zum jeweiligen Thema eher darauf, was schiefläuft, oder (auch) darauf, was sich in Zukunft verbessern ließe?

Diese Übung kannst du beliebig ausweiten und zum Beispiel ein paar Tage lang auf deinen Medienkonsum anwenden. Stell dir dafür in den kommenden Tagen jedes Mal, wenn du Nachrichten oder Medien konsumierst, die Frage: Wird hier gerade nur das Problem beschrieben, oder wird auch lösungsorientiert in die Zukunft geschaut?
Wenn du noch einen Schritt weitergehen willst, versuche auch zu reflektieren, wie du dich nach bestimmten Beiträgen fühlst: Willst du lieber den Fernseher abschalten, die Zeitung beiseitelegen, den Laptop zuklappen, oder fühlst du dich besser informiert, vielleicht sogar hoffnungsvoll? Schau dann, woran das liegen könnte – ganz unabhängig vom Thema.

»Ok, verstanden – es geht also nicht nur darum, am Ende eines Artikels noch eine Lösung dranzuklatschen, sondern sich eine zukunftsorientierte Denkweise anzutrainieren. Aber was, wenn es keine Lösungen gibt?! Oder wie soll bitte schön die Lösung für den Krieg im Jemen, in Syrien oder die Spannungen zwischen Nord- und Südkorea aussehen?« Mit Fragen wie diesen wurde ich in den letzten Jahren häufig konfrontiert. Zum Beispiel bei unserer deutschlandweiten Tour während der Crowdfunding-Kampagne für *Perspective Daily*. Tatsächlich gab es bei fast jeder der insgesamt 17 öffentlichen Veranstaltungen ziemlich genau eine Person im Publikum, die eine solche Frage stellte. Einen kritischen Kopf, der sich – zu Recht – der Illusion, alle Probleme dieser Welt hätten schon eine Lösung, die nur darauf wartete, umgesetzt zu werden, nicht einfach so hingeben wollte.

Meine Antwort auf die Frage, ob ich die Lösung für den Syrienkonflikt habe, war und ist stets natürlich die gleiche: »Nein, die habe ich nicht, denn ich kann nicht zaubern!« Selbstverständlich glaube auch ich nicht, dass ein gut geschriebener Artikel die Lösung für den Klimawandel, den Nahostkonflikt oder eine der vielen Ungerechtigkeiten auf dieser Welt sein kann. Das zu glauben wäre vollkommen vermessen – aber darum geht es auch gar nicht. Der Ansatz des Konstruktiven Journalismus ist es eben, sich den Themen mit einer anderen Denkweise zu nähern – so wird ein Journalismus ermöglicht, der ein vollständigeres Bild der Realität liefert, weil er weg vom Negativfokus geht. Hier möchte ich die wichtige Unterscheidung zwischen Lösungs-Journalismus und Konstruktivem Journalismus hervorheben. Leider ist der Begriff des Konstruktiven ziemlich sperrig, und wer sich nicht besonders für journalismustheoretische Debatten interessiert oder von Berufs wegen damit auseinandersetzen muss, kann ihn eigentlich auch schnell wieder vergessen. Nicht aber die Idee, die hinter dem Konstruktiven Journalismus steht, denn die hat nicht nur das Potenzial, die Arbeit der Journalisten und damit den Journalismus selbst grundlegend zu verändern, sondern auch unsere Sicht auf die Welt und unser Handeln. Bevor ich dazu komme, hier aber schnell die wichtige Unterscheidung zwischen Lösungs-Journalismus und

Konstruktivem Journalismus: Ersterer ist einfach ein Teilbereich des Konstruktiven Journalismus.

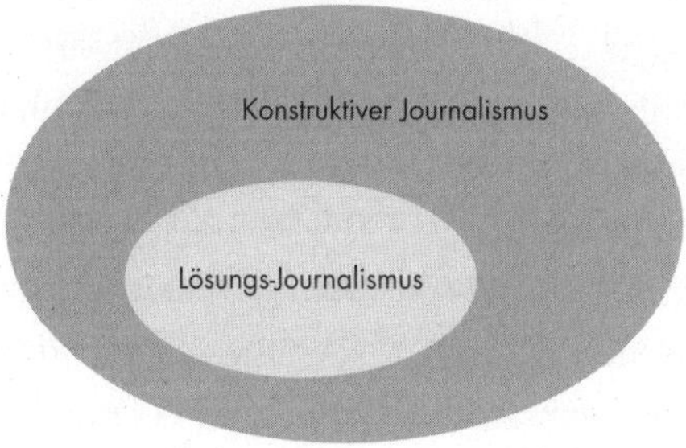

Im Dialog mit »klassischen« Journalisten und Medienschaffenden beantworte ich die Frage, was den Konstruktiven Journalismus auszeichnet (und warum es ihm nicht primär darum geht, Lösungen anzubieten), mit dem Verweis auf den herkömmlichen Handwerkskoffer des Journalismus: Es geht schlicht darum, das Fragen-Repertoire des Journalisten um eine zusätzliche W-Frage zu erweitern. Den klassischen W-Fragen des Journalismus – *Was?, Wo?, Wann?, Wer?, Wie?, Warum?* – wird eine weitere hinzugefügt: *Was jetzt?* Oder ein wenig schöner, aber auch länger: *Wie kann es weitergehen* (oder sogar besser werden)?

An dieser Stelle halte ich bei Vorträgen – ähnlich wie beim Steve-de-Shazer-Zitat – kurz inne, um den beiden kleinen Wörtern *Was jetzt?* die Wirkung zu verleihen, die ihnen zusteht. Spreche ich vor Journalisten, versuche ich, die zusätzliche W-Frage in ihrem Gedächtnis zu verankern: »Auch wenn ihr fast alles vergessen solltet, was ich heute sage, gibt es eine Sache, die ihr euch auf jeden Fall merken solltet: Stellt immer die Frage *Was jetzt?* – dann ist das Konstruktiver Journalismus!« Denn habe ich diese Frage in der journalistischen Arbeit immer im Hinterkopf, erweitert das die komplette Herangehensweise an einen Beitrag – von der Auswahl der Protagonisten und Bilder, bis hin zum Aufbau eines Artikels und der Wortwahl.

»Aha! Aber es ist doch nicht die Aufgabe von Journalisten, die

Zukunft zu gestalten und Lösungen zu finden!« Auch solche Reaktionen kenne ich gut, meine Antwort darauf ist dann immer ein klares Jein! Nein, weil es in der Tat nicht die Aufgabe von Journalisten ist, sich Lösungen auszudenken oder gar zu entwickeln. Ja, weil es ihre Aufgabe ist, die Welt, so gut es geht, abzubilden. Das kann aber nur gelingen, wenn Journalisten bei ihrer Recherche eben *auch* Fortschritte, Lösungsansätze und die Frage »Was nun?« mit einschließen. Denn all das ist genauso Teil der Welt wie die Probleme, die sie sachgemäß beschreiben. Wenn Journalisten die »Was jetzt?«-Frage standardmäßig mitdenken, sind sie in der Lage, ein vollständigeres Bild der Welt zu liefern. Wenn wir uns an den Ignoranztest aus Kapitel 1 erinnern, wird deutlich, wie eingeschränkt unsere Sicht auf diese Welt oftmals ist. Dass dies so ist, liegt zu einem Teil eben auch am bisherigen Negativfokus in der medialen Behandlung der kleinen und großen Probleme der Welt. Eine vollständigere Berichterstattung im Sinne des Konstruktiven Journalismus hat das Potenzial, genau das zu ändern.

Wer daran zweifelt, muss sich nur Folgendes bewusst machen: Die Welt da draußen ändert sich nicht dadurch, dass eine Journalistin in einem Beitrag zum Thema Bienensterben die Menschen, Organisationen und Forschungsergebnisse mit einbezieht, die dem Bienensterben entgegenwirken und uns hoffen lassen können. Was sich aber durch einen solchen Beitrag ändern kann, ist unsere Sicht auf die Welt. Weil wir eben nicht mit einem Gefühl von Hoffnungs- und Hilflosigkeit zurückbleiben, sondern mit einem besseren Verständnis der Problematik und einem Blick auf mögliche Zukunftsaussichten. Das wiederum kann unser Handeln beeinflussen.

In leicht unterschiedlichen Formen und Ausprägungen hat sich der Konstruktive Journalismus mittlerweile weltweit in Redaktionen, Medienhäusern und Journalistenschulen einquartiert. Mal mehr, mal weniger ausgeprägt. Neben Redaktionen, die den Ansatz in allen Bereichen verfolgen, wie *Perspective*

Daily, der niederländische *De Correspondent* und das britische Magazin *Positive News*, versuchen hierzulande auch öffentlich-rechtliche Sender wie der *NDR* und private Medien wie die *Saarländische Zeitung* konstruktiver zu berichten. Spätestens seit der ersten internationalen Konferenz an der niederländischen Hochschule in Windesheim im Dezember 2016 mit 350 Teilnehmern und Vortragenden aus zehn Ländern ist der Ansatz in der modernen Medienwelt fest verankert. Darüber hinaus sehe ich ihn als eine Entwicklung oder sogar Bewegung, die dafür steht, dass sich weltweit Medienschaffende auf den Weg gemacht haben, um ihre Arbeit und die damit einhergehende Verantwortung konstruktiv zu hinterfragen.

Beginne ich als Journalistin – aber auch generell im Beruf oder im Alltag – die zusätzliche W-Frage »Wie kann es weitergehen?« mitzudenken, merke ich schnell, dass das gar nicht so einfach ist. Denn die alten Gewohnheiten wehren sich gegen diese neue »Brille des Konstruktiven«. Ähnlich wie bei der Aufgabe mit den Punkten, die wir nur mit vier Linien miteinander verbinden können, wenn wir außerhalb der scheinbar vorgegebenen Grenzen denken. Die Betonung liegt hier auf dem Wort *scheinbar* – denn eine wirkliche Grenze gibt es nicht. Sie ist lediglich in unserem Kopf. Um solche Grenzen zu überschreiten und neue Pfade zu gehen, müssen wir uns und unser Gehirn ständig hinausfordern. Das klingt zunächst anstrengend und unspezifisch.

Kommen wir also zur Frage, wie sich der konstruktive Ansatz umsetzen lässt – denn ganz so einfach ist es dann doch nicht, besonders für Menschen, die schon lange in Redaktionen arbeiten und regelrecht darauf konditioniert sind, schneller, steiler und reißerischer zu produzieren. Damit es trotzdem gelingt, habe ich gemeinsam mit meinen Kollegen bei *Perspective Daily* drei Erkenntnisse aus der Psychologie und den Neurowissenschaften herausgearbeitet, die zentral für die tägliche konstruktive Arbeit sind. Diese Erkenntnisse zu verinnerlichen ist ein wenig wie das Erlernen einer neuen Sprache oder das Eintauchen in eine neue Kultur. Dafür braucht es – wie sonst auch – vor allein eins: Neugier. Die Lust auf neue Perspektiven ist sozusagen Brot und Butter für den konstruktiven Ansatz. Diese Offenheit für neue Ansätze und Denkweisen ist zentral und steckt daher auch in unserem Namen: *Perspective Daily*.

Erkenntnis 1: Konstruktive Kritik ist mehr als Meckern!

In der Schule sagten Lehrer häufig: »Üb doch mal konstruktive Kritik!«, denn einfach nur kritisieren reichte nicht aus. Im Vergleich zu anderen Sprachen ist der Begriff Kritik im Deutschen sehr negativ besetzt. Schließlich geht es darum, herauszustellen, was schlecht ist, was auf keinen Fall so stehen bleiben kann, und darum Schuldzuweisungen zu treffen. Der Blick ist auf Fehler- und Mängelsuche geschärft.

Um von dieser rein negativen Kritik wegzukommen, fügen wir also ein Adjektiv hinzu und nennen das Ganze konstruktive Kritik. Die will auf jeden Fall mehr, als nur zu nörgeln und zu lamentieren. Ähnlich wie beim Zitat von Steve de Shazer, das uns lösungsorientiertes Denken empfiehlt, statt dauerhaft nur um die Probleme zu kreisen, lenken wir unseren Blick bei der konstruktiven Kritik explizit um. Wir schauen auch, was gut gelaufen ist, welche Fehler wir beim nächsten Mal vermeiden können, und fragen uns, welche Veränderungen wir benötigen, damit es in Zukunft (noch) besser läuft.

Klingt nach Arbeit? Ja, konstruktiv zu kritisieren kostet nicht nur mehr Zeit, sondern auch mehr Kraft, als einfach wild drauflos zu meckern und nach Fehlern und Übeltätern Ausschau zu halten. Wir müssen uns tiefer mit der Problematik oder dem Thema auseinandersetzen, um uns überhaupt in die Lage zu versetzen, einen zukunftsorientierten Blick einnehmen zu können. Denn wir können nur über Lösungsansätze nachdenken, wenn wir das Problem verstanden haben – zumindest so weit, dass wir wissen, was die essenziellen Herausforderungen sind. Nehmen wir als Beispiel das große Thema der Gesundheitsversorgung. Ja, da läuft auch hierzulande einiges schief, auch wenn die Schieflage in Ländern wie Deutschland im Vergleich zu anderen Regionen der Welt relativ ist. Natürlich können wir uns wochenlang darüber auslassen, dass wir wieder stundenlang im Wartezimmer einer Praxis verbringen mussten, oder wir schon wieder von einer Ärztin zur anderen geschickt wurden, nur um am Ende mit vier verschiedenen Diagnosen dazustehen. Die grundlegenden Herausforderungen – also die Ursachen für die Missstände – müssen wir dafür nicht verstehen. Aber einen Sündenbock finden wir schnell: die Ärzte, die Krankenkassen, den Staat. Was aber, wenn wir der Sache versuchen auf den Grund zu gehen? Dann finden wir vielleicht heraus, dass einer der Gründe, warum wir die halbe Nacht in der Notaufnahme verbracht haben, die Tatsache ist, dass immer mehr Menschen die Notaufnahme nutzen – auch wenn das aus medizinischer Sicht nicht nötig ist und sie stattdessen besser beim ärztlichen Notdienst aufgehoben wären. Dann können wir beginnen, darüber nachzudenken, wie wir das ändern, sodass jeder Patient dort ankommt, wo er hingehört, und alle bestmöglich versorgt werden. Dann müsste der medizinische Notfall nicht mehr länger warten, nur weil gerade jemand mit einem verdrehten Handgelenk oder einer Erkältung die Notaufnahme »blockiert«.

Konstruktive Kritik zu üben ist also anstrengender und zeitintensiver, aber auch lohnenswerter. Nicht nur, wenn es um die dicken Bretter gesellschaftlicher Probleme geht, sondern auch mit Blick auf Zwischenmenschliches. Denn dabei stellen wir vielleicht nicht nur fest, dass unser Gegenüber dankbar auf unsere konstruktive Kritik reagiert, weil sie oder er von der Kritik wirklich profitieren kann, sondern wir fühlen uns am Ende sogar selbst besser. Weil wir uns einmal nicht weiter in die zwangsläufig abwärtsgerichtete Spirale der Aussichts- und Hoffnungslosigkeit gedreht haben, sondern vorsichtig eine Bewegung in eine andere Richtung ermöglicht, vielleicht neue Perspektiven eröffnet haben. Das befreiende Gefühl, das sich dann in uns breitmacht, bringt uns direkt zu Erkenntnis Nummer zwei, die gerade für mich als Neurowissenschaftlerin jede Handlung und Entscheidung mitbestimmt.

Erkenntnis 2: Alles, was du in die Welt setzt, beeinflusst andere Menschen!

»Wenn wir den Menschen zeigen, was alles schiefläuft in der Welt, wenn sie sich nur genug aufregen über die Machenschaften von gewissenlosen Konzernen und unverantwortlichen Regierungen – dann werden sie sich wehren und für eine bessere Welt auf die Straße gehen!« Diese Vorstellung ist in den Köpfen vieler Journalisten fest verankert, und sie ist mir in Gestalt eingefleischter Überzeugungstäter auch schon häufig persönlich begegnet. Um diese etablierte Vorstellung davon, was guter Journalismus bewirken soll, zu überprüfen, lade ich dich erneut auf einen kleinen Selbsttest ein.

Versuche dich daran zu erinnern, wie du dich nach der letzten Nachrichtensendung im Radio oder Fernsehen gefühlt hast? Oder welche Emotionen du wahrgenommen hast, nachdem du das letzte Mal in die Zeitung geschaut oder auf dem Smartphone die Nachrichten überflogen hast? Nimm dir einen Moment Zeit und schreib die ersten Stichworte auf, die dir in den Sinn kommen. Wenn du damit fertig bist, versuche zu beurteilen, ob die Emotionen eher negativ oder positiv sind.
Ähnlich wie beim lösungsorientierten Denken lohnt sich auch hier ein langfristiger Blick: Beobachte in den nächsten Tagen deine Gefühlswelt jeweils im Anschluss an deinen Nachrichten- und Medienkonsum und notiere dir, wie es dir danach geht.

Wenn du den Selbsttest in den nächsten Tagen konsequent durchführst, wirst du merken, dass du dich tatsächlich oft über die beschriebenen Zustände dieser Welt empörst. Doch dass du daraufhin aktiv wirst und dich für oder gegen etwas engagierst – das ist dann doch ganz klar die Ausnahme. Wahrscheinlich wirst du auch mehr negative als positive Emotionen und Stichworte notiert haben, nachdem du die Zeitung oder das Smartphone zur Seite gelegt hast. Egal was bei deinem kleinen Selbsttest herauskommt, müssen wir festhalten: Der oben angeführte Glaubenssatz des Journalismus ist nicht nur falsch, sondern auch hochgradig problematisch, weil genau das Gegenteil der Fall ist. Alles, was wir aus der Psychologie über das Thema wissen, widerspricht dieser weitverbreiteten journalistischen Überzeugung.

Erinnern wir uns kurz an die Folgen der Negativberichterstattung: Wir alle lernen, hilflos zu sein, wenn wir immer wieder gesagt bekommen, dass die Welt ein Ort voll mit gewaltigen, unlösbaren Problemen ist. Probleme, die viel größer sind als wir selbst. Probleme, die uns verärgern und vor denen wir uns beginnen zu fürchten, weil sie uns verunsichern und sogar existenzielle Ängste auslösen können. Wenn wir täglich lesen, hören und sehen, dass »die da oben« anscheinend ihre Spielchen mit uns spielen, dass der Klimawandel unsere Lebensgrundlage bedroht, dass Kriege und Hungersnöte einfach nicht aufhören wollen und, und, und – dann gehen wir eben nicht auf die Straße, sondern würden uns am liebsten in Embryonalstellung unter der Bettdecke verkriechen.

Negative Emotionen wie Wut und Angst gehen mit bestimmten körperlichen Reaktionen einher. Fürchten wir uns, setzen automatisch Stressreaktionen ein: schwitzige Hände und eine erhöhte Herzschlagfrequenz, wir sind in Alarmbereitschaft. Positive Emotionen wie Freude, Lust, Interesse, Zufriedenheit, Liebe und Hoffnung können das ausgleichen und uns im wahrsten Sinne des Wortes wieder runterbringen – der Stress lässt nach, und wir sind nicht länger im Modus »Kämpfen oder Flüchten«, sondern werden wieder aufmerksamer und handlungsbereiter.[12] Was aber, wenn der Großteil der Berichterstattung dafür sorgt, dass wir ständig unter Stress stehen und uns bedroht fühlen? Wenn wir kurz davorstehen, leise winselnd aufzugeben wie die Hunde in den Experimenten von Martin Seligman und seinen Kollegen?

Um der erlernten Hilflosigkeit zu entkommen, bleibt in letzter Konsequenz nur ein Ausweg: Ich halte mich von der Berichterstattung, die mir auf so einseitig negative Art und Weise die Welt zu erklären versucht, fern. Stattdessen lese ich im besten Fall Magazine, die mir Möglichkeiten der Eigenwirksamkeit aufzeigen. Dort lerne ich dann, Marmelade einzukochen, meinen Garten bienenfreundlich zu gestalten und zu meditieren, um bei mir selbst anzukommen. Das mag zynisch klingen, ist es aber nicht. Stattdessen schaue ich besorgt auf diese Entwicklung. Denn so wichtig es ist, die eigene Mitte zu finden und sich wohlzufühlen (wie gesagt, sind wir dann in der Regel auch kreativer und fähiger, Probleme anzugehen), hilft dieses Verhalten nicht, die gesellschaftlichen Herausforderungen unserer Zeit zu verstehen und ihnen als aufgeklärter Bürger zu begegnen. Denn wenn sich die Bevölkerung mit Einmachgläsern in der Hand und Batik-Tagebüchern auf dem Nachttisch in einer modernen Form des Biedermeiers eingenistet hat und sich nur noch um Kinder, Küche und Garten kümmert, fehlt es an Partizipation auf gesellschaftlicher Ebene. Doch eine liberale Demokratie definiert sich gerade darüber, dass wir Bürger hinreichend informiert sind und uns so aktiv an gesellschaftlichen Prozessen beteiligen können.

Nun beklagen viele Menschen, die Welt sei komplexer geworden. Fakt ist aber: Die Welt ist schon lange komplex. Was sich mit der Digitalisierung im 21. Jahrhundert geändert hat, ist unsere Wahrnehmung der komplexen Welt da draußen. Wir sind in der Lage, den geopolitischen Geschehnissen am anderen Ende der Welt live zu folgen, wenn ein Journalist, Blogger oder Tourist mit wackeliger Smartphone-Kamera vom Ort des Geschehens »berichtet«. Wir können in der scheinbar unbegrenzten Warenwelt der digitalen Einkaufsregale genau das Paar Schuhe finden, das zum neuen Outfit passt. Und wir können unseren potenziellen Lebensabschnittspartner – je nach Bildungsanspruch und sonstigen Kriterien – aus einer zu uns passenden Partnerbörse auswählen, statt uns auf der Straße oder im Büro auf die Suche zu machen; clevere Algorithmen helfen uns dann dabei, jemanden zu finden, der die gleiche Musik hört, sich für moderne Literatur interessiert und auch Squash spielt. Zwar hat die dramatisch gestiegene Informationsverfügbarkeit das Leben zahlreicher Menschen überall auf der Welt nachweislich verbessert. Es ist aber oft auch ein Überangebot, das uns ratlos oder überfordert zurücklässt.

Was also braucht ein Journalismus – gerade in solchen Zeiten –, der dafür sorgt, dass Menschen (wieder) aktiv werden und sich nicht aus der Gesellschaft ausklinken? Dafür brauchen wir nicht nur digitalen Detox und smartphonefreie Zeiten und Zonen, sondern eben auch einen Zugang, der die besagten positiven Emotionen wie Hoffnung und Optimismus in uns weckt. In der Psychologie gibt es mittlerweile einen eigenen Forschungszweig, in dem genau das untersucht wird. Welche Auswirkungen haben positive Emotionen (neben erhöhter Aufmerksamkeit und Kreativität) auf unser Denken und Verhalten? Um das herauszufinden, versetzen Wissenschaftler ihre Versuchspersonen zunächst in eine positive Stimmung. Etwa indem sie ihnen Kakao und Kekse anbieten, ihnen ein kleines Geschenk geben, einen kurzen Comedy-Film vorspielen oder ihnen eine Liste mit positiven Begriffen vorlegen. Im letzten Fall haben die Versuchsteilnehmer dann die Aufgabe, verwandte Wörter zu denen auf der Liste aufzuschreiben. Die Idee dahinter: Positive Wörter wecken positive Assoziationen und versetzen die Probanden, ähnlich wie Kekse oder Comedy, in eine zufriedenere Stimmung.

Die Ergebnisse solcher Studien sprechen eine eindeutige Sprache. Menschen in positiver Stimmung legen im Vergleich zu Kontrollprobanden ein deutlich verändertes Verhalten an den Tag:

1. **Wir sehen mehr Ähnlichkeiten (statt Unterschiede):** Sind wir positiv gestimmt, fokussieren wir uns mehr auf Gemeinsamkeiten und Ähnlichkeiten statt auf Unterschiede.[13] So gehören *andere* schneller dazu, auch wenn sie sich von *uns* unterscheiden. Wir stellen unser Gruppendenken, etwa bezogen auf Geschlechter, Nationalitäten oder sexuelle Orientierungen, mehr in den Hintergrund.
2. **Wir sind kreativer:** Gut gelaunt steigt unsere Kreativität. Uns kommen beispielsweise mehr ungewöhnliche Assoziationen zu neutralen Wörtern wie Ziegelstein, Knopf oder Büroklammer in den Sinn.[14]
3. **Wir lösen Probleme besser:** Die erhöhte Kreativität führt auch dazu, dass wir in kniffligen Situationen originellere Lösungen finden.[15]
4. **Wir können uns besser erinnern:** Fühlen wir uns gut, hat das auch Auswirkungen auf unser Gedächtnis. Dann erinnern wir uns später besser an neutrale und positive Informationen (die negativen beeinflusst das nicht).[16]
5. **Wir sind sozialer:** Wer positiv gestimmt ist, ist aufgeschlossener, sozialer und hilfsbereiter.[17]
6. **Wir leben aktiver und gesünder:** Menschen, die häufiger gut gelaunt sind, sind im Durchschnitt aktiver, aufmerksamer, zuversichtlicher und selbstsicherer. Langzeitstudien haben gezeigt, dass die positive Stimmung dazu führt, dass wir weniger Stresshormone produzieren und Herausforderungen besser verarbeiten können. Das alles sorgt auch dafür, dass wir besser schlafen und von einer erhöhten Lebenserwartung profitieren.[18]

Diese Liste ließe sich noch fortführen, sollte aber schon jetzt verdeutlichen, dass positive Emotionen enorme Dynamiken und Potenziale in uns freisetzen können! Eine Schlussfolgerung daraus, die an dieser Stelle besonders wichtig ist: Der Ton eines Artikels, Podcasts oder einer Sendung hat Einfluss auf uns allein dadurch, dass er unabhängig vom Thema bestimmte Emotionen in uns weckt. Wäre dies kein Buch, sondern ein Vortrag, wäre das einer der Zeitpunkte, an denen ich kurz innehalten würde, um dieser Erkenntnis den verdienten Nachdruck zu verleihen. Denn diesen Gedanken gilt es erst mal zu verdauen: Ein Artikel – oder Informationshappen – hinterlässt je nach Tonalität bei uns unterschiedliche Emotionen, und die wiederum können uns in vielerlei Hinsicht hemmen oder aktivieren. In dieser Erkenntnis steckt nicht nur eine gehörige Portion Demut vor sprachlichen Unzulänglichkeiten, sondern auch vor der eigenen Begrenztheit: Ja, die Welt da draußen ist komplex, und alles, was ich über sie erfahre, ist immer nur ein kleiner Ausschnitt. Dieser wiederum ist sowohl von der Wahrnehmung und Weltanschauung der Menschen geprägt, die mir von ihr erzählen, als auch von meiner eigenen Geschichte, meinen persönlichen Überzeugungen und meinen kognitiven Unzulänglichkeiten. Das klingt alles irgendwie zu kompliziert? Es gibt eine simple Eselsbrücke, die du sicher kennst und die mit Blick auf die beschriebenen Wechselwirkungen so viel mehr aussagt, als nur zwischen Optimisten und Pessimisten zu unterscheiden: Wir können das gleiche Glas als halb leer oder als halb voll sehen. Egal wie wir es beschreiben – das Glas selbst (sprich die Realität) ist das gleiche!

Die dänische Journalistin und internationale Vorreiterin im Konstruktiven Journalismus, Cathrine Gyldensted, hat die zweite Erkenntnis, die ein moderner Journalismus unbedingt verinnerlichen muss, wunderbar in ihrem Buchtitel auf den Punkt gebracht: *From Mirrors to Movers.*[19] Journalisten *spiegeln* also die Welt niemals nur wider, sondern *bewegen* sie durch ihre Berichterstattung auch. Das vereint auf elegante Weise die Erkenntnisse, dass es keinen objektiven Journalismus gibt (du erinnerst dich an die Fata Morgana) und Journalisten durch ihre Arbeit immer die Welt verändern – und daraus erwächst selbstverständlich eine enorme Verantwortung.

Bisher klingt das alles noch ziemlich abstrakt – was bedeutet es also ganz konkret für den journalistischen Alltag, sich die Auswirkungen der eigenen Arbeit bewusst zu machen?

Nichts ist konkreter als meine Wortwahl. Nehmen wir einen Begriff, der seit Jahren in aller Munde ist: die Krise. Warum hatten wir in Deutschland 2015 eine »Flüchtlingskrise«[20] und standen nach der Bundestagswahl 2017 im Zuge der andauernden Sondierungs- und Koalitionsverhandlungen gar vor einer möglichen »Staatskrise«?

Na, hast du auch gerade begonnen, über die Gründe für die Krisen der letzten Zeit nachzudenken? Ertappt! Denn weil wir wie selbstverständlich von Krisen sprechen, fragen wir uns gar nicht mehr, ob eine solche überhaupt vorliegt. Aber wer definiert eigentlich, was eine Krise ausmacht, wann wir noch vor einer »Krise warnen« und wann wir bereits tief in einer solchen »drinstecken«? Wenn mehr als 100 000 Menschen in einer bestimmten Zeit ihr Land fluchtartig verlassen? Weil dort Krieg herrscht, weil sie zu verhungern drohen oder weil sie auf der Suche nach Arbeit sind. Oder erst wenn Menschen hier gegen und für die Ankömmlinge auf die Straße gehen? Oder wenn die deutschen Behörden neue Stellen ausschreiben, weil sie nicht mit der Arbeit hinterherkommen?

Schnell bringt ein solches Gedankenspiel das scheinbar stabile Kartenhaus der Sprache, gebaut aus Wörtern und deren Bedeutung, ins Wanken. Darum geht es, wenn Vertreter des Konstruktiven Journalismus neue Wege gehen wollen, wenn Gewohnheiten – in diesem Fall Sprachgewohnheiten – hinterfragt werden sollen.

Als Neurowissenschaftlerin bin ich es »gewohnt«, mit sogenannten Schwellenwerten zu arbeiten. Jede Diagnostik, wie auch in der Medizin oder Psychologie, beruht auf solchen Schwellenwerten. Jemand ist klinisch depressiv, dumm oder hochintelligent, chronisch gestresst oder autistisch, weil er einen bestimmten Wert auf einer Skala unter- oder überschreitet – also einen bestimmten Abstand zum Mittelwert hat, der den Großteil der Gesellschaft beschreibt.

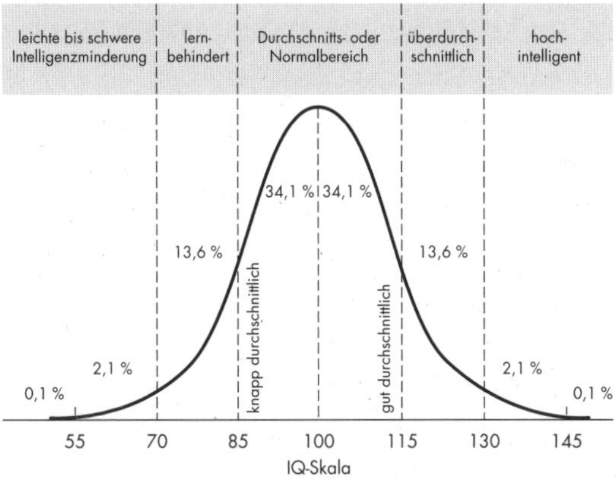

Die Prozente beziehen sich auf den jeweiligen Anteil in der Bevölkerung, die einen entsprechenden IQ haben.

Viele Werte zeigen so eine Kurve, die darum als Normalverteilung bezeichnet wird. Am Beispiel des ebenso bekannten wie umstrittenen IQs, gemessen über standardisierte Intelligenztests, lässt sich das einfach zeigen: Die meisten Menschen haben einen Wert in der Nähe von 100, einige liegen stark darunter, einige stark darüber. Ab einem Wert von 130 gilt jemand als »hochintelligent«; liegt der Wert zwischen 70 und 84, gilt die Person als »lernbehindert«, unter einem Wert von 70 folgt eine Einteilung in unterschiedliche Ausprägungen der Intelligenzminderung (von leicht bis schwer).

Ein vom allgemeinen Durchschnitt abweichender Wert kann zum Beispiel anhand eines Fragebogens, eines Verhaltenstests, eines Blutwerts oder einer Kombination aus mehreren solcher Analyseinstrumente gemessen und ermittelt werden. So misst ein Fragebogen, ob und wie sehr jemand klinisch depressiv ist; die Messung des Blutdrucks verrät, ob jemand an Bluthochdruck leidet; am Ende eines mehrstündigen Tests steht ein IQ-Wert. Das Prinzip ist einfach, und in allen Fällen orientieren wir uns an Grenzwerten, die, wenn sie unter- oder überschritten werden, ein Urteil oder eine Diagnose rechtfertigen. Eine Tatsache ist bei dieser Betrachtungsweise ganz wichtig: Alle diese Grenzwerte sind natürlich *keine* Naturgesetze, sondern sind irgendwann von Menschen festgelegt worden.

Nehmen wir das Beispiel Intelligenz: Statt 130 hätte genauso gut ein IQ von 125 oder 133 der Schwellenwert für Hochintelligenz werden können. Mal ganz abgesehen von der Frage, was ein IQ von 108 im Vergleich zu einem von 109 bedeutet und was es überhaupt bedeuten soll, intelligenter zu sein.

Auch wenn es sich in manchen Fällen nach Naturgesetz anfühlen mag, trifft die gleiche Willkür auf medizinische Diagnosen – inklusive psychischer Krankheiten – zu. Ein interessantes weiteres streitbares Beispiel ist der im Blut gemessene Vitamin-D-Spiegel (das übrigens kein Vitamin, sondern ein Hormon ist). Laut der Richtwerte, die für Bluttests genutzt werden, hat der Großteil der Bevölkerung in zahlreichen Ländern zumindest im Winter einen klaren Vitamin-D-Mangel. Ist das wirklich so und sollten wir alle deshalb Vitamin-D-Pillen schlucken? Oder brauchen wir vielleicht einen saisonal abhängigen Soll-Wert, der je nach Jahreszeit einen möglichen Mangel bestätigt? Denn Vitamin D erhält unser Körper vor allem durch die täglichen Sonnenstrahlen – im Winter gibt es davon hierzulande aber natürlich weniger.[21]

Dieser kleine Exkurs in die Diagnostik soll eines ganz deutlich machen: Kategorien sind menschengemacht, und wir haben uns in vielen Fällen so sehr an sie gewöhnt, dass wir sie nicht hinterfragen. Mit dieser Erkenntnis im Hinterkopf können wir beginnen, auch die Kategorien, die uns so häufig in den Medien begegnen, zu hinterfragen. Dasselbe gilt natürlich auch für die

Journalisten, die sich öfter fragen sollten: Ist es immer sinnvoll, von Krise und Co. zu sprechen, oder verfalle ich damit nicht in sprachliche Muster, die eine bestimmte Vorstellung der Realität beim Leser oder Zuschauer erschaffen und befördern?

Halten wir also fest: Worte sind schnell gesprochen und geschrieben, ohne dass wir bewusst hinterfragen, welche Bedeutung wir ihnen selbst zumessen und was sie am anderen Ende beim Empfänger auslösen. Wie gehe ich als Journalistin gemäß meinem Anspruch, Konstruktiven Journalismus zu praktizieren, damit um, ohne mich in philosophischen Grundsatzdebatten zu verlieren? Zum Beispiel indem ich keine Angst davor habe, die selbstverständliche Nutzung und Deutung von Wörtern offen zu hinterfragen. Das gilt für interne Diskussionen genauso wie für die produzierten Beiträge. So haben wir bei *Perspective Daily* lange diskutiert, ob wir gendern wollen oder nicht, und ebenso gemeinschaftlich entschieden, von Geflüchteten statt Flüchtlingen zu schreiben. Alle Menschen werden bei uns mit Vor- und Nachnamen genannt (Anonymisierungen ausgenommen), egal ob sie als Küchenhilfe, Professor oder Zirkusclown arbeiten.

Was wir in jedem Fall versuchen, ist, offen zu diskutieren, wo vielleicht Missverständnisse über Wortbedeutungen entstehen können und so ein inhaltlicher und offener Austausch verhindert werden könnte. Egal ob es um den Begriff der »Flüchtlingskrise« geht oder die Frage, warum sich Konservative und Progressive nicht (mehr) zu verstehen scheinen.[22] Mit Blick auf die vermeintliche Objektivität in der Berichterstattung sind also vor allem zwei Eigenschaften gefragt: Offenheit und Ehrlichkeit. Dasselbe gilt für eine weitere Grundregel des Journalismus, der sogenannten ausgewogenen Berichterstattung.

Der Anspruch, ausgewogen zu berichten, gehört – auf den ersten Blick vollkommen zu Recht – zu den Grundsätzen des Journalismus. Doch ähnlich wie bei der vermeintlich objektiven Berichterstattung müssen wir bei näherer Betrachtung auch hier anerkennen, dass dieser Anspruch oftmals in die Irre führt und im schlimmsten Fall seiner Intention zuwiderläuft. Ich nenne diesen nächsten Punkt gern die »künstliche Dichotomie« – die sich mit Vorliebe in einer an den Haaren herbeigezogenen Gegenüberstellung von zwei Positionen äußert. Was meine ich damit? Zum journalistischen Handwerk gehört es, »beide Seiten darzustellen«. Diesen Anspruch nehmen angehende Zeitungsredakteure und andere Medienmacher während ihrer Ausbildung quasi mit der journalistischen Muttermilch auf. In vielen Fällen ist es durchaus ein sinnvolles Werkzeug und eine Grundvoraussetzung für gute journalistische Arbeit. Etwa, wenn Regierung und Opposition zu einem Gesetzesentwurf befragt werden. Oder wenn es darum geht, Gründe für und gegen eine geplante Sanierung oder den alternativen Neubau einer Brücke darzustellen. In vielen Zusammenhängen funktioniert das aber nicht. Ganz einfach, weil es, wie eigentlich jeder weiß, bei den meisten Fragen im Leben mehr als zwei Seiten gibt und neben »Schwarz« und »Weiß« noch viele Grautöne stehen.

Das gilt ganz besonders für einen Großteil der gesellschaftlichen Probleme und Fragestellungen: Ist Hartz IV gut oder schlecht? Funktioniert Integration in Städten oder in Dörfern besser? Es gilt aber beispielsweise ebenso für Themen aus der Wissenschaft, über die gerne in den Medien berichtet wird, etwa der Klassiker: Ist Kaffee gesund oder ungesund?

Keine dieser Fragen können wir mit einem einfachen »Ja!« oder »Nein!« beantworten. Zumindest nicht, wenn wir um eine halbwegs ernst zu nehmende Antwort bemüht sind und versuchen, der mit den Fragen einhergehenden Komplexität gerecht zu werden.

Bei der Frage nach Hartz IV etwa ist völlig unklar, wie »gut« und »schlecht« definiert sind. »Gut« für wen? Den Staat, die Empfänger, die Gesellschaft? Über welchen Zeitraum sprechen wir? Nehmen wir etwa kurzfristige Verluste aufseiten des Staatshaushaltes in Kauf, um mittel- oder langfristig dafür zu sorgen, dass mehr Menschen oberhalb der Armutsgrenze leben? Oder legen wir den Fokus auf den Nachwuchs? Wenn ja, ab welchem Alter? Gibt es Alternativen zu Hartz IV, die das, was wir erreichen wollen, noch besser erfüllen könnten?

Das Kaffeebeispiel steht exemplarisch für die komplizierte Gesundheitsforschung. Die Urheber der Überschriften zur Wirkung von Kaffee (oder wahlweise zu Wein oder Käse) gehen offenbar davon aus, dass unser Langzeitgedächtnis eher schlecht funktioniert. Stand dort gestern noch »Kaffee ist gesund!«, lesen wir heute: »Kaffee ist ungesund!«, und morgen wird uns eins von beiden erneut aufgetischt. Egal wie viele Überschriften uns das Gegenteil weismachen wollen, es ist schier unmöglich, die Langzeitwirkungen eines einzelnen Lebens- oder Genussmittels auf unseren Körper zu untersuchen.[23] Ganz einfach, weil zu viele Faktoren – oder wissenschaftlich ausgedrückt: Variablen – einen möglichen Einfluss auf die Ergebnisse und unsere Gesundheit haben können. Dabei geht es nicht nur um die richtige Dosis, wie viele Tassen sind gesund (und wie groß sind diese Tassen), sondern auch um Ernährung generell, um unseren Schlaf-wach-Rhythmus oder um unsere Erwartungshaltung vor dem Kaffeegenuss (die beispielsweise noch von Werbebotschaften auf der Verpackung beeinflusst sein kann). Vielleicht macht es auch einen Unterschied, ob der Kaffee nüchtern oder auf halb vollen Magen getrunken wird, welche Röstung die Bohnen hatten und ob wir ihn kalt oder heiß trinken. Und dein Erbgut reagiert möglicherweise anders auf den koffeinhaltigen Trank als meines. Mal ganz zu schweigen von der Problematik, dass Menschen in Umfragen nicht zwangsläufig die Wahrheit sagen (auch nicht über ihren Kaffeekonsum), mal beabsichtigt, mal aus voller Überzeugung, die richtige Angabe zu machen. Wie extrem diese Tendenz zu Falschaussagen sein kann, zeigen zum Beispiel die Ergebnisse von Studien, bei denen die Probanden ihren Kalorienkonsum protokollieren: Durchschnittlich unterschätzen sie die aufgenommenen Kalorien.[24] Dabei ist die Abweichung bei übergewichtigen und fettleibigen Menschen größer als bei Normalgewichtigen.

Wer nun denkt, die Gesundheitsbeispiele seien komplex, der darf sich auf das letzte Beispiel freuen: Ist Integration in Städten oder Dörfern erfolgreicher? Zunächst brauchen wir dafür eine Definition von »erfolgreich«. Ist jemand erfolgreich integriert, wenn er sich möglichst gut angepasst hat?[25] Frei nach dem Motto: Bloß nicht auffallen? Gibt es einen Katalog an Anforderungen, den Menschen erfüllen müssen, um integriert zu sein, der wie eine Checkliste abgehakt werden kann? Wenn ja, gehört das Sprechen der Landessprache dann dazu?[26] Oder bedeutet »erfolgreiche Integration« immer auch, dass der Raum des Möglichen durch Neuankömmlinge erweitert wird und das Neue im Alten »integriert« wird? Spätestens hier wird klar: So einfach ist das mit den zwei Seiten nicht – die gibt es oftmals einfach nicht, ebenso wenig wie den richtigen, objektiven oder neutralen Blick auf die Welt da draußen. Eine einfache Zahl, ein Ja oder Nein mögen vielleicht gerade so ausreichen, wenn es um die Fußballergebnisse von heute geht oder die Frage, ob es morgen regnen wird, aber eben nicht für viel mehr.

Was bei der künstlichen Dichotomie außerdem gern unter den Tisch fällt, sind Verhältnismäßigkeiten – also das, was wir im Mathematikunterricht als Prozente kennengelernt haben. Das vielleicht bekannteste Beispiel dafür betrifft den Klimawandel. Auch wenn sämtliche Daten dafür sprechen,[27] dass der Klimawandel auf menschliche Handlungen und unsere Lebensweise seit Beginn der Industrialisierung zurückzuführen ist,[28] wird in Talkshows noch immer häufig dem *einen* Klimawissenschaftler, der für den wissenschaftlichen Konsens von mindestens 99,9 Prozent der Klimawissenschaftler steht, ebenso *ein* Klimawandelskeptiker – oder besser gesagt Klimawandelleugner – gegenübergestellt. Die Botschaft, die bei den Zuschauern ankommt, kann also in etwa so lauten: Es gibt Wissenschaftler, die am Klimawandel zweifeln. Und still und heimlich stellt sich der ein oder andere Zuschauer dann vielleicht doch die Frage: »Sollte ich also auch daran zweifeln?« Vollkommen abstrus und geradezu irreführend ist es aber, wenn sich mancher Moderator oder Reporter zum falschen Zeitpunkt zum Advocatus Diaboli aufschwingt und im Sinne vermeintlich ausgewogener Berichterstattung Positionen Platz einräumt, denen mit gutem Grund keine Beachtung geschenkt werden sollte.

Die Kunst besteht darin, einen Grad an Komplexität zu finden, der der Realität – beziehungsweise dem aktuellen Wissensstand darüber – gerecht wird und gleichzeitig Leser, Zuhörer und Zuschauer nicht überfordert. Ich bin davon überzeugt, dass Medienschaffende dabei öfter auf Zahlen und Zusammenhänge setzen sollten. Einfache Verhältnismäßigkeiten wie etwa im Beispiel der Klimaforschung müssen in der Berichterstattung einfach abgebildet werden, sodass sie nachvollziehbar sind – statt vorzugaukeln, es gebe tatsächlich zwei Seiten, die gleichwertige Argumente haben. Dabei müssen es nicht immer langweilige Zahlenreihen oder gar komplizierte Analysen sein, bei denen die meisten abschalten. Kern der Arbeit von konstruktiven Journalisten ist es eben auch, einer altbekannten Binsenweisheit Leben zu verleihen: Die wahre Kunst besteht darin, Kompliziertes einfach zu verpacken. Das fängt bei der Wortwahl an und geht so bei der Form weiter, also mit der Frage: Welche Darstellung eignet sich am besten, um einen Sachverhalt »gehirngerecht« zu vermitteln?

Eine letzte Sache darf bei der Frage nach den Auswirkungen nicht fehlen: der Blick auf Langzeitentwicklungen. Im ersten Teil des Buches habe ich fast pedantisch darauf verwiesen, dass im Journalismus zu oft über – meist negative – Einzelereignisse berichtet wird. Das Flugzeug, das abstürzt, der terroristische Anschlag, der drei Menschen mit in den Tod reißt, der Beginn einer Hungersnot, die für Tausende den Tod bedeutet. Eine der wichtigsten Erkenntnisse war dabei, dass die Verfügbarkeit von Informationen unsere Risikoeinschätzungen und Ängste bestimmt – und verzerrt. Sprich, wir fürchten uns mehr vor einem terroristischen Anschlag als vor den Folgen des Klimawandels oder Auto fahrenden Senioren, auch wenn beide gleichwohl eine viel größere Gefahr für uns darstellen. Wem das zu abstrakt ist: Hast du beim Boarding eines Flugzeugs nicht auch das komische, vage Gefühl von Unsicherheit – verglichen mit dem Gefühl, wenn du im Auto Platz nimmst? Und ich wette, dass sich dieses Gefühl, wenn überhaupt, nur geringfügig ändert, wenn du dir wieder und wieder vor Augen führst, dass Flugzeuge das sicherere Verkehrsmittel sind.

Der fehlende Blick auf Langzeitentwicklungen ist sicherlich ein Teil der Erklärung, warum beim Ignoranztest die Teilnehmer stets zu negativ antworten. Auch nach ungezählten Einsätzen dient der kleine Test mit seinen vier Fragen mir jedes Mal aufs Neue als praktisches Werkzeug, um jedem einzelnen Zuhörer vor Augen zu führen: Ja, auch du hast ein zu negatives Weltbild, das nicht der Realität entspricht! Warum? Weil es eben keine Nachricht wert ist, darüber zu berichten, dass die weltweite Kindersterblichkeit seit dem letzten Jahr um 0,14 Prozent gesunken ist.[29] Bevor ich die richtigen Antworten auf die vier Fragen zum Zustand der Welt präsentiere, stelle ich gern noch die bekannte Zusatzfrage, die immer für Lacher sorgt: »Und wer glaubt, alle vier Fragen richtig beantwortet zu haben?« Von leicht verkrampfter Unsicherheit, wenn sich die Menschen ihrer eigenen Ignoranz bewusst werden, bis hin zu mutigen Meldungen reichen da die Reaktionen, bevor ich mit den richtigen Antworten jeden Übermut nehme – denn alle vier richtig hatte bisher niemand.

Wenn wir gesellschaftliche Entscheidungen lösungs- und zukunftsorientiert treffen wollen, statt stumpfen Parolen Vorschub zu bieten, brauchen wir sowohl einen geschärften Blick für Langzeitentwicklungen als auch mehr Einordnung und Analyse. Das heißt nicht, dass jedes Thema in einem mindestens halbstündigen Beitrag aufgearbeitet werden muss, aber auch in der tagesaktuellen Berichterstattung ist mehr Einordnung möglich. Zum Beispiel, indem sich die verantwortlichen Nachrichtenredakteure öfter mal fragen: Wie viele »Nachrichten des Tages« wollen wir heute bringen? Ist es vielleicht besser, weniger Themen, diese aber mit ein wenig mehr Hintergrund, aufzuarbeiten?

Schon diese kleine Veränderung in der Herangehensweise, wie Nachrichten aufbereitet werden, kann dafür sorgen, dass die Leser, Hörer und Zuschauer besser informiert sind. Das könnte ebenfalls zur Folge haben, dass in der Berichterstattung weniger mit Schlagworten wie Krise, Sanktionen und Handelskriegen, um sich geworfen wird. Schlagworten, die aktuell im digitalen und öffentlichen Raum fast papageienhaft nachgeplappert werden, ohne dass ein Konsens über ihre Bedeutung vorhanden ist. Genau solche Fragen will der Konstruktive Journalismus anregen. Es geht dabei also nicht darum, tagesaktuelle Ereignisse zu ignorieren, sondern vielmehr darum, vermeintlich allgemeingültige Weisheiten und Definitionen im Journalismus zu hinterfragen. Allen voran die Frage: Was ist relevant, was sind »die Nachrichten des Tages«?

Bei dieser veränderten Art der Berichterstattung stellt sich aus psychologischer Sicht ganz nebenbei ein positiver Nebeneffekt ein. Wir fühlen uns weniger erschlagen von der Fülle an Nachrichten, die jeden Tag auf uns einprasseln, und können unseren Blick auf die Zukunft richten. An diesem Punkt können wir besonders gut nachvollziehen, wie weitreichend die Auswirkungen einer veränderten journalistischen Arbeit sein können – und wie gut Journalisten von neurowissenschaftlichen und psychologischen Erkenntnissen der letzten Jahrzehnte profitieren können. Dafür benötigen sie keinen Bachelor, Master oder Doktor in Neurowissenschaften, sondern müssen nur eine Eigenschaft mitbringen: die Offenheit, alte Glaubenssätze zu hinterfragen. Und schon sind wir tief drin in der psychologischen Begründung des Konstruktiven Journalismus auf der einen Seite und meinem Appell an alle Journalisten und Medienschaffenden, sich ihrer Verantwortung bewusst zu werden, auf der anderen Seite:

»Liebe Journalisten, ihr beeinflusst eure Leser, Hörer und Zuschauer *immer* – egal welche Wörter und Bilder ihr wählt und ob ihr es beabsichtigt oder nicht!«

Natürlich gibt es einen konstruktiven Zusatz:

»Alles, was ihr tun könnt, ist, euch dieser Verantwortung bewusst zu werden. Zum Beispiel, indem ihr beginnt, grundlegende psychologische Erkenntnisse zur Informationsverarbeitung von Menschen anzuerkennen und in eurer täglichen Arbeit zu berücksichtigen!«

Erkenntnis 3: Schluss mit der Schwarz-Weiß-Malerei!

Es ist eigentlich eine Binsenweisheit, dass die Welt und das, was täglich in ihr so stattfindet, sich nicht Schwarz-Weiß darstellen lässt – aber genauso begegnet sie uns leider allzu oft in den Medien. Beispielsweise wenn eine künstliche Dichotomie herbeigeführt wird, weil die Programmplaner in einer TV-Runde zum Thema Klimawandel neben einen Wissenschaftler jemanden setzen, der das Ganze leugnet. Oder wenn in einer großen deutschen Wochenzeitung die Frage gestellt wird: »Wie schlimm ist Hartz IV?«[30] Egal ob es um Hartz IV oder um womöglich gesunden oder vermeintlich gefährlichen Kaffee geht: Die Welt ist nicht schwarz-weiß! Das war sie noch nie und wird sie auch in Zukunft nicht sein. Sie wird es auch nicht werden, wenn wir uns genau das in schwachen Momenten manchmal wünschen oder wenn Populisten uns versuchen weiszumachen, die *anderen* seien schuld an unserem Unglück. Ja, es ist verlockend, sich einfachen Dichotomien hinzugeben, unser Gehirn tendiert sogar dazu. Denn als Faustregel gilt: Das Gehirn sucht sich immer den Weg des geringsten Aufwands, um möglichst wenig Energie zu verbrauchen. Genau das bietet Journalisten das perfekte Einfallstor, um psychologische Fallstricke zu beachten, wenn sie über die Welt da draußen berichten. Mal ganz abgesehen davon, dass selbst in Zeiten von Schwarz-Weiß-Fernsehen schon galt, was der Konstruktive Journalismus versucht abzubilden: Es gibt auch Grautöne.

Konsequenterweise müssen Medienschaffende also immer mitdenken, wie vielen verschiedenen Positionen sie in der Berichterstattung zu einem bestimmten Thema Platz einräumen wollen, um eine möglichst realistische Einschätzung der Leser, Hörer und Zuschauer zu ermöglichen – ohne dass jeder einzelne sich tagelang mit einer Fragestellung auseinandersetzen muss. Denn dann werden die meisten sich wohl schnell der selbst gemachten Marmelade und den Selbstfindungskursen zuwenden, weil sie sich zu Recht überfordert fühlen. Alles, was wir hierfür tatsächlich wieder benötigen, ist eine gehörige Portion Offenheit – ja, der Begriff wird genau wie die Gewohnheiten noch das eine oder andere Mal auftauchen. Da vertraue ich ganz auf die Ergebnisse der Gedächtnis- und Verhaltensforschung, die uns verraten, dass wir Dinge mehrmals hören müssen, damit wir sie gut abspeichern und einmal gemachte Gewohnheiten sich nur mit Hartnäckigkeit ändern lassen.

Kurz gesagt: Wir müssen uns (und unser Gehirn) immer wieder erneut herausfordern. Und weil Herausforderungen irgendwie immer anstrengend sind, sollten sie zumindest auch ein wenig Spaß machen. Darum habe ich mir überlegt, mein Plädoyer gegen Schwarz-Weiß-Malerei im Journalismus anhand eines unterhaltsamen Themas durchzuführen: der Pornografie.[31] So versuche ich zwei Fliegen mit einer Klappe zu schlagen, weil ich gleichzeitig ein Beispiel für Konstruktiven Journalismus geben kann. Es geht also um die Frage: Wie sieht eine Berichterstattung aus, die kein verkürztes Schwarz-Weiß-Bild zeichnet? Erklärt anhand der Forschung zu Pornos.

In der englischen Boulevardzeitung *The Sun* habe ich gelesen, dass junge Frauen 15 Minuten pro Woche Pornos im Internet schauen.[32] Wenn ich mich noch als junge Frau bezeichnen darf, sollte das also auch in etwa für mich gelten. Im Durchschnitt, versteht sich. Und wenn das nicht so ist? Folgt dann daraus, dass entweder die Studie oder mein Verhalten falsch ist? Diese Frage bietet einen guten Einstieg in die grundsätzlichere Frage: Was wissen oder können wir über Pornografie wissen?

Beginnen wir also ganz banal mit der Frage: »Wie oft schaust du Pornos?« Das sollte doch leicht zu beantworten sein. Die vermeintlich einfache Frage offenbart jedoch bereits die erste Hürde auf dem Weg zu Wissen und Verständnis. Denn deine oder meine Antwort hängt davon ab, was wir unter Pornos verstehen.

Laut Duden meint Pornografie die »sprachliche, bildliche Darstellung sexueller Akte unter einseitiger Betonung des genitalen Bereichs und unter Ausklammerung der psychischen und partnerschaftlichen Aspekte der Sexualität«. So weit klar? Nicht so richtig, denn ich frage mich beispielsweise, ob das Video einer Frau, die allein masturbiert, dazugehört. Oder das Bild eines Mannes in Unterwäsche, der in eindeutig zweideutiger Haltung posiert.

Wie unterschiedlich unsere Vorstellung von dem sind, was pornografisch ist und was nicht, zeigen die Ergebnisse einer US-amerikanischen Studie. Dabei beurteilten rund 2000 Teilnehmer 20 Bilder und Videos vom leicht anzüglichen Bademodenkatalog bis zum Hardcore-Sex-Video, immer gepaart mit der Frage: Porno oder nicht? Gemessen wurde anhand einer Skala von 0 (»auf keinen Fall Porno«) bis 10 (»definitiv Porno«). Das Ergebnis: Die *Top 5* erhalten im Durchschnitt einen hohen Wert – so zum Beispiel das Video einer Frau, die sich selbst befriedigt. Aber eben nur im Durchschnitt: Für alle fünf der *Top 5* gilt, dass mindestens 13 Prozent der Versuchsteilnehmer sie als »nicht pornografisch« bewerteten, also eine Punktzahl von 0 bis 5 angaben. Noch erstaunlicher sind die Ergebnisse der *Bottom 5*, also der fünf Motive und Video-Sequenzen, die im Durchschnitt die wenigsten Punkte erhielten. Fast jeder Zweite bewertet sie nämlich trotz niedrigem durchschnittlichen Ergebnis mit mindestens sechs von zehn Punkten und ordnet sie so klar als Pornografie ein.

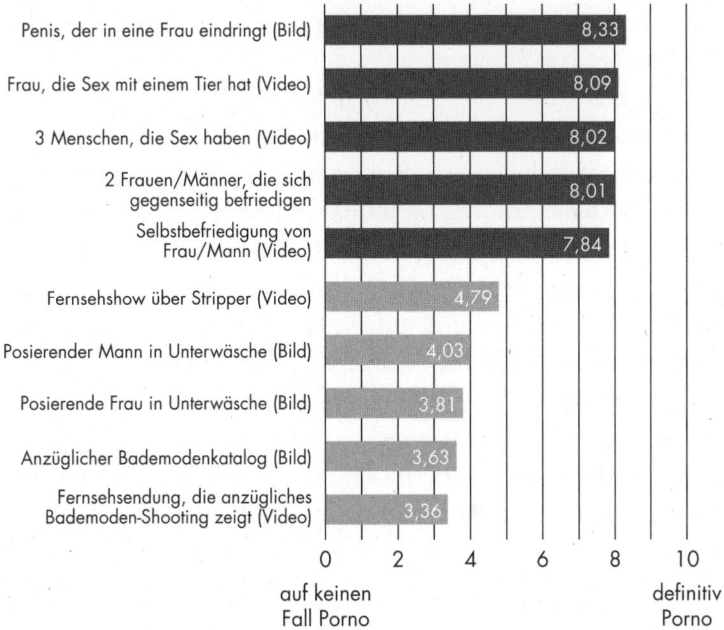

Ein Durchschnittswert allein kann über wichtige Details hinwegtäuschen. Und je nachdem, auf welche Aussage der hier zitierten Studie sich ein Journalist in seiner Berichterstattung bezieht, hinterlässt das bei dir entweder den Eindruck, dass Menschen eine masturbierende Frau generell für Pornografie halten *oder* dass mehr als 10 Prozent genau das nicht so sehen.

Besonders interessant wird es, wenn wir uns anschauen, welche Personengruppen bestimmte Antwortmuster an den Tag legen. So teilten die Befragten, die den leicht bekleideten Mann in eindeutig zweideutiger Pose eher als Porno-Material einstuften, folgende Eigenschaften: verheiratet, religiös und weiblich.

Und weil das noch nicht genug Grautöne sind, lege ich noch ein paar drauf: Wer häufiger Pornos schaut, dessen Schwelle für das, was er als Pornografie bezeichnet, steigt. An dieser Stelle traue ich mich kaum, mit Gewohnheiten zu argumentieren – aber auch hier spielen Gewöhnung und mögliche Abstumpfung eine Rolle. Angenommen, es gäbe einen ähnlichen Zusammenhang bei Gewalttaten. Dann wäre das ein weiteres, sehr schlagkräftiges Argument für mehr Verantwortungsbewusstsein und Regulation im Hinblick auf Form und Frequenz von Gewalt in Film und Fernsehen.

Dieser kleine Ausblick auf die Grautöne beim Thema Pornografie lässt uns vielleicht mit dem Gefühl einer sicheren Unsicherheit zurück, denn zwei Personen, die das gleiche Video mit nackter Haut anschauen, werden es mit großer Wahrscheinlichkeit sehr unterschiedlich bewerten – und damit auch für ihre Antwort auf die Frage »Wie oft schaust du Pornos?« unterschiedliche Messlatten anlegen.

Viele Dinge, die wir über Pornografie zu wissen glauben, sollten wir also mit Vorsicht genießen – weil unklar ist, über was beziehungsweise welche Art Pornos wir gerade sprechen. Ziemlich sicher wissen wir aber viel weniger über Pornografie und die möglichen Effekte, die sie auf das Publikum hat, als uns so manche Berichterstattung zum Thema suggeriert.

An dieser Stelle möchte ich ein erstes Fazit ziehen: Bevor wir über etwas reden, müssen wir dieses Etwas genauer definieren. Denn sonst interpretieren wir jede Aussage womöglich ausschließlich auf Basis der eigenen – eingeschränkten – Definition.

Nun wird es ein wenig wissenschaftlich, denn nach der Definition folgt die Methodik – aber keine Angst, ich bleibe bei der Pornografie, die an und für sich anschaulich genug sein sollte.

Um zu untersuchen, welchen Einfluss Pornografie auf Kinder und Jugendliche hat, durchforstete die britische Wissenschaftlerin Miranda Horvath mit ihren Kollegen mehr als 40 000 Studien und Berichte zum Thema.[33] Das traurige Ergebnis: Ihrer harten Überprüfung hielten weniger als 300 stand; alle anderen erfüllten grundlegende wissenschaftliche Standards nicht – was nicht heißt, dass deren Ergebnis es nicht auf die Titelblätter schafften, denn: »sex sells«. Zahlreichen Untersuchungen mangelte es nicht an scharfen Formulierungen, sondern an Substanz – sie basierten eher auf bestimmten Meinungen oder anekdotischen Einzelereignissen statt auf wissenschaftlichen Arbeitsweisen.

Das Thema Pornos bietet natürlich mehr als eine Steilvorlage für reißerische Überschriften à la »Süchtig nach Pornos: Zwang, Scham und Angst«. Klar ist auch, dass methodische Einschränkungen einzelner Studien es nicht in die Überschrift einer Tageszeitung schaffen können. Häufig fallen sie aber komplett aus der medialen Berichterstattung raus, und es bleiben Pauschalaussagen übrig, die wenig mit den eigentlichen Studien zu tun haben. Gerade bei diesem Thema zeichnen sich viele Studien nicht durch ihre methodische Standhaftigkeit aus. Mal abgesehen davon, dass viele Journalisten im Alltag aus Zeit- oder sonstigen Gründen nicht in der Lage sind, den Teil der methodischen Einschränkungen, die sogenannten Limitations, nachzulesen. Dann würden sie auch öfter feststellen müssen, dass die Ergebnisse keine Erwähnung wert sind. Ohne in wissenschaftlichen Fachjargon zu verfallen, verdeutliche ich anhand von vier Fragen kurz (und ohne Anspruch auf Vollständigkeit), *wie* wichtig die Grautöne des Methodenteils sind:

1. **Wer hat gefragt?** Fragt dich die wunderschöne Wissenschaftlerin oder der fesche Forscher nach deinen sexuellen Vorlieben, antwortest du sicher anders, als wenn du die Antwort auf einer Tastatur am Computer eintippst. Umfrageergebnisse sind immer eine Momentaufnahme, die nicht zwangsläufig mit der Realität übereinstimmen. Egal ob Meinungsforscher, Supermarktpersonal oder Wissenschaftler – wer andere Menschen um Feedback und Einschätzungen bittet, muss den Angaben der Befragten ver-

trauen. Doch was wir sagen und was wir tun, sind häufig zwei verschiedene Paar Schuhe. Wie soll ein Wissenschaftler überprüfen, ob die Befragte in der letzten Woche tatsächlich 15 Minuten Pornos geschaut hat?

2. **Knistert da was?** Ganz abgesehen vom Aussehen der Wissenschaftlerin oder des fragenden Forschers, ist jede »Datensammlung« immer auch in eine soziale Situation gebettet. Vielleicht will der eine Befragte besonders mit seiner Leistung glänzen und legt sich extra ins Zeug, die nächste fragt sich vielleicht, ob ihre Vorgängerin das Bild mit dem halbnackten Mann ebenfalls als »kein Porno« bewertet hat. Mittlerweile gibt es einen ganzen Forschungszweig dazu, wie die Anwesenheit von anderen Menschen unser Verhalten und unsere Entscheidungen in bestimmten Situationen beeinflusst.
3. **Hat das jemand überprüft?** Verhalten sich Männer, die Pornos geschaut haben, abwertender gegenüber Frauen als Männer, die keine Pornos geschaut haben? Diese Frage sollte eine Studie beantworten, die an einer einfachen methodischen Notwendigkeit scheiterte: einer vergleichbaren Kontrollgruppe.[34] Denn als die potenziellen Versuchsteilnehmer mittleren Alters erfuhren, dass sie für die Studie Pornos schauen sollten, sagten sie ihre Teilnahme ab, sodass am Ende zwei sehr unterschiedliche Gruppen übrig blieben: In der Testgruppe, die Pornos schauten, saßen junge Universitätsstudenten, und die Kontrollgruppe war gespickt mit älteren Männern, die für die Studie keine Pornos schauten. Jedes Ergebnis dieser Studie hat sicherlich eher etwas mit Unterschieden zwischen jungen und älteren Männern zu tun – statt mit möglichen Effekten von Pornos auf ein männliches Publikum.
4. **Wer hat teilgenommen?** Angenommen, Pornos können tatsächlich einen Einfluss auf das Verhalten von (jungen) Menschen haben. Würdest du dann an einer Studie teil-

nehmen wollen, bei der du möglicherweise Bilder siehst, die dich nicht mehr loslassen? Oder sogar deine Kinder an der Studie teilnehmen lassen? Solche Risiken sorgen dafür, dass einige Effekte nicht erforscht werden können, weil entsprechende Studien von den Ethikkomitees der Universitäten und Forschungseinrichtungen nicht zugelassen werden. Und wenn doch, sorgen die entsprechenden Risiken dafür, dass die Probanden vielleicht bestimmte Charakteristika mitbringen, zum Beispiel besonders risikobereit sind oder einen bestimmten Fetisch haben. Für das Thema Pornografie gilt dann beispielsweise: Kulturelle Unterschiede und Menschen, die Pornos generell als Tabuthema betrachten, sind automatisch unterrepräsentiert, und in der Konsequenz bilden die Studienergebnisse nur einen bestimmten Ausschnitt ab.

Der kleine Methodenexkurs bringt uns damit zu einem sehr wichtigen Fazit Nummer 2: Jede Studie hat Einschränkungen – sie bei der journalistischen Arbeit nicht unter den Tisch fallen zu lassen hilft Lesern, Zuhörern oder Zuschauern bei der Einordnung und verhindert, dass wir Ergebnisse überinterpretieren.

Mit Blick auf das ausstehende Fazit Nummer 3 bleibt es ein wenig technisch, aber keinesfalls trocken. Denn was jetzt kommt, ist nichts Geringeres als die wohl wichtigste Frage jeder Forschung: Korrelation oder Kausalität?

Einige Studienergebnisse legen nahe, dass Pornos zu unrealistischen Ansichten über Sex führen können, sie die Vorstellung, Frauen seien nichts als Sex-Objekte, begünstigen können und dass junge Porno-Konsumenten eher altmodische Geschlechterrollen im Kopf hätten. Das Problem mit diesen Studien: Um den Zusammenhang zwischen Pornografie und einem bestimmten Verhalten oder Ansichten zu untersuchen, werden häufig junge Menschen gefragt, ob und wie viele Pornos sie in der letzten Woche geschaut haben. Dann werden sie außerdem gefragt, was sie beispielsweise über Sex und die Rolle von Mann und Frau denken. Für die Auswertung werden die Ergebnisse zu beiden Fragen miteinander verglichen, sodass ein mögliches Ergebnis lautet: »Je mehr Pornos jemand schaut, desto altmodischer ist sein Frauenbild.«

Warum kann es nun sein, dass diese Aussage komplett sinnfrei ist? Weil sie eine Korrelation und keine Kausalität beschreibt. Auch wenn die Unterscheidung dieser beiden Begriffe die wohl wichtigste im wissenschaftlichen Betrieb ist, werden sie jenseits davon – etwa in Form reißerischer Headlines – ständig über einen Kamm geschert. Manchmal stelle ich mir zwei kleine Fabelwesen oder Comicfiguren vor, eins ist die Korrelation, eins die Kausalität – was wären die wütend darüber, dass sie ständig in einen Topf geworfen werden …

An und für sich ist es nicht verwerflich, über Korrelationen zu sprechen und sie zu veröffentlichen. Schließlich sind wir bei vielen Fragen aus zeitlichen, technischen oder ethischen Gründen nicht in der Lage, Kausalitäten überhaupt zu untersuchen. Was wir aber bei jeder Korrelation immer im Hinterkopf behalten sollten – egal ob es um Pornos oder den Einfluss bestimmter politischer Maßnahmen auf das Verhalten oder den Wohlstand der Bürger geht – ist die Möglichkeit, dass es sich beim beobachteten Zusammenhang um eine sogenannte Schein-Korrelation handelt, also eine Korrelation, die zwar mathematisch messbar ist, aber tatsächlich keine Bedeutung hat.

So hat sich beispielsweise der Pro-Kopf-Käsekonsum in den USA über zehn Jahre lang fast identisch entwickelt wie die Anzahl der Menschen, die sich so sehr im Bettzeug verhedderten, dass sie daran erstickten. Ich nehme wagemutig an, niemand würde ernsthaft behaupten, dass hier ein ursächlicher – also kausaler – Zusammenhang vorliegt!

Um einer Korrelation Bedeutung zu verleihen, ist vor allem eins vonnöten: eine gute Theorie. (Nein, dass übermäßiger Käsekonsum zu besonders wilden Träumen führt, gehört nicht

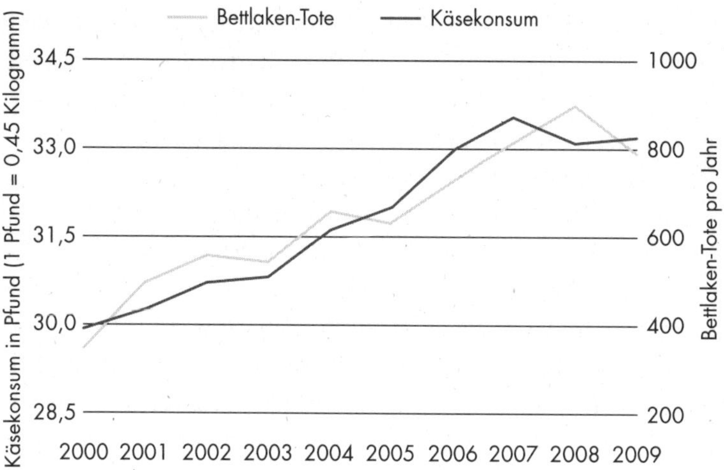

in die Kategorie *gute* Theorie.) Die Theorie kann dann in Folgestudien untersucht werden – darum ist es so wichtig, dass Journalisten nicht jede einzelne Studie wie die Sau durchs Dorf jagen, sondern auch hier nach Einordnung suchen, indem sie sich auf sogenannte Meta- und Review-Studien beziehen, die im besten Fall sämtliche methodisch saubere Studien zu einer Frage zusammenfassen.

Fazit Nummer 3 lautet daher: Vielleicht werden wir nie in der Lage sein zu belegen, dass Pornografie zu bestimmten Verhaltensänderungen führt. Ganz einfach, *weil Korrelation nicht gleich Kausalität ist*. Und nur weil zwei Größen wie Pornokonsum und Käsevorlieben möglicherweise miteinander korrelieren, bedeutet das nicht, dass sie tatsächlich etwas miteinander zu tun haben.

So wird aus einer unscheinbaren Frage, die wir hofften mit »Ja« oder »Nein« zu beantworten, schnell ein wissenschaftlicher Exkurs. Und (mindestens) so müsste auch jede gesellschaftlich relevante Frage diskutiert werden. Nun ist mir natürlich nur zu gut bewusst, dass sich solch ein Exkurs nicht in jede Talkshow auslagern lässt, aber ich bin davon überzeugt, dass alle Beteiligten profitieren würden, wenn im medialen Diskurs ein paar weniger Parolen und Pauschalaussagen, gepaart mit emotionaler Schärfe, einem offenen und ehrlichen Für und Wider weichen würden.

Zu einem solchen Für und Wider gehört es auch, Unterschiede anzuerkennen. Denn auch wenn Gleichheit ein hehres Ideal sein mag, ist sie schon aus biologischen Gründen unerreichbar, denn wir alle kommen unterschiedlich bestückt auf diese Welt. Um es mal ganz plakativ auszudrücken: Wollen Mann und Frau wirklich in allen Kontexten gleich behandelt werden? Gleichbehandlung ist nicht immer sinnvoll – zum Beispiel im Falle eines Treppeneingangs für Rollstuhlfahrer; Gleichberechtigung schon eher. Denn das heißt, dass dem Rollstuhlfahrer das Recht eingeräumt wird, das Gebäude am Ende der Treppe ebenfalls erreichen zu können – etwa dadurch, dass eine Rampe gebaut wird.

Wenn wir einen ehrlichen Diskurs führen wollen, kommen wir also um die Frage, wie viel unseres Verhaltens durch die Umwelt, also unsere Erfahrungen, Erziehung und Begegnungen, bestimmt wird und wie viel durch die Natur, also unsere Genetik, nicht herum. Nicht zu vergessen, dass wir mittlerweile auch wissen, dass die sich gegenseitig beeinflussen und bestimmte Erfahrungen genetisch nicht nur abgespeichert, sondern auch an die Folgegeneration weitervererbt werden. Im wissenschaftlichen Diskurs wird diese Frage häufig zu Nature vs. Nurture (also Natur vs. Erziehung) verkürzt.

Wie wichtig die Interaktionen zwischen Genen und Umwelt sind, möchte ich noch in einem weiteren Beispiel aus der Welt der Porno-Forschung veranschaulichen. 1961 sorgte die sogenannte Bobo-Doll-Studie des kanadischen Psychologen Albert Bandura für Aufsehen. Dabei beobachteten Kleinkinder, wie Erwachsene eine aufblasbare Gummipuppe (Bobo Doll) drangsalierten. Was lernten die Kinder daraus? Sie verhielten sich im Anschluss selbst gewalttätig gegenüber Bobo Doll. Die Schlussfolgerung lag auf der Hand: Kinder kopieren aggressives Verhalten.

15 Jahre später untersuchte der amerikanische Sozialwissenschaftler Neil Malamuth auf Grundlage dieser Ergebnisse die Frage, ob aggressive Pornos die Zuschauer aggressiver zurücklassen. Dabei schaute er genauer hin, indem er das (teils genetisch bestimmte) Aggressionspotenzial seiner männlichen Versuchsteilnehmer mit in die Auswertungen einbezog. Sein wichtigstes Ergebnis: Männer, die bereits einen Hang zu sexueller Aggression haben, reagierten nach dem Konsum von Pornos mit Vergewaltigungs- und Sadomasochismus-Szenen mit erhöhter Aggressivität gegenüber Frauen.

Statt platten Pauschalaussagen à la »Pornos machen aggressiv« (und jeder kann hier andere Beispiele einfügen, die ihm aus dem Alltag einfallen) lautet die Schlussfolgerung also: Aggressive Männer interpretieren und reagieren anders auf entsprechende Pornos als weniger aggressive Männer. Ähnliches gilt beispielsweise auch für Alkohol. Mit dem Unterschied, dass die Auswirkungen schon sehr viel besser erforscht sind und deshalb entsprechende Studienergebnisse meist auch differenzierter in der Öffentlichkeit diskutiert werden.

So folgt daraus Fazit Nummer 4: Gegenüber Pauschalisierungen sollten wir sehr misstrauisch sein, da unterschiedliche und bisweilen auch unbeachtete Faktoren – wie hier genetische Einflüsse – derartige Schwarz-Weiß-Aussagen für gewöhnlich nicht zulassen.

Ein Grund dafür, dass solche Pauschalisierungen gern medial debattiert werden, ist die bereits erwähnte Tatsache, dass sich Journalisten oft auf spektakuläre Einzelstudien stürzen und dabei vergessen (oder nicht das Wissen oder die Zeit haben), diese richtig in den jeweiligen fachlichen Kontext einzuordnen. Jede Untersuchung und Studie ist jedoch nur ein Puzzleteil im Gesamtbild, das den aktuellen Forschungsstand zu einem Thema ausmacht – nicht mehr und nicht weniger. Um sich einen Überblick zu verschaffen, helfen Review- und Meta-Studien. Ihr Ziel ist es, die Ergebnisse der zahlreichen Einzelstudien zu einem

Thema einzuordnen und so ein Verständnis zu ermöglichen, das der Realität näherkommt, als es ein isoliertes Ergebnis jemals könnte. Trotzdem landen meist die Ergebnisse aufsehenerregender Einzelstudien in den Überschriften der Nachrichten, schließlich lassen die sich besser verkaufen. Das wiederum sorgt langfristig dafür, dass die Leser verwirrt zurückbleiben, weil sie einmal lesen, Kaffee sei gesund, und beim nächsten Mal vor zu viel Kaffeekonsum gewarnt werden.

Ein Beispiel für die Bandbreite an Ergebnissen von Einzelstudien offenbaren die unterschiedlichen Antworten auf die Frage: »Wie groß ist der Anteil an Pornoszenen, die aggressives Verhalten gegenüber Frauen zeigen?« Unter Berücksichtigung von nur fünf Studien lautet die Antwort: 2 bis 36 Prozent. Denn natürlich hängt die Antwort davon ab, wie wir die Begriffe Porno und aggressives Verhalten jeweils definieren (vgl. Fazit Nummer 1: Bevor wir über etwas reden, müssen wir dieses Etwas genauer definieren).

Ein nicht unwichtiger Einfluss auf unser Verhältnis zur Pornografie war die Erfindung des Internets, das die Verbreitung von pornografischen und erotischen Inhalten massiv veränderte. Auch hier sind die unterschiedlichsten Zahlen und Angaben im Umlauf: Wie viel Prozent des Internets ist pornografisch? Wie viele Suchanfragen sind pornografischer Natur, und wie viele davon wiederum zielen auf gewalttätige Inhalte? Eine detaillierte Auswertung dieser und verwandter Fragen stammt von zwei Neurowissenschaftlern, die 400 Millionen Suchanfragen über zwölf Monate hinweg ausgewertet haben.

Sie fanden heraus, dass 13 Prozent aller Anfragen sich auf erotische Inhalte bezogen; nur ein geringer Anteil davon enthielt gewalttätige Aufnahmen.[35] Sexuelle Interessen sind recht stabil, die meisten Nutzer suchten durchschnittlich nach zwei gleichbleibenden Begriffen. Die angesagtesten Suchbegriffe insgesamt waren youth, gay, MILF, breasts und cheating wives. In Deutschland lagen 2016 auf der größten Porno-Website *Pornhub* die Begriffe german, teen und deutsch ganz vorn, gefolgt von German mom und mom.

Fazit Nummer 5 lautet dementsprechend: Eine Studie allein bietet noch keine neue Erkenntnis und sollte nicht als die neueste Erklärung für viel größere Zusammenhänge verkauft werden, sondern immer in den fachlichen Kontext eingeordnet werden. Um einen Überblick über ein Forschungsfeld zu bekommen oder um überhaupt nur eine Aussage treffen zu können, sollten entsprechende Meta- und Review-Studien zurate gezogen werden.

Wer sich an dieser Stelle nach einer Eselsbrücke sehnt und die in Zukunft bemühen will, wenn es um Grautöne geht: Die englische Übersetzung für »Grautöne« lautet »Shades of Grey« …

Wir machen keinen Wohlfühl-Journalismus!

Ich habe mich schon das ein oder andere Mal ein wenig geärgert, dass ich die ungezählten Vorträge, Präsentationen und Workshops, die ich in den vergangenen Jahren zum Thema Konstruktiver Journalismus gegeben habe, nicht systematisch protokolliert habe und jetzt als großen Datensatz nutzen könnte (natürlich auch mit diversen methodischen Einschränkungen). Schon die gesammelten Ergebnisse des Ignoranztests wären eine kleine Goldgrube. Aber auch ohne jeden formalen Anspruch habe ich Muster in den Reaktionen meiner Zuhörer aufschnappen können. Tatsächlich waren diese Muster so früh erkennbar, dass ich schon Anfang 2016, während unserer Tour durch Deutschland im Rahmen der Crowdfunding-Kampagne, dem *Perspective Daily*-Gründungsteam ein Spiel vorschlug. Denn bereits nach wenigen Veranstaltungen stand fest, dass uns immer wieder die gleichen Missverständnisse begegnen würden. Wir mussten uns also irgendwie motivieren, auf diese Missverständnissen gemäß unseren eigenen Ansprüchen jedes Mal aufs Neue konstruktiv zu reagieren.

Nicht selten begegneten uns diese Missverständnisse in Form von Fragen. Nun sind Fragen nach einem Vortrag oder während eines Workshops ja meist begrüßenswert und zeigen oft das Interesse des Publikums – leider handelte es sich hierbei aber allzu oft um als Fragen getarnte Vorwürfe, meist geäußert von einem (männlichen) Vertreter der Medienbranche, der sich durch unser Konzept gehörig auf den Schlips getreten fühlte. Aber wir wollten ja konstruktiv sein und gleichzeitig nicht die Freude an der Arbeit verlieren, sodass wir das Prinzip der Gamification bemühten (mehr dazu auch im nächsten Kapitel). Ab Veranstaltung Nummer fünf spielten wir also Bullshit-Bingo. Wie funktioniert das? Wir hatten uns die häufigsten Missverständnisse (wie gesagt, getarnt als Fragen) zum Konstruktiven Journalismus notiert, und jedes Mal, wenn eine Frage aus dem Publikum kam, konnten die Spieler im Stillen das Feld mit der entsprechenden Frage auf dem Bingo-Spielplan ankreuzen. Wer als Erstes eine Reihe voll hat, gewinnt und muss »Bingo!« sagen. (Natürlich leise.) Nein, das ist nicht zynisch, sondern zeigt auf ganz eindrucksvolle Weise, warum wir mehr Offenheit für neue Ideen und Denkweisen brauchen und wie wir unsere Gewohnheiten herausfordern können. Ich nenne die folgende Auswahl: die drei häufigsten Missverständnisse zum Konstruktiven Journalismus.

1. »Das heißt, ihr berichtet nur über Positives?!«

Ganz klar der Klassiker – und stets von Journalisten geäußert. Alternativ können auch Begriffe wie Wohlfühl-, Blümchen- oder Positiver Journalismus fallen, gepaart mit einem Blick, der klar signalisiert: »Wie naiv!«

Ich kann mir gut vorstellen, woher die Angst der Journalisten kommt, wir würden die Welt durch eine rosarote Brille sehen und so darüber berichten. Der Auftrag der vierten Macht im Staat lautet schließlich, die Mächtigen in Schach zu halten und so seiner Wächterfunktion nachzukommen. Wie können wir da denn nur die Probleme der Welt kleinreden oder gar ignorieren, indem wir darüber schreiben, was gut läuft?! Dieser Vorwurf speist sich natürlich aus einem gewissen Selbstverständnis, in dem wiederum auch der Negativ-Fokus der meisten Berichterstattung mitbegründet liegt. Denn die aus diesem Selbstverständnis resultierende Berichterstattung ist klar problemfokussiert: Wer hat Dreck am Stecken? Wo liegen die Leichen im Keller begraben? Wo knallt es gerade?

Meine Antwort lautet dann stets: Genau das gehört auch alles zum Konstruktiven Journalismus mit dazu. Nur soll vor allem eine einordnende Beschreibung der Probleme und Herausforderungen, vor denen wir als Menschen und Gesellschaft stehen, mitgeliefert werden. Berichten wir konstruktiv, gehen wir nämlich noch mindestens einen Schritt weiter und denken stets daran: »Wie kann es weitergehen?« Je nach Mimik und Körpersprache meines Gegenübers lohnt sich dann eventuell noch der verstärkende Nachsatz: Es geht nicht darum, die Kernaufgaben und ethischen Ansprüche von Qualitätsjournalismus, inklusive guter Recherche, über Bord zu werfen – im Gegenteil, all das ist fester Bestandteil unserer Arbeit. Es geht um diesen zusätzlichen Schritt und die zukunftsorientierte, nicht rosarote und auch nicht schwarz-weiße Sicht auf die Dinge. Gerne wiederhole ich bei Vorträgen und Workshops dann auch den Satz des Psychotherapeuthen Steve de Shazer: »Das Reden über Probleme schafft Probleme, das Reden über Lösungen schafft Lösungen.«

Wir verbreiten keine Katzenvideos – auch wenn die nachweislich nicht nur für bessere Laune beim Betrachter sorgen, sondern auch dessen Produktivität steigern können.[36] Es geht auch nicht darum, nur über positive Nachrichten wie »Katze vom Baum gerettet« zu berichten und so eine Art positives Gegengewicht zu den ganzen Krisen und Kriegen zu schaffen. Täglich eine Erfolgsgeschichte mit Taschentuch-Garantie? Immer nur das Gute in allem sehen? Nein! Der konstruktive Ansatz stellt sich der Wirklichkeit und will sie nicht verklären![37]

Wir und die Welt brauchen Konstruktiven Journalismus gerade deshalb, *weil* wir vor immensen Herausforderungen stehen – allen voran der Klimawandel und seine Folgen für unseren Lebensalltag. Kein Problem der Welt wird dadurch gelöst, dass wir uns resigniert abwenden oder Journalisten damit aufhören, darüber zu berichten. Wenn du ernsthaft krank bist, wirst du nicht wieder gesund, indem du die Symptome ignorierst. Stattdessen wirst du vermutlich versuchen, den Ursachen auf den Grund zu gehen und sie zu bekämpfen. Genauso wird Journalismus am stärksten dort gebraucht, wo die Welt fiebrig ist. Aber eben nicht nur, indem Journalisten über Symptome berichten, sie sollten auch Ursachen recherchieren und erklären, wie die Symptome möglicherweise behandelt werden können. Konstruktiver Journalismus kann sogar noch mehr leisten. Nämlich dann, wenn er neben den Medikamenten auch über Prävention spricht und so vielleicht verhindern kann, dass die gleichen Fehler erneut gemacht werden. Dafür brauchen wir allerdings auch eine neue Fehlerkultur, in der wir Anerkennung und Respekt statt bemühter oder mitleidiger Blicke ernten, wenn wir offen und öffentlich verkünden: »Ich habe mich geirrt!«[38]

2. »Und was ist eure Lösung für den Syrien-Konflikt?«

Es fällt mir schwer, diese forsche Nachfrage auch als Klassiker zu bezeichnen – vor allem beliebt beim Zyniker im Publikum, der sich doch sicher ist, dass Lösungsansätze immer was von Blümchenwiese haben und die Probleme dieser Welt wahrscheinlich nicht zu lösen sind, geschweige denn mit journalistischen Mitteln.

Ich gebe zu, beim ersten und zweiten Mal habe ich auf die Nachfrage wahrscheinlich nicht besonders cool, sondern eher verdutzt oder vielleicht sogar ein wenig verärgert reagiert – ich fühlte mich, als ob ich behauptet hätte, ich sei der neue Mensch beziehungsweise Journalist gewordene Messias. Deshalb ärgerte ich mich auch über mich selbst, weil ich konstruktiver reagieren wollte, und kam somit bei der Ehrlichkeit an. Beim dritten Mal antwortete ich also ganz ruhig: »Nein, auch wir haben nicht *die* Lösung für den Syrien-Konflikt oder andere Kriege dieser Welt parat, denn wir sind keine Zauberer. Das bedeutet aber nicht, dass wir nicht konstruktiv über vermeintlich ausweglose Situationen berichten können.« Die nachfolgende, fast andächtige Stille im Raum kann ich dann stets nutzen, um Beispiele für genau diese Herangehensweise zu geben.

Mit Blick auf Syrien haben wir bei *Perspective Daily* zum Beispiel im September 2016 über die Dokumentation *White Helmets* berichtet.[39] Sie blendet nicht aus, sondern ist mittendrin, wenn die Bomben fallen und Menschen unter Schutt und Asche begraben werden. Die freiwilligen Helfer, die Weißhelme vom Syrischen Zivilschutz, versuchen nach den Kampfhandlungen Menschen zu retten und medizinische Erstversorgung zu leisten.[40] Ebenso schrieben wir bereits im Oktober 2016 darüber, warum wir – so schwer es auch fällt – schon zu diesem Zeitpunkt über den Wiederaufbau des Landes sprechen sollten.[41] Dabei kamen Architekten aus Syrien und Deutschland zu Wort, die über die Rolle der Stadtplanung beim Konflikt sprechen und gleichzeitig erörtern, ob eine faire Stadtplanung zukünftige Konflikte verhindern könnte.

Im gleichen Monat haben wir ein Interview mit zwei jungen Syrern veröffentlicht, die von Kulturschocks nach ihrer Ankunft in Deutschland berichten und das Thema Integration auf den Kopf stellen, indem sie mal nicht über die ihnen entgegengebrachten Vorurteile klagen, sondern den Spieß umdrehen und den »German Lifestyle« durch den Kakao ziehen.[42] So halten sie uns den sprichwörtlichen Spiegel mit Humor und Charme vor die eigene Nase und stellen unverblümt Fragen, die eine gemeinsame Zukunft von unterschiedlichen Kulturen in einem Land betreffen.

Dann gab es da noch die Debatte, ob es sinnvoll ist, für den Frieden von Deutschland nach Syrien zu marschieren. Knapp 2500 Menschen hatten sich Ende 2016 auf den Aufruf einer polnischen Journalistin hin gemeldet und marschierten zumindest einen Teil der mehr als 3000 Kilometer langen Strecke mit.[43] In unserem Beitrag darüber geht es nicht nur um die Frage, wie Kriege in der Vergangenheit beendet wurden, welche Kriege es seit 1900 mit mehr als einer Million Toten gab (Stichwort Einordnung) und welche Interessen im Syrienkrieg eine Rolle spielen, sondern auch, was bürgerschaftliches Engagement bewirken kann – und was nicht.

Gerade Letzteres hat in der Diskussion die Leser von *Perspective Daily* so sehr beschäftigt, dass wir uns entschieden, einen weiteren Artikel zum Friedensmarsch zu bringen, der sich komplett auf die Frage konzentriert, ob ein Friedensmarsch unpolitisch sein kann.[44] Plötzlich geht es nicht mehr nur um die Schuldfrage und die Bombenwerfer, sondern wie von selbst um mögliche Zukunftsperspektiven. Wie kann ein Zusammenleben gelingen, wenn wir uns einig sind, dass der Dauerzustand Krieg keine Perspektive ist? Und welche Symbole – von Flaggen und Slogans – sollten beim Friedensmarsch erlaubt sein und welche bieten Konfliktpotenzial?

Tatsächlich haben wir im April 2017 sogar einen Artikel veröffentlicht, der die mutige Überschrift trägt: Was geschehen muss, damit es in Syrien Frieden geben kann.[45] Dabei geht es um die internationalen und syrischen Friedensgespräche der nahen Vergangenheit, die Frage, wie Frieden überhaupt verhandelt werden kann (dürfen, können, sollen oder müssen wir beispielsweise mit Terroristen verhandeln?), und drei mögliche Szenarien für ein Kriegsende.

Noch struktureller und im Sinne der erwähnten Präventionsfunktion des Konstruktiven Journalismus haben wir auch mit dem Heldenschmied Suleiman Bakhit gesprochen.[46] In seiner Heldenschmiede gegen Terrorismus entwirft er Anti-Extremismus-Comics. Damit liefert er den Kindern aus den arabischen Ländern neue Helden, denen sie statt den Osama bin Ladens dieser Welt hinterhereifern können – damit sie nicht eines Tages selbst als Kanonenfutter der Extremisten enden. Warum macht Suleiman Bakhit das? Weil er überzeugt ist, dass wir den Kampf gegen Terrorismus verlieren, wenn wir auf die falsche Prävention setzen.

Diese kleine Exkursion soll auch zeigen: Über Lösungsansätze zu berichten ist keine PR für Nichtregierungsorganisationen, gemeinnützige Vereine, Unternehmen oder irgendwelche sogenannten Gutmenschen. In den seltensten Fällen geht es darum, einzelne Lösungsansätze zu porträtieren, sondern verschiedene Überlegungen gegenüberzustellen und auf Vor- und Nachteile zu untersuchen. Natürlich gelten dabei, wie erwähnt, die gleichen Standards wie sonst bei journalistischer Arbeit auch, konstruktive Kritik inklusive.

Zu guter Letzt soll die thematische Exkursion auch verdeutlichen: Konstruktiver Journalismus kann sämtliche Formen des klassischen Journalismus bedienen – egal ob Interview, Reportage, Kommentar oder Feature. Zentral sind und bleiben die Fragen rund um ein zukunftsorientiertes Narrativ oder auf eine Frage beschränkt: »Wie kann es weitergehen?«

3. »Aber es ist doch nicht die Aufgabe von Journalisten, Lösungen zu entwickeln!«

Stimmt! Und das habe und würde ich auch nie fordern. Die Sache ist zudem viel einfacher, weil die Lösungen und zukunftsorientierten Gedanken, die Projekte und Initiativen ja schon vorhanden sind – sie werden nur vom journalistischen Radar häufig übersehen, da sie nicht in das herkömmliche Beuteschema passen. Ein Freund von mir aus Studienzeiten hat es vor einiger Zeit gut zusammengefasst, als er auf Facebook einen Artikel von *Perspective Daily* mit den Worten teilte: »Manchmal passieren wichtige Dinge zu langsam für die Nachrichten!« Worum geht es in dem Artikel? Um sogenannte Neglected Tropical Diseases (NTDs), also vernachlässigte tropische Krankheiten, an denen weltweit aber ein Fünftel aller Menschen im Laufe ihres Lebens erkranken und die häufig tödlich enden.[47] Das kleine afrikanische Land Sierra Leone, das in den Jahren 2014 und 2015 vor allem durch den Ausbruch der bis dato größten Ebola-Epidemie in den Medien auftauchte, hat einen gesamtgesellschaftlichen Plan gegen die NTDs entwickelt – den andere Länder, je nach Infrastruktur, zumindest in Teilen übernehmen können, um den vernachlässigten tropischen Krankheiten Herr zu werden. Die Lösung ist also schon da und wartet quasi darauf, in die Welt getragen und im besten Fall kopiert zu werden.

Oder hast du vielleicht schon mal von feministischer Außenpolitik gehört? Wenn nicht, lohnt sich ein Blick nach Schweden, denn dort ist sie angewandte Praxis – weil die Außenministerin Margot Wallström verstanden hat, dass Staaten stabiler und reicher sind, wenn Frauen die gleichen Rechte wie Männer haben.[48] Du willst wissen, wie wir das Problem übergewichtiger Kinder in den Griff kriegen können? Auch dafür liegen die Erfolgsbeispiele, egal ob aus den Niederlanden oder Großbritannien, längst vor.[49] Wie bei vielen langfristig erfolgreichen Lösungen gilt auch hier: Es geht darum, verschiedene Parteien mit einzubeziehen (in diesem Fall Schulen, Eltern und Kinder) und das gewünschte Verfahren so einfach wie möglich zu gestalten. Dafür müssen auf politischer und institutioneller Ebene die entsprechenden Weichen gestellt werden.

Schnell wird klar: Lösungsansätze und erfolgreich umgesetzte Lösungen sind Teil unserer Realität. Sie sind aber auch leider häufig Teil jener Realität, die in den Medien unterrepräsentiert ist. Kein Journalist muss zum Tropenforscher, Ingenieur oder Messias werden und in mühevoller Kleinstarbeit die Lösungen auf die großen und kleinen Fragen unserer Zeit entwickeln. Das Einzige, was er tun muss, ist, den Blick zu weiten, um so seiner Aufgabe, ein realistisches Weltbild zu zeichnen, besser nachzukommen. Denn tatsächlich wäre seine Arbeit dann korrekter (im Sinne von »möglichst dicht dran an einem realistischen Weltbild«) als die des Journalisten, der eben nicht fragt: Was nun? Wer nicht bei der Problembeschreibung aufhört, liefert am Ende das vollständigere Weltbild. Dass diese Erkenntnis sich in den Redaktionen der Bundesrepublik oder gar der Welt durchsetzt, ist mein großer Traum. Und wenn ich einen Moment tagträumen darf: Wie sähe die Welt aus, wenn Menschen nur 10 oder 20 Prozent mehr solcher lösungsorientierter Nachrichten und Geschichten präsentiert bekämen? Welches Potenzial könnte so freigesetzt werden, um die Welt zu einem friedlicheren, lebenswerteren, faireren Ort zu machen?

Ganz nebenbei hat meine Antwort auf Missverständnis Nummer 3 auch den Vorwurf des Aktivismus mit ausgehebelt – der ebenfalls gern von Journalisten vorgebracht wird. Wenn nicht, verweise ich an dieser Stelle gern auf Erkenntnis 2: *Alles, was du in die Welt setzt, beeinflusst andere Menschen!* Weil jede Informationsweitergabe im weitesten Sinne niemals nur ein Spiegeln der Welt ist, sondern sie immer auch verändert.

Bevor ich die Ausführungen zu den häufigsten Missverständnissen und unserem Bullshit-Bingo abschließe, möchte ich noch kurz auf einen Aspekt eingehen, der am besten zum Aktivismus-Vorwurf passt. Manchmal, wenn ein besonders kritischer Geist aus dem Publikum diesen Vorwurf wiederholt und sich von meinen Argumenten nicht überzeugen lässt, halte ich einen Moment inne und warte, bis Stille im Raum einkehrt, die ich dann mit der Frage füllen kann: »Und warum stehst du morgens auf? Warum sitzt du hier, wenn du nicht an eine Zukunft glaubst, geschweige denn über sie sprechen möchtest?«

Wenn es Journalisten gelingt, in ihrer Berichterstattung ein realistischeres Weltbild zu vermitteln, schaffen sie automatisch eine stärkere Bindung zu uns allen – dem Leser, Hörer oder Zuschauer. Denn als Empfänger bin ich, bist du, sind wir, genauso Teil dieser Welt. Das bedeutet für mich: Konstruktiver Journalismus diskutiert nicht nur Lösungen – er ist Teil der Lösung für viele Probleme unserer Zeit.

Zutat 2: Formsache

Nachdem ich im vorherigen Teil lang und breit davon berichtet habe, was Konstruktiver Journalismus ist und was nicht, Beispiele genannt habe und die häufigsten Missverständnisse beschrieben habe, wird es jetzt ganz konkret. Im Folgenden will ich, wieder anhand von drei Elementen, erklären, wie die eher theoretischen Überlegungen aus den vorherigen Kapiteln ganz konkret aussehen.

1. Dosierung

Du erinnerst dich sicher noch, was ich eingangs über eine der neuen Herausforderungen des 21. Jahrhunderts geschrieben habe. Dass die Herausforderung nicht mehr darin besteht, stunden- oder gar tagelang in Bibliotheken nach einer bestimmten Jahreszahl oder Aussage zu suchen. Ausgerüstet mit einem internetfähigen Mobilgerät, kannst du von fast überall in Sekundenschnelle an eine unbegrenzte, ja unüberschaubare Menge an Informationen kommen. Kein vergebliches Suchen mehr, kein Streit mehr darüber, wann Napoleon lebte, und keine Sorge mehr darüber, ob wir auf dem Weg zur Arbeit vom Regen kalt erwischt werden.

Doch was, wenn unser Gehirn da nicht hinterherkommt – weil es einfach nicht dafür gemacht ist, unsere Informationswut zu verarbeiten, und stattdessen überfordert ist? Wenn es vielleicht sogar abhängig wird von bestimmten Informationsquellen? Etwa dem Pop-up-Fenster deines E-Mail-Kontos, das mit einem unüberhörbaren »Ping!« signalisiert, dass du eine neue Nachricht erhalten hast. Oder dem Social-Media-Feed: Eben schnell noch mal checken, ob deine Freunde schon Fotos vom letzten Abend gepostet haben, ob du noch Karten fürs Konzert nächste Woche bekommen kannst oder irgendwo in der schönen, neuen Welt ein Shopping-Schnäppchen auf dich wartet. Ja, unsere aktuelle Informationswut kann zur Sucht werden. Und auch auf die Gefahr hin, dass ich mich wiederhole, steht fest: Ein Weg weg von der Nadel kann uns nur gelingen, wenn wir unsere Gewohnheiten ändern – und eine Medienhygiene entwickeln. Denn genau wie wir uns nach dem Toilettengang und vor dem Essen die Hände waschen, mehrmals täglich die Zähne putzen und regelmäßig duschen, um unseren Körper zu säubern, können wir uns Verhaltensweisen für ein sauberes Gehirn angewöhnen.

Mach zunächst eine kurze – aber ehrliche – Bestandsaufnahme deines Informationskonsums. Beantworte dafür spontan ein paar ganz banale Fragen: Wie viel Zeit verbringst du täglich online, wie viel vor dem Fernseher oder mit anderen Medien? Was schätzt du, wie oft du dich täglich durch E-Mails, Push-Nachrichten, Social-Media-Benachrichtigungen und andere »Ich checke das mal eben«-Botschaften ablenken lässt? Wie oft ärgerst du dich darüber und wünschst dir, dich anders zu verhalten?

Nimm diese Spontaneinschätzung als Basis für ein kleines Medienhygiene-Tagebuch, das du ein paar Tage oder Wochen führen solltest. So kannst du nach einiger Zeit erkennen, wann, wo und in welchen Situationen du dich am häufigsten ablenken lässt – und wo du den größten Änderungsbedarf siehst!

Statt dein Gehirn kontinuierlich zuzumüllen, kannst du jetzt beginnen, es dosierter mit Informationen zu versorgen – mit solchen Nachrichten und Quellen, von denen du vermutest, dass sie dich wirklich weiterbringen und nicht bloß ablenken.

In Kapitel 2 habe ich schon die Omnipräsenz und die neurophysiologische Grundlage von Gewohnheiten angesprochen. Jetzt ist es an der Zeit, Nägel mit Köpfen zu machen – und zwar nicht mit der Halbwertszeit von guten Vorsätzen zum neuen Jahr, sondern ein für alle Mal! Schließlich klappt das mit der Mundhygiene bei den meisten Menschen ja auch ganz gut – warum also nicht auch bei der Medienhygiene!

Um die zu etablieren, musst du zunächst verstehen, was eine Gewohnheit – oder im Extremfall eine Abhängigkeit – ausmacht. Das sind ausnahmsweise mal keine drei, sondern vier Elemente, die gemeinsam den sogenannten *Habit Loop*, die Gewohnheitsschleife, bilden.

1. **Der Reiz:** Am Anfang steht immer ein Auslöser oder Reiz, der ein bestimmtes Verhalten auslöst – das Pop-up-Fenster, das laute »Pling!«, die Vibration oder das Blinken des Smartphones.
2. **Die Routine:** Wir lernen, den Reiz mit einer bestimmten Routine zu verknüpfen: Das Smartphone hat vibriert oder blinkt, also schauen wir nach. Das Pop-up-Fenster hat unsere Aufmerksamkeit erhalten, also klicken wir in den E-Mail-Eingang.
3. **Die Belohnung:** Wenn wir die Routine ausführen, erhalten wir die Belohnung: der Kick der neuen Information, die Befriedigung, auf dem neuesten Stand zu sein, das gute Gefühl, dass jemand an uns denkt – immer sind es bestimmte Signale von Botenstoffen im Gehirn, die uns ein kleines »legales High« verschaffen.
4. **Das Verlangen:** Das Verlangen schließt die Gewohnheitsschleife. Es entsteht, weil unser Gehirn gelernt hat, wie sich die Belohnung – der Kick beim Klick – anfühlt. Das kann so stark sein, dass wir die Welt um uns herum vergessen,

Gefahren ausblenden und Verluste in Kauf nehmen. Im Extremfall wird das Verlangen zur Sucht, und wir geraten in eine Abhängigkeit, in der wir nicht mehr anders können, als zu klicken, zu swipen und am besten fünf Informationsquellen gleichzeitig zu konsumieren. Aus dem Vorgängerkapitel weißt du natürlich, dass das nicht geht, weil unser Gehirn zwar schnell zwischen verschiedenen Aufgaben hin und her springen kann, aber diese nicht parallel ausführen kann – statt Multitasking betreiben wir also Taskswitching, wenn wir mal wieder versuchen, drei Dinge gleichzeitig zu tun.

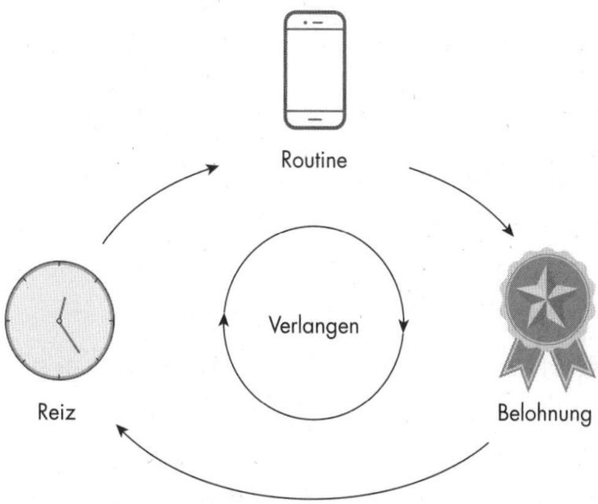

Wer eine Gewohnheit ändern will, muss die Gewohnheitsschleife durchbrechen: Dabei musst du erst den Reiz, der die Routine und die damit einhergehende Belohnung auslöst, ausfindig machen. Dann gilt es, die alte Routine durch eine neue zu ersetzen, die das gleiche Verlangen auslöst.

Bevor du dich nun darauf stürzt, den ungeliebten Gewohnheiten mit Blick auf deinen eigenen Informationskonsum den Garaus zu machen, muss ich dir vorab zuerst eine schlechte und dann eine gute Nachricht mit auf den Weg geben: Selbsthilfe-Bücher erklären gern lang und breit die vier vermeintlichen Zutaten erfolgreicher Verhaltensänderungen. Dazu gehören laut diesen Büchern in der Regel ein klares Ziel, ein guter Plan, um das Ziel zu erreichen, realistische Zwischenziele und eine ordentliche Portion Willensstärke. Wenn es dann mit dem ambitionierten Sportprogramm oder dem geplanten Alkoholverzicht doch nicht so klappt wie geplant, liegt die Schuld ergo entweder an einem schlechten Plan, an mangelnder Motivation oder an zu geringer Willensstärke. Das ist allerdings grober Unfug, weil dieser Ansatz auf mindestens zwei Fehlannahmen beruht: Erstens können wir unser unerwünschtes Verhalten nicht direkt in das gewünschte Verhalten verändern, dazu gleich mehr. Zweitens können wir dafür nicht durchweg unsere Willensstärke und Selbstkontrolle nutzen. Denn mal ganz abgesehen davon, dass das Konzept der Willensstärke selbst wissenschaftlich umstritten ist, variieren unsere Motivation und Kraft, unser Verhalten zu beeinflussen, aufgrund verschiedener, teils unbekannter Faktoren.[50]

Nun aber zur guten Nachricht: Tatsächlich können wir mit ein wenig Zeit und Ausdauer (fast) jede Gewohnheit ändern, indem wir die zugrunde liegende Gewohnheitsschleife analysieren und sie dann Stück für Stück auseinandernehmen. Das funktioniert in vier Schritten:

Schritt 1: Routine identifizieren Die Routine ist der Teil der Gewohnheitsschleife, die wir ändern wollen – und können. Mithilfe deines kleinen Medien-Tagebuchs solltest du eine oder sogar mehrere Routinen leicht identifizieren können. In meinem Fall ist es zum Beispiel der Blick in den E-Mail-Posteingang. Dann gilt es, die Routine zu ändern, und dabei ist klar: Egal um was es konkret geht, gute Vorsätze und Post-It-Notes mit der Aufschrift »Jetzt nicht!« reichen nicht aus.

Schritt 2: Mit alternativen Belohnungen experimentieren Belohnungen sind so mächtig, weil sie unser Verlangen be-

friedigen. Das Problem dabei ist, dass wir uns oft des zugrunde liegenden Verlangens nicht bewusst sind. Die Frage ist also: Was treibt unser Verhalten *wirklich* an? Geht es bei meinem Drang, den Posteingang zu kontrollieren, nur um das Lesen von E-Mails? Oder um eine andere Art der Belohnung? Vielleicht sehne ich mich im stressigen Alltag voll großer und wichtiger Aufgaben nach einem Zeitvertreib, der schnelle Ergebnisse liefert. Die meisten E-Mails sind schnell gelesen und beantwortet, und danach habe ich das trügerische Gefühl, »etwas geschafft zu haben«. Oder geht es mir um das Gefühl, gebraucht zu werden, also letztendlich einen sozialen Reiz?
Um das herauszufinden, probiere ich verschiedene Alternativen aus: vom Gespräch mit Kollegen oder Freunden (je nach Umgebung) bis zum Spaziergang zwischendurch. Nach jeder Alternative notiere ich ein paar Worte, die mir spontan in den Kopf kommen und später dabei helfen, mich an meine Wahrnehmung zu erinnern. Außerdem stelle ich mir im Anschluss einen Wecker auf 15 Minuten, um zu überprüfen, ob das Verlangen trotz der Alternativ-Handlung eine Viertelstunde später noch da ist.
Wer denkt, Gewohnheiten ließen sich über Nacht ändern, sei an dieser Stelle gewarnt: Es kann Wochen oder auch Monate dauern, das entsprechende Verlangen ausfindig zu machen – je nachdem, wie viele alternative Belohnungen auf der Liste stehen und wie strukturiert du vorgehst.

Schritt 3: Den Reiz ausfindig machen Kommen wir zum Auslöser oder Reiz, der das Verhalten auslöst und sich gern zwischen all den Eindrücken, die täglich auf uns einprasseln, versteckt. Mit anderen Worten: Häufig wissen wir nicht, warum wir bestimmte Dinge tun. Nehmen wir das Beispiel des routinierten Weges zur Arbeit, bei dem wir automatisch richtig abbiegen: Ist es das Straßenschild, das uns daran erinnert, rechts zu fahren, ein Baum am Wegesrand, der uns den Weg weist, die Uhrzeit, die uns daran erinnert, dass gleich die Arbeit und nicht das Vergnügen beginnt, der Kollege neben uns, der uns unbewusst daran erinnert, dass es ins Büro und nicht in die Stadt oder ins Kino geht? Und warum haben wir heute wie von selbst den Weg zum Bahnhof gewählt, obwohl wir eigentlich zum Sportplatz wollten?

Um den Auslöser einer Gewohnheit ausfindig zu machen, können wir uns zunutze machen, dass fast alle Reize, die Gewohnheiten auslösen, in eine von fünf Kategorien fallen: Ort, Zeit, emotionaler Zustand, andere Menschen und direkt vorausgehende Handlung. Um den Auslöser meiner notorischen E-Mail-Überprüfung ausfindig zu machen, notiere ich also für eine Weile für alle fünf Kategorien den entsprechenden Wert – das sieht dann für einen Tag zum Beispiel so aus:

Ort: im Büro, im Konferenzraum, auf dem Rad …
Zeit: 7.30 Uhr, 11.15 Uhr, 13.00 Uhr …
Emotionaler Zustand: abgelenkt, gestresst, gehetzt …
Andere Menschen: allein, zwei Kollegen, allein …
Vorausgehende Handlung: Ankunft im Büro, Telefonat, Absprache mit Kollegen …

Bei welcher Kategorie wiederholen sich bestimmte Reize? Der emotionale Zustand scheint der Auslöser für mein Verlangen, meine Mails zu kontrollieren, zu sein.

Nachdem ich also Routine, Belohnung und Reiz auf die Schliche gekommen bin und so alle drei Eckpunkte der Gewohnheitsschleife kenne, muss ich diese nun umprogrammieren: Jetzt heißt es, die alte Gewohnheit zu ändern – also durch eine neue zu ersetzen.

Schritt 4: Einen Plan haben Bevor es an den konkreten Plan geht, erinnern wir uns noch mal schnell, was Gewohnheiten sind: Verhaltensweisen, für die wir uns irgendwann mal aktiv entschieden haben und die wir dann automatisiert haben. Um solche Automatismen abzuschalten, müssen wir uns wieder aktiv entscheiden.

Angenommen, der Reiz ist eine bestimmte Zeit, hilft es beispielsweise, sich einen Wecker zu stellen. Der Alarm erinnert daran, die neue Routine zu starten – bis sie selbst zur Gewohnheit wird. Ist es wie in meinem Fall eine negativ besetzte Stimmung, etwa aufgrund von Zeitmangel, hilft vielleicht eine Notiz am Bildschirm, auf der steht: Aufstehen! Jedes Mal, wenn ich merke, dass ich mich überfordert fühle, meine Konzentration schwindet und ich auf die vermeintlich leichte und schnell zu bewältigende Aufgabe »E-Mail-checken« zurückgreifen will, stehe ich also schnell auf, laufe ein paar Schritte durchs Büro und kehre mit einem Glas Wasser, gestreckt und vielleicht mit einem Lächeln im Gesicht, zurück an den Schreibtisch. Für den Posteingang lege ich feste Zeiten oder Das-muss-vorher-fertig-sein-Regeln fest, ansonsten bleibt mein E-Mail-Programm komplett geschlossen, sodass erst gar keine Pop-ups am Bildschirmrand auftauchen.

Ich gebe zu, es funktioniert (noch) nicht immer. Es gibt Tage, an denen ich das Programm im Hintergrund anhabe und öfter das Fenster wechsele. Dann aber hoffentlich nicht, weil es eine Gewohnheit ist, sondern weil ich mich bewusst dafür entscheide.

Die eigene Medienhygiene zu überdenken hat also viel damit zu tun, sich alte Gewohnheiten erst bewusst zu machen und dann zu hinterfragen. Genau das kann sich richtig gut anfühlen, und dafür musst du kein Achtsamkeits-Guru werden oder täglich ins Yogastudio gehen. Es reicht aus, den mentalen Butler, der uns häufig steuert, aufzuspüren, ihn zur Rede zu stellen und ihn zu fragen: Will ich wirklich schon wieder durch die neuen E-Mails scrollen oder dient der Klick in den Posteingang lediglich als willkommene Ablenkung? Dieses Sich-Bewusstmachen beeinflusst auch direkt unser Selbstbewusstsein. Denn wer sich

Herrin oder Herr der Lage fühlt, kann aktiver entscheiden und handeln. Wer Gewohnheitsschleifen öfter seziert, kann die eigentliche Handlung, egal ob es die Schokokekse, die Facebook-Timeline oder die Netflix-Serie ist – zu einem selbst gewählten Zeitpunkt – viel intensiver genießen als im Autopilot.

Eine generelle Regel, um mit der Informationsflut umzugehen, ist sicher die alte Binsenweisheit: Weniger ist mehr. Um zum Thema Journalismus zurückzukommen, auch wenn gerade im Online-Bereich die Entwicklung in die entgegengesetzte Richtung zu gehen scheint – immer schneller und immer mehr, am besten im Live-Ticker –, sind wir uns sicher schnell einig, dass wir statt *mehr* besser mehr qualitativ hochwertige Beiträge brauchen.

Genau da haben wir mit *Perspective Daily* ein interessantes Experiment gewagt: Wie das tägliche Zähneputzen wollen wir eine Dosis Konstruktives in Form *eines* Beitrags pro Tag liefern. Den zu lesen oder zu hören ist schaffbar und gibt so wie in Zeiten von Tageszeitung und Nachrichtensendung das Gefühl zurück, etwas abgeschlossen zu haben. Ein Gefühl, das wir online verloren haben – egal ob während des Surfens durch scheinbar endlose Nachrichten-Websites, Blogs und Online-Plattformen oder bei nicht enden wollenden Social-Media-Feeds (denn spätestens wenn wir dort »unten« angekommen sind, ist oben wieder so viel neuer Input, dass das Scrollen von vorn beginnen kann).

2. Aussehen

Genau wie sonst im Leben spielt auch beim Konstruktiven Journalismus das Aussehen eine nicht zu leugnende Rolle. Statt über Haarfarbe, Outfit und Accessoires zu fachsimpeln, geht es beim Journalismus stattdessen um Sprache, Design und alles, was ich grob als zusätzliche Elemente zusammenfassen möchte. Für alle diese drei Aspekte sollte gelten: Es muss Spaß machen! Denn Hand aufs Herz, einen Hingucker ignorieren wir nur ungern (und wem das zu plakativ ist, der denke einfach ans Essen. Auch da isst das Auge mit).

Als wir uns bei *Perspective Daily* anfangs für Online und gegen Print entschieden haben, hatte das nicht nur Kosten- und Logistik-Gründe. Digital sind die Möglichkeiten, Informationen hirngerecht aufzuarbeiten und zu präsentieren, sehr viel größer als in einem gedruckten Produkt. Bei jeder gestalterischen Entscheidung stellten wir uns also von Anfang an die Frage: Wie können wir die Informationen, die wir rüberbringen wollen, so abbilden, dass sie visuell und kognitiv möglichst leicht zu verarbeiten sind, was ist die beste Möglichkeit, die entsprechenden Inhalte zu vermitteln, sodass möglichst viel hängen bleibt?

So war von Beginn an auch klar: Wir brauchen unsere eigenen Designer und Programmierer, die iterativ im Team und gemeinsam mit den Autoren neue Funktionen und deren Design für die Website entwickeln würden. Als junges Start-up hatten wir schnell zwei Designstudenten an Bord. Die erste Version unserer Website, die sich seitdem stetig weiterentwickelt, war damals gleichzeitig die Masterarbeit unseres heutigen Chefdesigners.

Im Online-Bereich ist die Vielfalt Chance und Risiko zugleich. Chance, die technischen Möglichkeiten hirngerecht so zu nutzen, dass der User nicht nur mit Spaß, sondern auch mit Erfolg (im Sinne von möglichst viel Informationen mitnehmen) bei der Sache ist und gern wiederkommt. Risiko, weil die unbegrenzten Möglichkeiten auch die Gefahr der Überfrachtung mit sich bringen. Dafür müssen wir uns nur die blinkenden, dudelnden und bunt leuchtenden Websites zahlreicher Newsseiten und anderer Online-Auftritte ins Gedächtnis rufen: Autoplay-Videos, Overlays und Werbeanzeigen, die minimal ein Drittel des Bildschirms einnehmen oder sich nur mit viel Fingerspitzengefühl wegklicken lassen. All das ist nicht gerade förderlich für die

Informationsverarbeitung, weil es unser Hirn kontinuierlich überfordert. Stattdessen heißt es, den richtigen Mix aus Multisensorischem (also zum Beispiel visuell und auditiv) zu finden, sodass sich die verschiedenen Informationsschnipsel ergänzen. So weit die Theorie – in der Praxis kann das zum Beispiel so aussehen:

1. Umgang mit Hyperlinks

Jeder Hyperlink kostet Energie – damit meine ich nicht den Strom, sondern einen Teil der Gehirnkapazität, der uns in jedem Moment zur Verfügung steht. Denn jedes Mal, wenn unsere Augen beim Lesen auf einen Link stoßen, kommt in unserem Gehirn die Frage an: Klicken oder nicht? Der Link stiehlt so also einen Teil der Ressourcen, die wir nutzen könnten, um die eigentlichen Informationen zu verarbeiten. Wie können wir den Wunsch, Quellen anzugeben und trotzdem nicht die ganze Zeit mit Hyperlinks abzulenken, unter einen Hut bekommen? Ganz einfach, indem die Quellen nicht im Fließtext verlinkt sind, sondern rechts an der Seite mit einem leicht ausgegrauten Symbol markiert sind. Fährt der Leser mit der Maus über das Symbol, erscheint eine Kurzbeschreibung des hinterlegten Links. Die Nutzer gewöhnen sich schnell daran, alle weiterführenden Links am Rand statt im Text zu finden, werden aber nicht durch grelle Farben, Unterstreichungen oder fette Schrift abgelenkt.

Ein Symbol gibt an, um welche Art Link es sich handelt. So nutzen wir bei *Perspective Daily* vier verschiedene Symbole, sodass der Nutzer auf einen Blick erkennt, ob es sich um einen anderen *Perspective Daily*-Artikel handelt, die Quellenangabe zu einer Zahl oder Aussage im Text (das kann eine Studie, ein Bericht, ein Buch oder ein anderer Artikel sein), einen weiterführenden Link oder ein Video.

2. Zusatzinformationen

Hast du dich beim Lesen eines Artikels zu einem Thema, indem du dich schon etwas auskennst, auch schon mal gelangweilt oder gar geärgert, weil zum gefühlt hundertsten Mal etwas beschrieben oder definiert wird, was du längst weißt? Wahrscheinlich wirst du dann versuchen, die entsprechenden Zeilen zu überfliegen, um dort weiterzulesen, wo es wieder interessant für dich wird. Mir geht es regelmäßig bei Artikeln zur Energiewende so, wenn dort wieder steht, dass die größte Herausforderung der erneuerbaren Energien die Speicherung ist, da nachts die Sonne nicht scheint und der Wind nicht immer weht. Oder wenn mir in Beiträgen zum Klimawandel zum wiederholten Mal das Pariser Abkommen erklärt und zusammengefasst wird. Um das zu verhindern, haben wir bei *Perspective Daily* unsere von uns so getauften Klapper. Markiert durch ein Symbol mit einer nach unten zeigenden Pfeilspitze in einem Viereck, weiß der Leser spätestens beim zweiten Besuch unserer Website: Hier kann ich draufklicken und erfahre mehr. Darunter verbirgt sich dann entweder ein Begriff, der erklärt wird, ich erhalte zusätzliche Hintergründe zu im Text erwähnten Forschungsergebnissen oder bekomme geschichtliche Hintergründe, die zwar interessant, aber nicht für das Textverständnis erforderlich sind. Das sieht dann zum Beispiel so aus:

Das Ergebnis: ⊟ Auf einer Skala von »0 = auf keinen Fall Porno« bis »10 = definitiv Porno« erhalten die »Top 5« einen hohen durchschnittlichen Wert – so zum Beispiel das Video der Frau, die sich selbst befriedigt. Aber eben nur im Durchschnitt: Für alle diese »Top 5« gilt, dass mindestens 13% sie als nicht pornografisch bewerten. ⊟

Das heißt, sie geben dem Video höchstens eine 5. Die Ergebnisse zeigen also eine große Variabilität und kein einheitliches Bild. Wird nur ein Mittelwert angegeben, täuscht das ein zu einfaches Bild der Realität vor.

Besonders beliebt bei einigen Autoren ist unsere ebenfalls von uns so getaufte Switch-Funktion, die es erlaubt, einen Text in unterschiedlichen Versionen zu lesen. Klingt verrückt? Ist es aber gar nicht. Entstanden ist sie schon sehr früh, als wir einen Artikel zum Thema Gendern planten, einem Thema, das nicht nur intern, sondern auch unter unseren Mitgliedern heiß diskutiert wurde. Nun können wir lang und breit über Vor- und Nachteile von gegenderter Sprache berichten und philosophieren – oder die Leser am eigenen Leib spüren lassen, wie es sich anfühlt, wenn ein Text gegendert ist. Oder wenn er nicht standardmäßig im generischen Maskulinum geschrieben ist, sondern eben im generischen Femininum. So wird aus »Wir geben euch **Lesern** jetzt die Wahl: Lest diesen Text auf drei verschiedene Arten und findet selbst heraus, wie das Geschlecht in der Sprache euer Denken beeinflusst!« dann automatisch: »Wir geben euch **Leserinnen** jetzt die Wahl […]«. (Fühlt sich seltsam an, oder?) Jede Leserin (und natürlich auch jeder Leser) kann die unterschiedlichen Lesevarianten zu Beginn im Text auswählen oder jederzeit im Textverlauf über einen Klick in der mitscrollenden Leiste am unteren Bildschirmrand auswählen. Die markiert außerdem den Lesefortschritt innerhalb des Artikels.

So eine Switch-Funktion eignet sich auch wunderbar, um eine Kurz- und eine Langversion eines Interviews anzubieten, für die Gegenüberstellung von verschiedenen Protagonisten und deren Positionen, und auch für Artikel, die auf Deutsch und auf Englisch veröffentlicht wurden.

Egal ob mit oder ohne Switch, die kleinen Klapper in jedem Text ermöglichen es, jeden Text auf verschiedenen Ebenen zu lesen, weil der Nutzer seine Informationstiefe frei wählen kann.

3. Grafiken

Das menschliche Gehirn verarbeitet Bilder leichter als Wörter, was wahrscheinlich daran liegt, dass die Sprache nach den Bildern kam. Am schwierigsten tut es sich allerdings mit Zahlen, vor allem wenn die größer und komplexer werden. Statt also Zahlenreihen aneinanderzureihen, die sich aufeinander beziehen, und nach den besten Bindewörtern zu suchen, sollte sich jeder Journalist immer fragen: Kann ich diese Information besser in einem Bild oder einer Grafik darstellen, und wenn ja, wie? Für Standardgrafiken aus Linien, Balken und Flächen haben wir bei *Perspective Daily* beispielsweise unser eigenes Tool programmiert, das Mouseover-Effekte nutzt und mit dem die Nutzer außerdem einzelne Datenreihen ein- und ausblenden können – so werden sie ermuntert, die Daten selbst zu entdecken und mit ihnen zu interagieren (siehe dazu auch der nächste Punkt: Gamification). Das gilt auch für Landkarten oder andere Übersichten, die sich durch ein Bild oder eine Infografik, etwa einen Zeitstrahl, anschaulicher und intuitiver verdeutlichen lassen als durch einen Beschreibungstext, bei dem am Ende doch irgendwie nur eine unvollständige Vorstellung von dem, was gemeint ist, hängen bleibt. So kann etwa die auf einer Landkarte eingezeichnete Route eines Friedensmarsches ganz anders wirken, als wenn im Text Ländernamen aneinandergereiht werden.

Die Gefahr der blinkenden Werbebanner war bei uns im Übrigen von Anfang an gebannt, da wir uns sicher sind, dass unabhängiger Journalismus und Werbung nicht miteinander vereinbar sind.

4. Gamification

Wem Infografiken und Zeitstrahl nicht reichen, der kann im Sinn eines echten interaktiven Journalismus im Digitalen noch einen Schritt weitergehen. Das – natürlich englische – Schlagwort hier lautet: Gamification. Wenn der Nutzer mit mehreren Sinnen die Inhalte erfährt, wird er vom passiven Informationskonsumenten zum aktiven Entdecker.

Die bereits erwähnten interaktiven Grafiken sind da nur der erste Schritt. Um historische Veränderungen darzustellen, können den Lesern beispielsweise zwei Bilder präsentiert werden, zwischen denen sie einen Unterschied finden müssen. Dazu können sie mit einem Klick oder Swipe zwischen ihnen wechseln. So haben wir in einem Artikel über die Geschwindigkeit des technischen Wandels zwei Fotos gegenübergestellt. Auf dem ersten ist eine Aufnahme der berühmten New Yorker 5th Avenue an Ostern 1900 zu sehen, und die Leser haben die Aufgabe, die beiden einzigen Automobile unter den vielen Pferdekutschen zu entdecken. Um den schnellen Wandel von Fortbewegungsmitteln mit ein oder zwei PS hin zu vielen PS zu verdeutlichen, suchen die Leser im nächsten Foto – das die gleiche Szene 13 Jahre später zeigt – nach den zwei verbleibenden Pferdekutschen.

Genauso haben wir auch die vier Fragen aus dem Ignoranztest als interaktives Quiz in einen Artikel eingebaut – sodass jeder Leser an sich selbst überprüfen kann, wie »ignorant« er ist.[51] In anderen Artikeln nutzen wir das Quiz-Tool neben Tests zum eigenen Wissen auch als Werkzeug zur analysierten Selbsteinschätzung. So erfahren die Leser in meinem Artikel zur Sinnökonomie aufgrund ihrer Antworten zum eigenen Arbeitsverhalten, ob sie mehr oder weniger sinnorientiert sind.[52]

Wenn es beim Thema Journalismus um die Form geht, dürfen ein paar Sätze zur Sprache nicht fehlen – denn schließlich ist Journalismus bei aller Interaktivität sprachbasiert. Einfach und verständlich soll die Wortwahl sein, ohne langweilig daherzukommen. Ja, auch Umgangssprache ist mal erlaubt. Denn gesprochene Sprache verarbeitet unser Gehirn leichter als das geschriebene Wort. Statt vieler Konjunktionen und komplizierter Satzkonstruktionen sollte also der alte Leitsatz gelten: Die Kunst besteht darin, Kompliziertes so auszudrücken, dass es auch der Mann und die Frau auf der Straße verstehen – und im besten Fall noch Freude daran haben, es zu lesen.

Erinnerst du dich an meine Ausführungen zum Begriff Krise? Wie würden unsere Weltanschauungen, Gespräche und Diskussionen aussehen, wenn wir solche Begriffe häufiger hinterfragen würden und uns ohne missverstandenen Ehrgeiz oder Arroganz offen und gemeinsam auf die Suche nach Bedeutungen machen würden? »Wie verstehst du XY?« – »Ich glaube, wir haben unterschiedliche Vorstellungen von dem Begriff XY. Wollen wir darüber sprechen und schauen, ob das der Grund ist, warum wir unterschiedliche Lösungen für das Problem vorschlagen?«

Mein Lieblingswort in dieser Hinsicht ist das kleine Wörtchen *man*. Jeder, der schon mal ein längeres Gespräch mit mir über Journalismus oder Sprache im Allgemeinen geführt hat, kennt meine kleine Obsession. Meine These: *Man* wird meist als faule Ausrede oder Schutzschild genutzt, wenn der Verfasser zu faul oder feige ist, den eigentlichen Protagonisten zu nennen. »Man geht davon aus …«, »Man befürchtet, dass es …«, »Und wenn man sich fragt, …« – Wer geht davon aus, wer befürchtet und wer fragt sich? Die Regierung, die Vorstandsvorsitzende, der Großteil der Bevölkerung, die Autorin der Zeilen? Zeitweise habe ich sogar dafür plädiert, das *man* ganz abzuschaffen, aber Radikalität liegt mir fern, und meine unterschiedlichen Gesprächspartner haben mich davon überzeugen können, dass es durchaus Zusammenhänge gibt, in denen man es sinnvoll (und nicht als Vorwand) nutzen kann.

Die Ansprache per *du* (die sich auch durch dieses Buch zieht) wähle ich nicht, um besonders hip und modern daherzukommen, sondern weil es mir um einen Austausch auf Augenhöhe geht – und das bringt mich direkt zum nächsten Punkt.

3. Forum für Austausch

Vielleicht – oder sehr wahrscheinlich – hast du dich auch schon mal verwundert, frustriert oder amüsiert von einer Kommentarspalte im Internet abgewendet. Oder du hast vielleicht keine Social-Media-Accounts (mehr), weil du keine Lust auf emotionsgeladene und unsachliche Diskussionen oder gar Hate Speech hast. Ja, das Internet ist voll von Kommentaren, bei denen wir den Glauben an die aufgeklärte Menschheit zumindest temporär verlieren können. Gründe gibt es dafür viele. So ist Deutschland das einzige der 27 OECD-Länder, in dem mehr Menschen mit keinem oder einem niedrigen Bildungsabschluss in den sozialen Medien unterwegs sind – in allen anderen untersuchten Ländern ist der prozentuale Anteil von Social-Media-Nutzern mit hohem Bildungsabschluss größer.[53] Ohne hier zu werten, scheint es dem sozialen Charakter der sozialen Medien nicht förderlich, wenn der Bildungsgrad der Nutzer im Vergleich zum durchschnittlichen Bildungsgrad in der Bevölkerung niedriger ist.

Während meiner Promotion in London fiel mir das tatsächlich sehr schnell auf: Es gehört zum guten Ton eines jeden Professors, einen Twitter-Account zu haben, Forschungsergebnisse auf Facebook zu posten und Vorträge für die breite Öffentlichkeit statt immer nur für das eigene Institut zu geben. Als Doktorandin erhielt ich im Wochentakt E-Mails mit Möglichkeiten zum Public Engagement – die Universität sieht es eben als Teil ihrer Aufgabe an, die Forschung in die Öffentlichkeit zu tragen, und dabei sind dann alle gefragt. Bekannte Wissenschaftler im angelsächsischen Raum haben auf Twitter auch mal Follower-Zahlen im fünf- oder sechsstelligen Bereich, und das gilt nicht nur für die Handvoll Wissenschaftsstars mit eigener Fernsehshow, sondern auch für diejenigen, die noch aktiv forschen.

Ganz anders mein Eindruck und die Erfahrungswerte aus der Bundesrepublik. Die sozialen Medien und Kommentarspalten unter den einschlägigen Online-Medien sind höchstens was fürs Fußvolk, aber nicht für die Bildungselite der Nation, die sich aus diesen Niederungen lieber fein raushält – wer das anders sieht, erntet einen verpönten oder gar mitleidigen Blick.

Doch ganz abgesehen davon, ob sich die Diskussionskultur in Deutschland von anderen Ländern unterscheidet, gilt für sämtliche Diskussionen im Internet: Was wir dort lesen und hören, sind immer nur die verbalen Äußerungen einer kleinen Masse an Menschen, die dafür aber besonders laut ist. Der amerikanische Autor und Kolumnist Noah Smith hat dafür einen treffenden Begriff erfunden und nennt diese Gruppe *the shouting class*, also eine lautstarke Minderheit – der er sich übrigens selbst zurechnet.[54] Ein einzelnes, besonders garstiges Exemplar dieser lautstarken Minderheit bezeichnen wir in den sozialen Netzwerken mittlerweile auch als *Troll*. Noah Schmidt nennt vier zentrale Motivationsgründe, warum jemand schreit, und die lassen erahnen, warum der Ton in Kommentarspalten und Diskussionsforen nicht immer konstruktiv ist.

Grund 1: Idealismus Nicht alle Idealisten tragen ihren Kampf für eine bessere Welt online aus, heutzutage gibt es dafür aber selbstverständlich sehr viele Optionen.

Grund 2: Persönliche Unzufriedenheit Wer schlechte Laune hat, tendiert dazu, seinem Unmut im Internet Luft zu machen, kurz gesagt: Wer schlecht gelaunt ist, läuft erhöhte Gefahr, zum Internet-Troll zu werden.[55] Dabei ist egal, ob es in der digitalen Diskussion überhaupt um das Thema geht, das Grund für den eigenen Unmut ist. Die eigene Unzufriedenheit dient als Antrieb, über alles und jeden zu meckern.

Grund 3: Sadismus Auch hier zeigen Untersuchungen, was der ein oder andere vielleicht schon vermutet hat: Wer online trollt, ist sadistischer als andere und ist wahrscheinlich auch psychopathischer.[56] Diesen Menschen bieten Online-Foren eine moderne Form, den eigenen Sadismus auszuleben.

Grund 4: Argumentier-Freudigkeit Argumentieren ist eine intellektuelle Tätigkeit, die einige Menschen einfach gern ausüben und eine wunderbare Ablenkung (auch von anderen intellektuellen Tätigkeiten) sein kann.

Vor dem Hintergrund, dass Menschen mit solchen Eigenschaften und Motivationen online die Diskussionen bestimmen, kann diese kleine Liste erst mal ganz schön demotivierend wirken. Als Gegenmittel gegen Trolle werden häufig eine Schar an Praktikanten oder clevere Algorithmen eingesetzt. Die haben dann den Auftrag, die Kommentarspalten nach Schimpfwörtern zu durchforsten, um sie gegebenenfalls zu löschen. Alternativ werden Kommentare und Diskussionen im Internet von vielen Anbietern mittlerweile ganz verboten. Obwohl online das möglich ist, was kein Print-Produkt leisten kann: ein Dialog, der nicht darauf angewiesen ist, wochen- oder gar monatelang Leserbriefe hin und her zu senden, sondern ein direkter Dialog auf Augenhöhe – wenn die Voraussetzungen stimmen.

Dafür braucht es, genau wie im echten Leben, einen geschützten Raum. Der lässt sich technisch relativ einfach durch eine sogenannte durchlässige Paywall realisieren: So kann zwar jeder Artikel bei *Perspective Daily* weitergeleitet und vom Empfänger gelesen werden, die Diskussionsbeiträge zu jedem Artikel können aber nur die zahlenden Mitglieder lesen. Mit anderen Worten: Ja, es kostet Eintritt, sich zu beteiligen. Diskutiert wird mit Klarnamen, sprich dem Vor- und Nachnamen, den jeder bei der Registrierung angibt. Also keine hitzige Diskussion zwischen *Heiße_Biene_1955* und *Raketenzauber_1999*.

Ja, auch zum Team von *Perspective Daily* gehören Praktikanten. Die haben aber Besseres zu tun, als sich durch Hasskommentare und Beleidigungen zu wühlen, denn das ist gar nicht nötig. Bis auf wenige Ausnahmen, die ich an einer Hand abzählen kann, haben sich in den ersten knapp drei Jahren von *Perspective Daily* alle Diskutanten an unsere *Perspectiquette*[57] gehalten. Dazu gehören die drei wichtigsten Werte, die es on- und offline für einen konstruktiven Austausch braucht: Respekt, Wertschätzung und Aufmerksamkeit.

Statt der Praktikanten diskutieren bei uns die Autoren mit unseren Mitgliedern – das ist selbstverständlicher Teil der täglichen Arbeit und nicht etwas, das kurz vor Feierabend oder zwischen Tür und Angel passiert. Tatsächlich schätzen die Autoren diesen Teil der Arbeit sehr, weil sie nicht nur gespannt darauf sind zu erfahren, welche Reaktionen ihre Artikel bei den Lesern auslösen, sondern sie dadurch häufig auch Anregungen und Ideen für Folgeartikel bekommen. Zum Zeitpunkt der Veröffentlichung erscheinen meist die ersten ein oder zwei Diskussionsbeiträge von den Autoren gleich mit, die von den Mitgliedern als Gesprächsöffner genutzt werden. Technisch haben wir bisher drei Diskussionsebenen umgesetzt. Die oberste Ebene ist die Diskussionsebene mit Namen, die nur angelegt wird, wenn auch ein erster Beitrag (Ebene 2) veröffentlicht wird. Innerhalb jeder Diskussion können prinzipiell unendlich viele Beiträge verfasst und auf jeden Beitrag kann wiederum unendlich oft geantwortet werden. In der Diskussionsübersicht sieht jedes Mitglied, in welchen Diskussionen, an denen es bereits beteiligt ist, ein neuer Beitrag hinzugekommen ist; ein roter Punkt im Hauptmenü zeigt an, wenn es neue Beiträge in den eigenen Diskussionen gibt.

Durch diese Hilfsmittel und technischen Spielereien können aus Journalisten Initiatoren und Gesprächspartner werden, die mit ihren Artikeln Diskussionen zu einem Thema zwar anstoßen, sie aber nicht zu Ende führen, sondern gemeinsam mit allen Beteiligten weiterentwickeln. Ganz einfach, indem sie zuhören, auf Fragen und Anregungen ihrer Leserschaft eingehen und offen für Zwischentöne sind.

Wenn die Autoren ganz konkret Input von den Lesern einfordern, zum Beispiel zur Frage, welche Folgeartikel sie sich zu einem Thema wünschen, nutzen sie auch hier interaktive Tools und platzieren zum Beispiel einfach eine kleine Umfrage unter dem jeweiligen Artikel, indem sie konkrete oder offene Antworten zulassen.

Weil es immer ein wenig seltsam wirkt, sich selbst zu loben, lasse ich an dieser Stelle einfach exemplarisch das Feedback eines

Mitglieds sprechen: »In der Diskussion kann man die Optionen der Gruppe nutzen, sprich Denkanstöße des anderen weiterentwickeln. Das Ganze wird viel mehr als die Summe seiner Teile. Ein bisschen in Richtung Think Tank.«

Zutat 3: Das Handwerkszeug der Wissenschaft!

Vor der Gründung von *Perspective Daily*, als ich gemeinsam mit meinen Kollegen über Möglichkeiten eines konstruktiven Online-Magazins nachdachte und erste Kontakte in meiner neuen Wahlheimat Münster suchte, stieß ich auf eine Veranstaltung mit dem vielversprechenden Titel *Science and the Public*. »Super!«, dachte ich, endlich kommt das Thema auch hierzulande an, und meldete mich für die Veranstaltung an. Was mich dort erwartete, war allerdings alles andere als gelebtes Public Engagement. Ohne der Unsachlichkeit beschuldigt werden zu wollen: Das Ganze war so ein Trauerspiel, dass es auf der Metaebene schon wieder komisch war. Was meine ich damit? Dort präsentierten nun, wohlgemerkt hinter verschlossener Tür, Wissenschaftler aus Deutschland und anderen Ländern ihre Forschungsergebnisse zur Frage, wie die Wissenschaft den »Menschen da draußen« nähergebracht werden könnte, und machten dabei sämtliche Fehler, die sie nur machen konnten.

PowerPoint-Präsentationen voller Text in Schriftgröße acht oder zehn, die dann teilweise abgelesen wurden – erklärende Grafiken oder veranschaulichende Bilder suchte ich vergeblich. Die Versicherung, dass hier Forschungsgelder besser hätten eingesetzt werden können, lieferten aber die Gespräche mit den Vortragenden selbst. Auf mein geplantes konstruktives Online-Magazin angesprochen, das den Anspruch haben sollte, wissenschaftliche Erkenntnisse hirn- und laiengerecht – und im besten

Fall noch unterhaltsam – an die Öffentlichkeit zu vermitteln, reagierte keiner (!) mit Interesse oder gar Freude, dass die eigenen Forschungsergebnisse möglicherweise praktische Anwendung finden könnten.

Ich kann verstehen, wenn Grundlagenforscher, die an Molekülen, Atomen und Co. forschen, kein ausgeprägtes Interesse daran haben, dass ihre Ergebnisse in der Öffentlichkeit diskutiert werden. Wenn ich mir aber vorstelle, daran zu »forschen«, wie Wissenschaft und Öffentlichkeit besser miteinander kommunizieren können, und dann jemand auf mich zukommt, der sagt: »Hey, ich könnte deine Ergebnisse in die Praxis umsetzen!«, und ich dieser Person dann Desinteresse entgegenbringe, läuft irgendwas falsch. Konstruktiv formuliert: Es gibt (nicht nur in Deutschland) noch eine Menge zu tun, um den Dialog zwischen dem Elfenbeinturm der Universitäten und der Öffentlichkeit zu stimulieren. Ich verstehe meine Arbeit auch als einen Schritt hin zu mehr Dialog – stärker noch, ich sehe die konstruktive Herangehensweise im Journalismus als eine Art Brückenbau. Weil sich konstruktive Journalisten mit Fachwissen täglich darin üben, ihre wissenschaftliche Arbeitsweise, die sie an der Universität oder in Forschungseinrichtungen gelernt und verinnerlicht haben, auf die journalistische Arbeit zu übertragen – um so einen *evidenzbasierten Journalismus* zu schaffen. Alles, was die Beteiligten dafür brauchen, ist – wie so oft – eine großzügige Portion Offenheit. Und wahrscheinlich hast du es fast geahnt, aber tatsächlich lässt sich das Ganze gut anhand von drei Aspekten erklären.

1. Wer schreibt denn da?

Lese ich Zeitungsartikel zu einem Thema, in dem ich mich wirklich gut auskenne, habe ich oft das Gefühl: »Da war aber einiges unklar oder sogar falsch! Hätten die mal mich gefragt!« Damit das nicht (oder seltener) passiert, hilft nur eins: Journalisten brauchen Fachwissen und müssen im Team arbeiten. So schreibe ich als Neurowissenschaftlerin unter dem Schlagwort *Mein Gehirn & ich* zum Beispiel über Placebos, die Behandlung von Ängsten, was hinter Abhängigkeiten steckt und wie unser Gehirn uns »veräppelt«. Ein Physiker schreibt unter seinem Schlagwort *Nachhaltigkeit 5.0* über die Herausforderungen der Energiewende, ein Sozialwissenschaftler mit dem Schlagwort *Lobbyismus für soziale Gerechtigkeit* recherchiert und schreibt zu zukunftsweisenden Ansätzen in der Gesundheitsversorgung, Pflege und Bildung.

Alle festen Autoren kommen mit einem fachlichen Hintergrund zu uns – möglichst einem, der noch nicht in der Redaktion vertreten ist, sodass in unseren Redaktionskonferenzen bunt gemischt die unterschiedlichsten Fächer vereint sind. Die meisten (aber nicht alle) haben zusätzlich eine journalistische Ausbildung oder Erfahrungen im Journalismus. Warum ist uns das Fachwissen wichtiger als ein abgeschlossenes Volontariat? Weil ich spätestens mit der Erfahrung der letzten drei Jahre voller Überzeugung sagen kann: Es ist sehr viel einfacher, einem Fachmenschen das Schreiben beizubringen als einem Journalisten das nötige Fachwissen (eine gewisse Sprachaffinität beim Fachmenschen vorausgesetzt). Dieser Ansatz stößt natürlich nicht bei allen Journalisten auf Gefallen und hat uns schon den ein oder anderen Vorwurf eingebracht – leider inklusive Formulierungen wie »Sie feiern den Blick aus dem Elfenbeinturm!«, wie jeder in einem Fernsehbeitrag über unsere Arbeitsweise hören konnte.[58]

Das Fachwissen der Autoren spielt vor allem bei der Recherche und Interviews eine wichtige Rolle. Alle Autoren sind in der Lage, in ihrem Fachgebiet nach Studien, Berichten und Reports zu suchen und diese auch auszuwerten. Sie sind auch in der Lage, deren methodische Schwächen und Stärken zu beurteilen, und wenn sie einen Interviewpartner befragen, stellen sie ziemlich sicher nicht die gleiche Frage, die schon hundert andere

Journalisten zuvor gestellt haben, sondern gehen in die Tiefe, hinterfragen kritisch und ernten so das Vertrauen (und die Redseligkeit) des interviewten Fachmenschen. Der amerikanische Investigativ-Journalist Mark Lee Hunter beschreibt das, wenn er über Vertrauen im Journalismus spricht, folgendermaßen: »Journalisten sollten nicht der Affe am Telefon sein!« Um das zu verhindern, brauchen sie aber das nötige Fachwissen.

Mit einer kleinen Redaktion wie der unseren ist aber auch klar, dass wir nicht alle Themen fachlich abdecken können. Um uns thematisch möglichst breit aufzustellen, arbeiten wir darum mit Gastautoren zusammen, die über all das schreiben, was bei uns ansonsten unter den Tisch fallen würde. Manchmal sind das Menschen mit einer ganz besonderen Qualifikation, die gemeinsam mit uns ihren ersten journalistischen Beitrag erarbeiten.

Vielleicht ist es dir eben schon aufgefallen, dass ich von Schlagworten spreche, aber noch kein Wort über die klassischen Ressorts Politik, Wirtschaft, Wissenschaft, Sport und Feuilleton habe fallen lassen. Das liegt daran, dass es bei *Perspective Daily* keine Ressorts gibt. Ganz einfach, weil alle Autoren ihr Themenfeld inhaltlich aufgrund ihres Fachwissens definieren und wir auch hier Gewohnheiten aufbrechen wollen. Ich bin davon überzeugt, dass wir viel öfter die Denkschranken der herkömmlichen Ressorts ablegen sollten, um stattdessen inhaltlich diskutieren zu können. Der Klimawandel beispielsweise ist kein Umwelt-, Nachhaltigkeits- oder Wissenschaftsthema, sondern die größte Herausforderung, vor der wir als Gesellschaft stehen. Das heißt, Beiträge, die im engsten oder weitesten Sinne etwas mit der Prävention, den Folgen und der Anpassung zu tun haben, können in allen Ressorts auftauchen. Warum also nicht gleich den Fokus auf die inhaltlichen Fragestellungen richten und Menschen aus den unterschiedlichsten Professionen an einen Tisch holen. All das kann auch in anderen Redaktionen funktionieren. Alles, was dafür nötig ist, sind Offenheit und eine gehörige Portion Mut!

2. Wie entsteht ein Artikel?

Mit einem Cappuccino in der Hand, den Laptop aufgeklappt, im Café sitzend, irgendwo zwischen Berlin-Kreuzberg und Prenzlauer Berg? Oder im stillen Kämmerlein, allein zu Haus, zu später Stunde auf die Eingebung wartend, vor einem weißen Blatt Digitalpapier?

Auch wenn mir diese Vorstellung über unsere tägliche Arbeit schon häufiger begegnet ist, hat sie – genau wie die zwei Beispiele aus den Fragen – wenig bis nichts mit der Realität zu tun. Denn in der Regel sitze ich weder in Berliner Cafés noch allein zu Hause. Zum Arbeitsalltag eines konstruktiven Journalisten gehört es, sich mit anderen Autoren, Designern und Entwicklern auszutauschen.

Vom Pitch zur Veröffentlichung durchläuft jeder Beitrag sechs Phasen, bei denen wir uns an der kollaborativen Arbeitsweise und dem Peer-Review-Prozess aus der Wissenschaft orientieren.

Der Pitch

Oft werde ich gefragt, wie wir entscheiden, welche Themen und Artikel wir auswählen, gerade weil es doch nur einen Beitrag pro Tag gibt. Vorab: Nein, es gibt keinen Chefsessel, der am Ende eines langen Konferenztisches steht und mindestens doppelt so bequem wie der Rest der Stühle im Raum ist. Genauso wenig gibt es eine Chef-Agenda, vielleicht bestimmt durch das, was die anderen, die Konkurrenz, gerade macht, oder auch durch das, was der sogenannte Zeitgeist gerade angeblich verlangt. Unsere Themen bestimmen die Autoren selbst, weil sie sich in ihren Themenfeldern bestens auskennen, mit aktuellen Entwicklungen ebenso, und sie sich mit der Langzeit-Perspektive auseinandersetzen können.

Hat ein Kollege eine oder mehrere Ideen, stellt er sie in der wöchentlichen Redaktionskonferenz in einem kurzen Pitch, inklusive konstruktivem Ansatz, vor. In den folgenden Minuten geht er auf Fragen und Anregungen ein, bevor die alles entscheidende Frage gestellt wird: »Wollt ihr, dass ich darüber für *Perspective Daily* schreibe?« In geheimer Wahl wird abgestimmt, die Chefredaktion hat ein Zwei-Drittel-Vetorecht, ansonsten gilt: Jede Stimme zählt, die Mehrheit entscheidet. Wenn ein Autor mehrere mögliche Themen zur Auswahl stellt, kann er sich außerdem ein Stimmungsbild abholen – dabei hilft das White Board und ein einfaches Punktesystem, bei dem jeder seine Favoriten markiert.

Ist der Pitch angenommen, bekommt der Autor mindestens zwei weitere Autoren als Paten an die Seite, die ihn in der Entstehungsphase begleiten und unterstützen werden. Ein Prozess, der gerade für eingefleischte Journalisten erst mal ungewohnt ist, da sie es nicht gewohnt sind, Unterstützung zu erhalten, sondern aus dem klassischen Redaktionsalltag oft nur negatives Feedback kennen.

Die Skelettphase

Mit den Notizen und Anregungen aus der Konferenz geht der Beitrag in die nächste Phase. Das Ziel der Skelettphase ist es, gemeinsam mit den beiden anderen Autoren eine Struktur – das Skelett – für den Artikel zu erstellen. Dazu gehört auch der klassische Recherchenteil: Interviews werden geführt, Quellen gelesen, Daten analysiert, Recherche vor Ort. Das dauert in den meisten Fällen nicht nur Minuten oder Stunden, sondern Tage, manchmal Wochen. Während dieser Phase ordnet der Autor schon alles in die Textvorlage mit Zwischenüberschriften ein, die eine grobe Struktur vorgeben (die wiederum später im Inhaltsverzeichnis auftaucht). Das alles passiert in Absprache mit den Paten, die auch schon mal dafür sorgen können, dass eine Struktur komplett über Bord geworfen wird. So wird dem Tunnelblick und anderen Beschränkungen entgegengearbeitet.

Die Schreibphase

Jetzt setzt das Skelett langsam Fleisch an, der Autor beginnt den eigentlichen Artikel zu schreiben, auf Basis der Textvorlage. Wir haben einmal ausgerechnet, dass es für einen durchschnittlichen Artikel bei *Perspective Daily* vom Skelett bis zum fertigen Text durchschnittlich 55 Stunden braucht – wie repräsentativ diese Zahl (noch) ist, sei mal dahingestellt. Die erste Version des Textes wird dann von mindestens einem der Paten redigiert.

Parallel beginnt der Autor sich mit einem unserer Designer abzusprechen, wie sein Artikel bebildert sein soll und ob möglicherweise interaktive Elemente eingebaut werden müssen, dann wiederum braucht er die Expertise eines unserer Programmierer.

Die Präsidialphase

Je nachdem, wie sehr die Artikelpaten (liebevoll auch Präsidenten genannt) den digitalen Rotstift angesetzt haben, setzt sich der Autor mit ebendiesen nochmals zusammen, um kleine und große Änderungen am Text durchzusprechen. Manchmal kommt es dabei zu einer weiteren Schleife, vor allem wenn Gastautoren beteiligt sind.

Dieser Prozess ist inspiriert vom Peer-Review-Prozess aus der Wissenschaft – dort fragen die (externen) Gutachter einer wissenschaftlichen Studie so lange nach Änderungen und zusätzlichen Daten, bis sie zufrieden sind und das Manuskript schließlich zur Veröffentlichung freigegeben wird.

Das Lektorat

Häufig korrigieren unsere Lektorinnen am späten Abend oder noch am frühen Morgen den redigierten Artikel. Gerade bei den vielen eigenen Schreibweisen (zum Beispiel Ziffern statt Zahlwörtern für die bessere Lesbarkeit), Quellenangaben und Zusatzinformationen für die Klapper, die zu diesem Zeitpunkt noch Fußnoten sind, ist das nicht ganz einfach.

Den Text setzen

Um Klapper, Switches und andere Features online und mobil richtig anzeigen zu lassen, haben wir unsere eigene Programmiersprache entwickelt, die einer speziellen Syntax folgt. Deshalb muss das bisher bestehende Text-Dokument noch in diese Programmiersprache übersetzt und mit den geplanten Bildern, Grafiken oder weiteren Zusatzinhalten kombiniert werden. Parallel wird an der Überschrift des fertigen Artikels und am Teaser, dem kleinen Vorspanntext, gefeilt, und der Text wird ein letztes Mal von einem der Endlektoren gegengelesen. Genau um drei Uhr nachts geht der Artikel dann automatisch online.

Jeder Artikel ist also immer das Werk vieler Hände und Köpfe, auch wenn am Ende meist nur ein oder zwei Namen als Autoren aufgeführt werden.

Die beschriebenen Abläufe sind lediglich der aktuelle Stand unseres Arbeitsprozesses, der sich in den vergangenen drei Jahren iterativ ständig weiterentwickelt hat und auch jetzt noch weiterentwickelt wird. In jedem Fall ist es unsere Art eines evidenzbasieren Journalismus, der seine Quellen offenlegt, ehrlich und transparent die eigenen Grenzen kommuniziert und auf Augenhöhe mit seinen Lesern diskutiert. Egal ob es nun eine Vertrauenskrise des Journalismus gibt oder nicht, ich bin fest davon überzeugt, dass Vertrauen die Grundvoraussetzung für einen konstruktiven Dialog ist.

3. Ehrlicher Journalismus braucht Haltung!

»Das ist doch alles Meinungsmache!«, »Ich brauche niemanden, der mir sagt, wie ich zu denken habe!« – bestimmt hast du solche Aussagen auch schon mal gehört, gelesen oder vielleicht sogar selbst gedacht oder auch geäußert. Das Problem dabei ist nur, dass es einen objektiven Journalismus nicht geben kann, und es ist dementsprechend wenig zielführend, so zu tun, als sei das der Fall. Darum hatte ich in den vorherigen Kapiteln den objektiven Journalismus auch mit einer Fata Morgana verglichen, die sich in nichts als heiße Luft auflöst, je dichter wir uns ihr versuchen anzunähern.

Wie gehen wir also mit der unvermeidbaren Subjektivität im Journalismus um – von der Themenauswahl bis hin zur Wortwahl, die bestimmte Haltungen und Werte symbolisiert?

Die Werte sind für mich hier entscheidend, sie bestimmen das Selbstverständnis eines jeden Journalisten mit: Entscheiden meine Werte darüber, welche Themen ich interessant und wichtig finde? Sind es die Werte eines Medienunternehmens, die darüber entscheiden, welche Form des Journalismus praktiziert wird, ob etwa Werbung im Journalismus gut oder schlecht ist? Bestimmen die Werte eines Journalisten, welche Fragen er stellt? Das sind nur ein paar Beispiele für Fragen, die sich jeder Journalist in regelmäßigen Abständen stellen sollte. Schon bei der Frage nach der Verantwortung der Medienschaffenden hatte ich bemerkt, dass über Werte viel zu selten und zu wenig gesprochen wird. Wenn Journalisten doch darüber sprechen, dann häufig mit mahnendem Verweis auf das oft beschworene Zitat des 1995 verstorbenen *Tagesthemen*-Moderators Hanns Joachim Friedrichs, das mittlerweile zu einem in Stein gemeißelten Dogma des Journalismus geworden ist: »Ein guter Journalist darf sich mit keiner Sache gemein machen, auch nicht mit einer guten!«

Aber, wie das oft so ist bei unumstößlichen Glaubenssätzen, sollten wir auch hier fragen: Hat Friedrichs das jemals so gesagt? Die Antwort ist ein Paradebeispiel in Sachen Fact-Checking, blindem Kopieren und Dinge-aus-dem-Kontext-Reißen.

1995 trafen sich die beiden *Spiegel*-Redakteure Jürgen Leinemann und Cordt Schnibben mit dem schwer kranken Hanns Joachim Friedrichs für ein langes Interview. Friedrichs hatte viel zu erzählen von seinem Leben als Journalist, als Kriegsreporter und von seiner Arbeit für die BBC. Auf der Suche nach der viel zitierten Aussage stellen wir zunächst fest: So, wie sie gern zitiert wird, hat Friedrichs sie nie geäußert. Hier die entsprechende Stelle, an der Friedrichs über seine Aufgabe als Fernsehsprecher spricht:

> *SPIEGEL: Haben Sie solche Bilder auch schon früher nachts heimgesucht?*
> *Friedrichs:* Nein, aber ich bin schon mal nachts aufgewacht und hab' Angst gehabt, wenn ich da Schreckensmeldungen verbreite von einem furchtbaren Erdbeben in Armenien, und ich rufe zur Hilfe auf und tue selbst nichts. Da hab' ich denen 20 000 Mark geschickt.
> *SPIEGEL: Hat es Sie gestört, daß man als Nachrichtenmoderator ständig den Tod präsentieren muß?*
> *Friedrichs:* Nee, das hat mich nie gestört. Solche Skrupel sind mir fremd. Also, wer das nicht will, wer die Seele der Welt nicht zeigen will, in welcher Form auch immer, der wird als Journalist zeitlebens seine Schwierigkeiten haben. Aber ich hab' es gemacht, und ich hab' es fast ohne Bewegung gemacht, weil du das anders nämlich gar nicht machen kannst. Das hab' ich in meinen fünf Jahren bei der BBC in London gelernt: Distanz halten, sich nicht gemein machen mit einer Sache, auch nicht mit einer guten, nicht in öffentliche Betroffenheit versinken, im Umgang mit Katastrophen cool bleiben, ohne kalt zu sein. Nur so schaffst du es, dass die Zuschauer dir vertrauen, dich zu einem Familienmitglied machen, dich jeden Abend einschalten und dir zuhören.

Ich halte einmal fest: Friedrichs spricht keineswegs davon, dass ein Journalist keine Haltung zu seinen Themen haben dürfe. Stattdessen beschreibt er die Herausforderung eines Fernsehmoderators angesichts der häufig emotional aufwühlenden Ereignisse, gelassen und ruhig bleiben zu müssen. Die von ihm erwähnte, notwendige Distanz scheint eher dem Selbstschutz zu dienen, als sich auf eine zwingende Neutralität zu beziehen.

Ich gehe nun noch einen Schritt weiter und frage, ob Friedrichs selbst ein Journalist war, der seine Haltung und Berichterstattung klar voneinander trennte. Tatsächlich finden sich auch in diesem Interview Andeutungen, die das Gegenteil nahelegen:

> *SPIEGEL: Haben Sie selbst sich jemals mächtig gefühlt? Haben Sie etwas beeinflussen können?*
> *Friedrichs:* Mensch, was wir dann alles gemacht hätten. Also – im politischen Sinne sicher nicht, allenfalls im sozialen Sinne. Da konnte man vielleicht auf irgendeinen Notstand aufmerksam machen und helfen, den zu lindern.
> *SPIEGEL: Trotzdem haben Sie Ihren Moderatoren-Job – in einem überparteilichen Sinne – politisch verstanden. Sogar Ihre Naturfilme »Wunderbare Welt« bezeichnen Sie als Beiträge zur politischen Bildung der Menschen in diesem Lande. […] Was ist daran politisch?*
> *Friedrichs:* Die Sendung hat eine grüne Botschaft: Wenn der Mensch sich weiter so bemüht, dann kriegt er das auch noch kaputt.

Dem vermeintlichen Neutralitäts-Apostel Friedrichs ging es bei seiner Arbeit als Journalist also offenbar auch darum, auf Notstände sozialer, gesellschaftlicher und ökologischer Natur aufmerksam zu machen und sie dadurch mit seiner Arbeit zu lindern.

Ich glaube an die Werte Ehrlichkeit und Transparenz. Ganz einfach, weil sie es ermöglichen, Haltung einzunehmen, undogmatisch, aber bestimmt und notfalls mit Nachdruck. Das unterscheidet die Haltung von der Meinung. Letztere ist eher »so ein Bauchgefühl«, ein Gefühl, das nicht unbedingt anhand einer schlüssigen Argumentation erklärt werden kann. Treffen unterschiedliche Meinungen aufeinander, ist das ein wenig wie bei

Glaubensfragen, weil eine sagt: »Das glaube ich nicht!«, während der andere entgegnet: »Ich glaube das aber!« Dann ist die Diskussion beendet, denn einen Glauben kann ich nicht argumentativ be- oder widerlegen. Eine Haltung hingegen basiert auf Argumenten, für die es Gründe oder Gegenargumente geben kann, zum Beispiel weil neue Erkenntnisse oder Forschungsergebnisse auf dem Tisch liegen und sicher »Geglaubtes« nicht länger vertretbar ist. Ein Paradebeispiel für überholtes Wissen ist die sogenannte Flat-Earth-Bewegung, die die längst überholte Vorstellung, dass die Erde eine Scheibe sei, lautstark vertritt.

Warum also »glaube« ich an Ehrlichkeit und Transparenz? Weil sie die Basis für eine haltungsbasierte Berichterstattung – und Entscheidungen generell – sind. Vielleicht klingt das für dich naiv, und du wärst nicht der erste Mensch, der das so sieht. Wenn ich im Anschluss an die Vorträge und Seminare, die ich gebe, mit älteren Menschen über meine Werte und Haltung im persönlichen Gespräch spreche, ernte ich manchmal Blicke, die ich als eine Mischung aus Anerkennung und Sentimentalität wahrnehme. Anerkennung, weil ich mir meinen jungen Idealismus noch leisten kann. Sentimentalität, weil mein Gegenüber vielleicht für einen Augenblick an die eigenen wilden Zeiten denkt. An eine Zeit, in denen er Werte noch heiß diskutiert hat, vielleicht sogar für sie gekämpft hat, sich aber zumindest für sie eingesetzt hat. »Das ist ganz schön ambitioniert!«, sagt mir mein Gegenüber dann. Was genau? Werte zu haben, die eine Haltung ermöglichen? Oder das Ziel zu haben, dem Zynismus und Verdruss, der mir ständig begegnet, eine Gegenstimme bieten zu wollen?

Tatsächlich ist es genau dieser Zynismus, der beim Konstruktiven Journalismus ein zentraler Begriff ist. Vielleicht ist er sogar eines unserer wichtigsten Motive, denn die häufig erlernte Hilflosigkeit angesichts der vielen Herausforderungen und Probleme, vor denen wir lokal und global stehen, lässt die Menschen häufig zynisch werden. Wer zynisch ist, hat aufgegeben. Und vielleicht noch schlimmer: Der Zyniker hat auch andere aufgegeben, ihre Ideen und ihre Visionen. Er erlaubt weder sich noch anderen, lösungsorientiert über die Zukunft nachzudenken, geschweige denn zu versuchen, optimistisch nach vorn zu schauen. Manchmal habe ich das Gefühl, die Begriffe Optimismus und Naivität werden synonym verwendet. Das sage ich als Mensch, der von Haus aus eher pessimistisch ist. Gleichzeitig bleibe ich die Neurowissenschaftlerin, die sich bei jeder Äußerung und jedem Verhalten fragt: Warum mache ich das? Was geht hier gerade vor? Selbstanalyse ist bekannterweise immer der erste Schritt zur Erkenntnis. So wie beim Alkoholiker, der erkennt, dass er ein Alkoholproblem hat.

Haben Zyniker also ein Zynismus-Problem? Ohne die ganz großen Fragen nach dem Sinn aufgreifen zu wollen, habe ich bei der ganzen Meta-Grübelei für mich vor allem eines gelernt: Zynismus bedeutet aufgeben! Und zwar so radikal, dass ich mich frage, mit welcher Motivation ein hartgesottener Zyniker morgens aufsteht. Denn wenn ich keine Chancen mehr für mich und die Ideen anderer Menschen sehe: Warum dann noch aufstehen, anziehen und frühstücken? Klar, wir alle leben unsere täglichen Paradoxe, indem wir uns anders verhalten, als wir eigentlich wollen (um unseren vermeintlichen freien Willen geht es im letzten Teil des Buches). Aber das Paradox des Zynikers, der sich ins Fitnessstudio begibt und Superfoods aufs Brot schmiert, um gesund zu leben, scheint mir persönlich dann doch eine Nummer zu groß.

Manchmal gibt es in Gesprächen und bei Vorträgen dann einen Moment des Nacktseins, in denen ich mir einbilde, dass eine andächtige Stille den Raum füllt. Einfach, weil ich die entwaffnende Frage gestellt habe: »Und, warum stehst du morgens auf?« Manchmal traut sich dann jemand, die Stille zu durchbrechen, und fragt mit gesenkter Stimme, ob ich glaube, dass der Zynismus in der deutschen Kultur besonders stark ausgeprägt oder gar verankert sei. Meine ehrliche Antwort: Ich habe da schon oft drüber nachgedacht. So oft, dass die Frage mich manchmal nachts wach hält. Vor einiger Zeit hatte ich dazu ein interessantes Gespräch mit einer Journalistin. Wir sprachen über den unterentwickelten Pioniergeist in der Bundesrepublik, das ständige »Meckern statt Machen«, und fragten uns, woran das wohl liegt. Mein Gegenüber bezeichnete die Ellenbogenmentalität, die sie in vielen Redaktionen vorfindet, als strukturelles Problem. Einen Teil der Begründung sah sie darin, dass die meisten Journalisten es von Anfang an gewohnt seien, sich als freie Mitarbeiter durchzusetzen, und Teamwork oder gemeinschaftliches Arbeiten daher tatsächlich kaum vorhanden ist. Eine Erfahrung, die wir auch immer wieder mit neuen Autoren im *Perspective Daily*-Team machen, die sich erst daran gewöhnen müssen, dass es ein Kompliment ist, wenn ein Text in der Skelett- oder Präsidialphase mit vielen bunten Markierungen und Anmerkungen zu ihnen zurückkommt. Weil es nicht bedeutet: Mensch, was war das schlecht! Sondern: Da hat sich jemand Zeit genommen für deinen Text, um ihn gemeinsam mit dir noch besser zu machen!

Diese andere Herangehensweise an die tägliche Arbeit liegt eben auch in unterschiedlichen Werten begründet. Ja, ich habe Werte, genau wie jeder andere Mensch. Und darüber möchte ich sprechen. Denn zu meinen Werten gehört es auch, die eigene Haltung immer wieder zu hinterfragen, Selbstkritik zu üben. Das bedeutet, neue Erkenntnisse zu berücksichtigen, zu sagen »Ich habe mich getäuscht!« und um so möglicherweise auch das eigene Weltbild neu zu justieren.

Genau das versuchen wir täglich bei *Perspective Daily* umzusetzen. Indem wir mit unseren Lesern, Mitgliedern und allen Interessierten in Kontakt treten und konstruktive Kritik ernst nehmen. Dazu gehört auch der Wert, an Veränderung zu glauben. Vieles wird ständig besser, und vieles kann noch besser werden – wenn wir darüber reden.

Doch bei allen schönen Theorien bleibt stets die Frage der

praktischen Umsetzung, und die geht auch hier nicht ganz ohne Geld. Damit sind wir bei einer bisher verschwiegenen, letzten Zutat angekommen, und wir landen damit auf dem harten Boden der Tatsachen und bei der Finanzierungsfrage.

Die geheime vierte Zutat

Generell gibt es drei Möglichkeiten, um Journalismus zu finanzieren: durch den Staat, wie bei den öffentlich-rechtlichen Rundfunkanstalten der Fall, durch Werbung oder direkt durch den Konsumenten, meist in Form von Abos oder Mitgliedschaften. Die drei lassen sich natürlich beliebig kombinieren: So gibt es auch bei der *ARD* und im *ZDF* Werbung, und klassischerweise finanzieren sich Zeitungen über eine Mischung aus Werbe- und Abo-Einnahmen (neben dem täglichen oder wöchentlichen Direktverkauf am Kiosk). Das hat lange Zeit so gut funktioniert, dass der Journalismus stabil auf zwei Füßen stand, bis das Internet kam und die Branche fast ausnahmslos einen riesigen Fehler machte: Alle stellten ihre Inhalte im Netz gratis zur Verfügung – teils auf der Fehlannahme beruhend, dass das Internet als eine Art Schaufenster dienen könnte, an dem sich die potenziellen Kunden den Mund wässrig sehen, um dann am Zeitungskiosk weiterhin Geld für die gedruckten Produkte auszugeben. Dass der Schuss gehörig nach hinten losgegangen ist, hat mittlerweile auch der internetfernste Chefredakteur erkannt und tut … nichts, zumindest nicht besonders viel! Jeder, der die Entwicklungen der letzten Jahre mitverfolgt hat, weiß: Die Entwicklung geht nicht nur weg vom gedruckten Produkt, sondern auch weg vom klassischen Desktop-PC, hin zu mobilen Geräten. Werbeeinnahmen sind auf historischen Tiefständen, und nachhaltige Finanzierungsmodelle stehen noch aus. Doch statt darüber konstruktiv zu diskutieren, legen sich hochrangige Vertreter aus den Privatmedien (die in Deutschland im Übrigen zum Großteil in den Händen von wenigen, wohlhabenden Familien sind) lieber mit solchen aus den Öffentlich-Rechtlichen an, um sich gegenseitig die jeweiligen Fehler vorzuwerfen. Zuletzt füllten die Vorwürfe an die »digitale Staatspresse« die Titelseiten und Nachrichtensendungen.[59] Statt gemeinsam Lösungen für die Finanzierung von unabhängigem Qualitätsjournalismus im Netz zu entwickeln, werden AdBlocker blockiert (sodass Nachrichtenseiten nur noch mit deaktiviertem AdBlocker aufgerufen werden können) und von Unternehmen bezahlte Beiträge als unabhängige redaktionelle Artikel getarnt. So sollen also die Werbeeinnahmen gerettet werden?! Das klingt nicht nach Gewohnheiten überdenken oder neue Perspektiven einnehmen, sondern eher nach »same procedure as every year«. Warum die aktuelle Unsicherheit nicht als Chance begreifen und neue Modelle entwickeln – weg von einer offensichtlichen oder getarnten Werbefinanzierung? Denn eines steht fest: Unabhängiger Journalismus und Werbung passen nicht zusammen, weil sie entgegengesetzte Ziele verfolgen. Deshalb war uns bei *Perspective Daily* von Anfang an klar: Wir sind werbefrei!

Es sprechen übrigens auch andere Gründe gegen werbefinanzierten Journalismus: Wer Spaß am Lesen hat, kommt gerne wieder und erinnert sich auch besser an das, was er an Informationen aufnimmt; Ablenkung durch blinkende Anzeigen, Banner und Autoplay-Videos ist da nur kontraproduktiv. Jedes Element auf einer Website stellt uns und unser Gehirn andauernd vor die Frage: Schau ich hin oder schau ich nicht hin? Jedes zusätzliche Element sorgt dafür, dass wir uns nicht mehr zu 100 Prozent auf die eigentlichen Inhalte konzentrieren können, weil unser Gehirn anderweitig beschäftigt ist.

Weil Gespräche zwischen Werbekunden und Verlegern meist hinter verschlossenen Türen stattfinden, lässt sich der Einfluss von Werbekunden auf die Berichterstattung nicht beziffern.

Auch wenn die Frage nach dem Einfluss schon vor mehr als 100 Jahren zum ersten Mal gestellt wurde, gibt es immer noch kaum Untersuchungen zu diesem Thema. Wenn doch, stammen sie meist aus dem englischsprachigen Raum. Methodisch saubere Studien sind Mangelware, die meisten Erkenntnisse stammen von Insider-Aussagen, die wir nur schwer überprüfen können. So schätzt ein amerikanischer Insider, dass bei 30 bis 70 Prozent der Inhalte in Hochglanz-Magazinen eine Einflussnahme durch die Werbekunden vorliegt.[60]

Eine der wenigen Studien aus dem deutschsprachigen Raum hat 2008 die Einflussnahme von Anzeigenkunden im Qualitätsjournalismus anhand der *Süddeutschen Zeitung* und des *Spiegel* untersucht. Die beiden wichtigsten Ergebnisse: Ein Unternehmen, das viel wirbt, wird auch in redaktionellen Berichten besser dargestellt. Außerdem gilt: Je mehr Anzeigen geschaltet werden, desto häufiger tauchen entsprechende Produktnamen in der Berichterstattung auf. Unabhängigkeit sieht wirklich anders aus![61]

Den Vogel abgeschossen aber hat die Erfindung des Native Advertising, auch Sponsored Content genannt. Das sind die Inhalte, die, wie der Wolf im Schafspelz, als redaktionelle Inhalte getarnt von Unternehmen oder anderen Interessengruppen finanziert werden. Das Ganze ist eine Form der bezahlten Werbung, bei der die Werbeanzeige in Form und Erscheinung der Umgebung angepasst ist, innerhalb derer sie platziert wird. Das ist nichts anderes als Werbung, die aber aussieht, als sei sie ein redaktioneller Beitrag. Irgendwo rechts oben oder links unten in der Ecke findet sich dann an dem ansonsten identisch formatierten Beitrag ein kleiner Hinweis: Sponsored Content, Anzeige, Native Advertising oder Ähnliches steht dann da, nicht einmal eine einheitliche Markierung gibt es. Teilweise werden diese Texte sogar von den zahlenden Kunden selbst geschrieben, einige Medien haben mittlerweile eigene Redakteure oder Abteilungen für die bezahlten Inhalte.

Der Leser muss also sehr genau hinschauen, um die Werbung als solche zu erkennen. Das ist natürlich volle Absicht und funktioniert auch geradezu teuflisch gut: In einer amerikanischen Studie erkannten 2015 weniger als 20 Prozent der Leser von Online-Texten die Native-Advertising-Beispiele als solche und hielten sie stattdessen für normale Artikel.[62]

Wer jetzt denkt, das Ganze sei eine Randerscheinung oder vielleicht eine Praxis von irgendwelchen unseriösen Boulevardzeitungen, täuscht sich. Fast alle großen deutschen Zeitungsverlage setzen mittlerweile auf Native Advertising als Einnahmequelle im Online-Geschäft.[63] Warum machen die das? Weil ihnen die Felle wegschwimmen und die Werbeanzeigen nicht mehr das einbringen, was sie aus dem Printgeschäft gewohnt sind. Denn die meisten Leser haben gelernt, online die traditionellen Werbeanzeigen zu ignorieren, oder nutzen AdBlocker (und vermeiden dann auch gleich Websites, die einen AdBlocker nicht zulassen). Wir stehen also wieder am Anfang und brauchen eine Alternative: Qualitätsjournalismus, den der Leser bezahlt – auch, um nicht selbst zum Produkt zu werden, sondern sich stattdessen mit dem Produkt identifizieren kann. Deshalb ist *Perspective Daily* zum größten Teil durch seine Leser, die Mitglieder, finanziert und muss sich nicht um AdBlocker, Unabhängigkeit oder Wölfe im Schafspelz sorgen.

Damit geht der dritte Teil dieses Buches zu Ende. Ich habe versucht zu erklären, wie ein zukunftsgerichteter, hoffnungsvoller Journalismus aussehen kann. Wie das handwerklich, gestalterisch und finanziell funktionieren kann, habe ich anhand eines Beispiels erklärt, das ich selbst mit in die Welt gesetzt und als Chefredakteurin betreut habe. *Perspective Daily* ist nicht *der* Weg für die Zukunft des Journalismus in einer demokratischen, aufgeklärten Gesellschaft, aber es ist *ein* Weg.

Ein Weg, bei dem Vertrauen an oberster Stelle steht – und zwar bei allen Zutaten. Von der Quellenangabe bis zur Verwendung der Mitgliederbeiträge kommunizieren wir ehrlich, was hinter den nicht ganz so verschlossenen Türen abläuft und vor welchen Herausforderungen wir stehen.

Dabei kommen wir nicht darum herum, uns und unser Handeln immer wieder zu hinterfragen. Das ist anstrengend, macht aber auch Spaß, wenn es Teil der Denk- und Unternehmenskultur ist. Doch um eine solche Kultur zu etablieren, muss erst mal jeder Einzelne verstehen, warum das sogenannte Kritische Denken so schwierig ist. Weil unser Gehirn uns vieles vorgaukelt und wir häufig fälschlicherweise annehmen, wir wüssten ganz genau, warum wir so denken und handeln, wie wir es tun! Darum ist Teil 4 dieses Buches eine Einladung, die wohl wichtigste Eigenschaft im 21. Jahrhundert genauer kennenzulernen.

Kapitel 4
Deine einzige Chance: Das Rüstzeug gegen die tägliche Informationsflut

Vorab eine ernüchternde Botschaft: Egal wie sehr wir uns die Tricks, Biases (also die kognitiven Verzerrungen) und Fehlbarkeiten unseres Gehirns bewusst machen, wir können sie nicht ablegen. Auch wenn ich jeden Tag stundenlang darüber nachdenken würde, was in meinem Gehirn vor sich geht, tendierte ich weiterhin dazu, bestimmte Informationen auszublenden, andere besonders gut abzuspeichern und irrationale Entscheidungen zu treffen.

Die einzige Chance, die du und ich im Kampf gegen unsere Biases und Fehlbarkeiten haben, ist, uns dieser bewusst zu werden. Nur wenn wir uns mit ihnen auseinandersetzen und uns immer wieder die eigenen Fehlbarkeiten vor Augen führen und eingestehen, sind wir in der Lage, sie im nächsten Schritt ein Stück weit hinter uns zu lassen.[1] Die Kunst, genau das zu tun, hat auch einen Namen: Kritisches Denken – und das ist nichts Geringeres als die wichtigste Fähigkeit, die wir uns selbst beibringen können.

Weil ich allein zum Thema Kritisches Denken ein ganzes Buch füllen könnte, reichen hier ausnahmsweise einmal nicht drei Punkte aus, um das Wichtigste zusammenzufassen. Stattdessen habe ich mich dafür entschieden, sieben essenzielle Lektionen aufzustellen. Zusammen sind sie eine Art Werkzeugkasten, aus dem du dir deine eigenen Hilfsmittel je nach Bedarf greifen kannst. Deine persönliche Ausrüstung, um souverän mit Informationen und speziell mit Medien umzugehen.

Lektion 1: Warum du denkst, dass du recht hast

Halte einmal kurz inne und schaue entspannt auf die Buchseite. Ich will eben deine Gedanken lesen und lege mal mit deiner politischen Einstellung los.
Du bewertest deine politische Offenheit als angemessen. Du bist gewillt, über andere Positionen zu diskutieren, setzt dich aber stets für deine Werte ein. Bei den meisten politischen Debatten schätzt du Menschen, die links von dir stehen, als etwas naiv, zu idealistisch und realitätsfremd ein; sie tendieren deiner Meinung nach dazu, politisch überkorrekt zu sein. Menschen auf der anderen, rechten Seite deiner eigenen Position siehst du als egoistisch und ein wenig engstirnig. Du denkst, dass es ihnen an Mitgefühl für Menschen mangelt, die anders leben als sie, und dass sie nicht genug Verständnis für deren alltägliche Probleme haben.
Und? Lag ich richtig? Ich bin mir ziemlich sicher, dass ich recht nah dran lag!

Aber wenn das für alle Leser gilt (schließlich hast du keine persönliche Ausgabe dieses Buches gekauft), haben dann alle Menschen, die dieses Buch lesen, die gleiche politische Einstellung? Und der Rest steht irgendwo links oder rechts?[2] Wohl kaum …

Die Antwort ist viel einfacher. Du selbst stehst mit großer Wahrscheinlichkeit nicht in der Mitte, sondern irgendwo rechts oder links. In deiner Wahrnehmung bist du aber genau die Person, die stets mit vernünftigem Blick die Dinge betrachtet und richtigliegt. Genau hier liegt das Problem: Jeder hält sich selbst für klüger als den Rest der Welt oder zumindest klüger als der Durchschnitt. Das ist ein Grund, warum politische Debatten und Konflikte festgefahren sind, warum sich Wähler und Politiker voneinander zu entfremden scheinen, warum die Gräben zwischen dir und anderen politischen Positionen breiter zu werden scheinen.

Die gute Nachricht dabei: Der Verursacher dieser Fehleinschätzungen ist gut bekannt – es ist der circa 1,2 Kilogramm schwere Zellhaufen zwischen deinen Ohren, der uns eben alles andere als eine objektive Darstellung der Welt liefert. Es ist also an der Zeit anzuerkennen, dass du selbst nicht so clever bist. Das klingt zunächst hart, ist aber durchaus eine lohnenswerte Erfahrung! Dafür musst du nur – ja, jetzt passt es wieder – drei Überzeugungen ablegen:

1. »Ich sehe die Welt, wie sie ist!«

Beginnen wir mit einem einfachen Alltagsbeispiel. Du bist auf der Autobahn unterwegs, und neben dir rast ein anderes Auto vorbei. »So ein Spinner!«, schießt es dir augenblicklich durch den Kopf. Wenige Kilometer weiter musst du kräftig bremsen, weil der Fahrer vor dir das Gaspedal nicht zu finden scheint. »Was für ein Idiot, der den Verkehr blockiert!« Selbstredend hast *du* (und nur du!) genau das richtige Tempo.

Die Situation ist ein typisches Beispiel dafür, dass wir automatisch davon ausgehen, dass unsere Wahrnehmung der Welt stets die richtige ist – wenn das jemand anders sieht, ist er entweder schlecht informiert oder nicht ganz auf der Höhe. Dabei gehört es zu den Unzulänglichkeiten unseres Gehirns, dass wir glauben, die Dinge so zu sehen, wie sie wirklich sind. Egal ob auf der Autobahn oder nach dem Spiel der Nationalelf, wenn du überzeugt davon bist, dass die Italiener unfair gespielt haben und der Schiedsrichter nichts gesehen hat (»Der war klar parteiisch!«). Das Problem dabei: Die italienischen Fans sehen das genauso, eben nur auf ihre Nationalelf bezogen. Ist ja nur die Autobahn oder Fußball, könnten wir nun sagen. Was aber, wenn das für alles gilt, was uns täglich so begegnet? Wenn wir beispielsweise ein und dieselbe politische Angelegenheit völlig unterschiedlich wahrnehmen?

Amerikanische Wissenschaftler zeigten 2012 ihren Versuchsteilnehmern Videoaufnahmen eines Protests. Im Anschluss sollten sie das Verhalten der Protestierenden und der anwesenden Polizisten beurteilen: »Haben die Demonstranten den Eingang blockiert?«, »Haben die Polizisten rechtswidrig gehandelt?«[3] Einem Teil der Zuschauer erzählten die Wissenschaftler vorab, dass die Proteste sich gegen Abtreibungen richteten; die andere Hälfte ging davon aus, dass die Protestierenden gegen den Umgang des amerikanischen Militärs mit Homosexuellen auf die Straße gegangen waren. Die Ergebnisse zeigen deutlich, wie sehr wir sehen, was wir sehen wollen – und welche Rolle unsere politischen Überzeugungen dabei spielen.

Politisch konservative Versuchsteilnehmer beurteilten den vermeintlichen Protest gegen das US-Militär als aggressiver als politisch sozial-liberal eingestellte Versuchsteilnehmer; die Gegenmaßnahmen der Polizei nahmen sie in dem Fall als angemessen wahr. Die Proteste gegen die Abtreibungsklinik sahen die Konservativen hingegen nicht als behindernd an, den Einsatz der Polizisten fanden sie sogar ein wenig übertrieben. Politisch liberale Zuschauer sahen beides genau umgekehrt. Zur Erinnerung: *Alle* haben das gleiche Video gesehen!

Ja, es ist verlockend anzunehmen, dass wir die Welt so sehen, wie sie ist (was immer das bedeuten mag!) – und dass unsere Wahrnehmung nicht verzerrt, gefiltert oder tendenziös sei. Die Wahrheit ist aber: Alles, was unser Gehirn uns liefert, ist ein subjektives Bild, egal ob es um die Wahrnehmung eines Fußballspiels oder eines politisch motivierten Protests geht. So sind wir nichts weiter als naive Realisten.

2. »Warum kapieren die das nicht?!«

Als naive Realisten gehen wir schnell davon aus, dass andere Menschen, die das Gleiche sehen, lesen und hören wie wir, konsequenterweise die gleichen Schlussfolgerungen ziehen müssen. Die beiden Psychologen Thomas Gilovich und Lee Ross fassen das folgendermaßen zusammen: »Wir Menschen nehmen nicht nur reflexartig an, dass unsere Wahrnehmung eins-zu-eins der Realität entspricht; wir gehen oft noch einen Schritt weiter und sind uns sicher, dass unsere eigenen persönlichen Wahrnehmungen besonders akkurat und objektiv sind.«[4]

Angenommen, ich würde dich bitten, eine halbe Stunde als lebensgroße Werbetafel für eine Sandwichkette zur Verfügung zu stehen – selbstverständlich nur zum Wohle der Wissenschaft. Würdest du es machen oder dankend ablehnen? Als Wissenschaftler diese Frage ihren studentischen Versuchsteilnehmern stellten (die zwar keine Vergütung, in jedem Fall aber, unabhängig von ihrer Entscheidung, Studienpunkte erhielten), willigte ziemlich genau die Hälfte ein. Die Mehrheit aller Teilnehmer ging jedoch davon aus, dass der Großteil die gleiche Wahl getroffen habe wie sie.[5] Die, die ablehnten, konnten sich nur schwer vorstellen, wie sich jemand nur so blamieren könnte. Für die, die einwilligten, war es selbstverständlich, dass andere den Wissenschaftlern gegenüber ähnlich hilfsbereit wären.

Wir sind also geneigt zu denken, dass ein großer Teil der Menschen so denkt wie wir. Das ist gar nicht verwunderlich, weil wir schließlich ja annehmen, dass wir die Welt so wahrnehmen, wie sie wirklich ist. Ergo gehen wir auch davon aus, dass Menschen die Welt so wahrnehmen wie wir – angenommen, sie haben die gleichen Informationen parat und diese vernünftig verarbeitet. Ein schönes Beispiel liefert hier eine Wähler-Befragung in den Niederlanden. Direkt nach der Stimmabgabe befragt, stimmte die Mehrheit der Wähler folgender Aussage zu: »Hätten die Nichtwähler auch ihr Kreuz gemacht, hätten sie sicherlich meine Partei gewählt!«[6] Es geht also um mehr als ein paar Alltagsentscheidungen. Auch bei politischen Fragen überschätzen wir die Ähnlichkeit zwischen uns und anderen Menschen fortwährend. Wenn zum Beispiel der Linke-Wähler aus Erfurt mit dem CSU-Wähler aus Straubing und dem SPD-Wähler aus Bochum über die deutsche Identität sinniert, haben alle drei mit Sicherheit unterschiedliche Vorstellungen in ihren Köpfen und sind damit genau wie du und ich in der eigenen Wahrnehmung gefangen.

Oft ignorieren wir, dass das Gegenüber oder der Politiker im Radio oder Fernsehen ein anderes Konzept im Kopf hat, wenn er über das Gleiche zu sprechen scheint: »Das Gleiche«, weil er die gleichen Wörter benutzt; »zu sprechen scheint«, weil die Wörter für ihn etwas anderes bedeuten als für dich. Bei jeder dieser Bewertungen unterschätzen wir mit großer Wahrscheinlichkeit den riesigen Einfluss, den unser Hintergrund, unsere Werte und Überzeugungen auf unsere Wahrnehmung haben. Nicht so, wenn es um die Urteilsfähigkeit des Gegenübers geht: Während wir selbst uns für den realitätsgetreuen Betrachter halten, sind die anderen all diesen Einflüssen selbstredend hoffnungslos ausgeliefert. Aber großzügig, wie wir sind, geben wir uns natürlich trotzdem Mühe, sie zu überzeugen.

3. »Ich bin weniger voreingenommen als die anderen!«

Meist haben wir drei mögliche Erklärungen parat, wenn das Gegenüber nicht unsere Ansichten und Schlussfolgerungen teilt. Das heißt, unser Gehirn legt sich die Dinge so zurecht, dass sie für uns einfacher scheinen, als die Realität dann oftmals tatsächlich ist.

Die erste Erklärung liegt auf der Hand: Mein Gegenüber muss ganz einfach andere Informationen gehabt haben als ich! Jemand, der in einer Diskussion Ansichten hat, die von meiner eigenen Meinung abweichen, verfügt sicherlich nicht über die gleichen Informationen wie ich. Sonst wäre er selbstverständlich mit ein bisschen Nachdenken zu dem gleichen Ergebnis gekommen.

Greift diese Argumentation nicht, hilft Erklärungsmuster Nummer 2: Kommt der andere trotz gleicher Informationen und Quellen noch immer zu einem anderen Ergebnis, ist er entweder faul, irrational oder einfach nicht in der Lage, die Informationen vernünftig (also genauso wie du) zu verarbeiten. Mit anderen Worten: »Was für ein Idiot!«

Gehst du davon aus, dass die andere Person weder faul noch dumm ist und sich durchaus Mühe gegeben hat, die vorliegenden Informationen zu verstehen, bleibt nur eine dritte Erklärung: Das Gegenüber ist offensichtlich voreingenommen. Entweder aufgrund seiner Ideologie (»Mei, der ist halt ein Sozi!« oder »So sind sie halt, die kapitalistischen Heuschrecken!«) oder schlechter Charaktereigenschaften (»Die ist einfach nur egoistisch!«).

Hand aufs Herz: Wie oft machst du dir bewusst, dass alle drei Erklärungen auch für dich gelten können? Wohl eher selten. Denn im Allgemeinen gehen wir davon aus, dass wir weniger voreingenommen sind als der Durchschnitt der Bevölkerung.

Auch du hast also einen blinden Fleck für deine eigenen Einschränkungen. Machst du dir die eigene und fremde Voreingenommenheit nicht (immer wieder) bewusst, enden darum Diskussionen vor allem an einem Ort: in einer Sackgasse.

O **X**

Um deinen blinden Fleck sichtbar zu machen, kannst du hier ein kleines Experiment durchführen: Schließ das linke Auge und schaue mit dem rechten Auge auf das »o«. Dabei siehst du das »x« weiterhin. Verändere nun den Abstand zwischen Buch und Auge so lange, bis du den Punkt erreichst, an dem das »x« plötzlich verschwindet. Das funktioniert natürlich auch seitenverkehrt mit dem linken Auge.

Wie kommst du da wieder raus?

Wie ein anderer Umgang mit der eigenen Beschränkung aussehen kann, zeigt das Zitat des amerikanischen Astronomen und legendären Wissensvermittlers Carl Sagan, in dem er Weisheit neu definiert: »Weisheit besteht darin, unsere Beschränkungen zu verstehen.« Schritt 1 ist dabei natürlich, sich selbst einzugestehen, voreingenommen zu sein, genau wie alle anderen Menschen. Ein besseres Zusammenleben, ja eine Gesellschaft beginnt so bei jedem Einzelnen und dem Geständnis, nicht ganz so clever zu sein, wie du wahrscheinlich gern annimmst.

Leider ist auch dieser Weg nicht so einfach, denn gehst du in dich, um nach dem blinden Fleck der eigenen Einschränkungen zu suchen, findest du: nichts! Egal wie sehr du suchst und gräbst, bist du stets davon überzeugt, die beste, rationalste oder objektivste Antwort auf eine Frage getroffen zu haben. Fest steht aber, dass du den blinden Fleck der eigenen Voreingenommenheit mithilfe anderer Menschen finden und so gemeinsam den toten Winkel erkunden kannst. Im offenen und konstruktiven Austausch können sie dich darauf hinweisen, dass dein eigenes Weltbild verzerrt ist.

Lektion 2: Warum Fake News sich so gut in deinem Gedächtnis festsetzen

Einmal gespeicherte Informationen kannst du nur schwer vergessen – selbst wenn du weißt, dass sie falsch sind. Daher muss ich Lektion 2 eine Warnung voranstellen: Achtung, dieses Kapitel enthält Falschinformationen!

Ende Januar 2017 berichtet die Trump-Beraterin Kellyanne Conway von zwei irakischen Männern, die während der Obama-Präsidentschaft in die USA einreisten, sich dort radikalisierten und die Drahtzieher hinter dem Bowling-Green-Massaker seien.[7] Einige Tage später beklagt sich Präsident Donald Trump während einer Ansprache, dass die »dishonest press« (»unehrliche Presse«) zu wenig über Terrorangriffe berichten würde.[8] Es dauert nicht lang, bis sich herausstellt, dass das angebliche Massaker frei erfunden war. Conway rudert zurück und bezeichnet ihre Aussage via Twitter als einen »ehrlichen Fehler«. Also alles nicht so schlimm? Doch!

Denn der Schaden ist bereits angerichtet. Eine Woche später stimmen in einer Befragung 51 Prozent der Trump-Unterstützer folgender Aussage zu: »Das Bowling-Green-Massaker zeigt, warum Trumps Einwanderungspolitik notwendig ist.« Typisch, die dummen Trump-Unterstützer … Moment, nicht so schnell!

Auch du bist anfällig für solche Fehler. Denn auch der Großteil deines Gedächtnisses ist nichts weiter als eine fehlerhafte Abbildung der tatsächlichen Ereignisse, eingefärbt durch bestehende Muster in deinem Gehirn. Das glaubst du nicht? Dann hast du sicher nichts gegen einen kleinen Test:

Lies dir selbst folgende 15 Wörter einmal laut vor:
Tür – Glas – Scheibe – Schatten – Sims – Haus – offen – Gardine – Rahmen – Blick – Brise – Flügel – Blende – Jalousie – Aussicht
Fertig? Dann geht es erst mal weiter im Text.

Korrekturen haben es schwer in deinem Kopf

Angesichts der anhaltenden Debatte um Fake News fordern Medien und Politik meist mehr Fact-Checking, also eine stärkere Überprüfung von Fakten. Die Idee dahinter ist einfach: Wenn es Menschen und Maschinen gibt, die den ganzen Mist da draußen korrigieren, können wir den Fake News etwas entgegensetzen, und die Mythen in unseren Köpfen werden beseitigt.

So einfach ist die Sache aber leider nicht, denn dein Gehirn löscht falsche Informationen nicht einfach, wenn sie sich als falsch herausstellen, sondern hält beharrlich an ihnen fest. So sind die Menschen, die weiterhin davon überzeugt sind, es habe ein Massaker in Bowling Green gegeben, nicht einfach dumm, sondern ihr Gedächtnis funktioniert genau wie deines. Seit vielen Jahren erforschen Wissenschaftler, wie wir mit Korrekturen von Falschinformationen umgehen, und sämtliche Ergebnisse deuten darauf hin, dass dies nicht so abläuft, wie wir es uns erhoffen.

»Notruf aus einer Lagerhalle eingegangen!« So beginnt der kurze Zeitungsartikel, den die Versuchsteilnehmer in einer amerikanischen Studie vorgelegt bekamen.[9] Darin wird ein fiktiver Vorfall eines Brands in einer Lagerhalle beschrieben. Bei ihren Ermittlungen entdeckt die Polizei Gasflaschen und Ölfarben, die dort laut Sicherheitsvorschriften nichts zu suchen haben. Ein klarer Fall von Nachlässigkeit.

Im Anschluss an den Zeitungsartikel werden allen Versuchsteilnehmern weitere Nachrichten zum Brand vorgelegt. Darin erfährt ein Teil der Probanden (Gruppe A), dass sich die Polizei geirrt habe, es wurden weder Gasflaschen noch Farbeimer gefunden. Der Vorwurf der Nachlässigkeit wird also zurückgezogen. Für die übrigen Versuchsteilnehmer (Gruppe B) bleibt es bei der ursprünglichen Feststellung.

Werden die Versuchsteilnehmer aus beiden Gruppen nach dem Grund für die giftigen Flammen gefragt, nennen beide gleich häufig »brennende Farbe«. Gleiches gilt für andere Fragen, die indirekt die Anwesenheit der Gasflaschen und Farbeimer überprüfen. Werden die Teilnehmer allerdings konkret nach dem Grund des Feuers gefragt, nennen nur circa 30 Prozent der Teilnehmer in Gruppe A Farbeimer und Gasflaschen. Zum Vergleich: Knapp 80 Prozent von Gruppe B gibt diese Antwort. Fast alle Befragten von Gruppe A können sich auf direkte Nachfrage an die Korrektur erinnern.

Wie kann das sein? Obwohl ein Großteil der Teilnehmer aus Gruppe A die Korrektur abgespeichert hat, nutzen viele weiterhin die nicht vorhandenen Farbeimer und Gasflaschen als Argumentationsgrundlage. Irgendetwas ist in ihrem Gedächtnis durcheinandergeraten.

Übertragen auf das vermeintliche Massaker in Bowling Green, können wir uns fragen, wie die Antwort der Trump-Unterstützer ausgesehen hätte, wenn sie direkt gefragt worden wären, ob es ein Massaker in Bowling Green gegeben habe (anstatt zu fragen, ob sie der Aussage zustimmen, dass das Massaker zeige, dass Trumps Einwanderungspolitik notwendig sei).

Und damit zurück zu meinem kleinen Test: An welche Wörter von der ersten Liste erinnerst du dich? (Merk sie dir oder schreib sie dir auf, aber lies erst dann weiter!)
Jalousie – Haus – Schlaf – Matte – Balkon – Fenster – Küche – Schrank – Gardine – Sofa– Dusche – Blick – Scheibe – Bett – Glas
Fertig? Dann lies ganz normal weiter.

Dein Gedächtnis ist kein Video der Realität

Über 80 Prozent der Menschen, die diese zweite Wörterliste vorgelegt bekommen, erinnern sich an das Wort Fenster. Obwohl es nicht auf der Wörterliste stand, die du zuerst gesehen hast. Wenn du mir nicht glaubst, blättere einfach kurz zurück.

Das kleine Experiment zeigt, dass unsere Erinnerung und unser Gedächtnis nicht einwandfrei funktionieren. Es ist ein wenig wie mit den Puzzleteilen der täglichen Berichterstattung: Auch hier setzt du imaginäre Puzzleteile zwischen die vorhandenen Teile, um ein zusammenhängendes Bild zu formen. Du suchst nach Schemata und greifst dabei auch auf Ideen zurück, die bereits widerlegt wurden. Das hat mit der Funktionsweise unseres Gedächtnisses zu tun: Wenn wir über ein bestimmtes Thema nachdenken, werden automatisch alte, bestehende Vorstellungen im Gehirn aktiviert. Denn auch wenn du es dir vielleicht manchmal wünschst, kannst du alte Informationen nicht nach Belieben wie auf einer Festplatte löschen.

Unser Gedächtnis funktioniert einfach nicht wie eine Kamera, die alles um uns herum aufzeichnet. Wenn du dich an etwas erinnerst, drückst du nicht einfach einen mentalen Wiedergabe-Knopf, sondern bastelst dir basierend auf all deinen Erfahrungen und Mustern ein Bild zusammen. Das kann auch dazu führen, dass Versuchsteilnehmer, wenn sie direkt gefragt werden, wissen, dass keine Farbe in der Lagerhalle gefunden wurde, sich aber gleichzeitig mit der ja gar nicht vorhandenen Farbe das heftige Feuer erklären. Weil sie schließlich wissen, dass Farbe gut brennt. Und immerhin irgendwo in dem Zeitungsartikel etwas von Farbe berichtet wurde. So puzzeln sie sich eine logische – aber falsche – Erinnerung zusammen.

Wenn der Schuss nach hinten losgeht

Im schlimmsten Fall können Korrekturen sogar nach hinten losgehen und den Glauben an Falschinformationen oder eigene fehlerhafte Erinnerungen verstärken. Das kann schwerwiegende Folgen haben, zum Beispiel wenn es um gesellschaftliche Themen, etwa aus dem Gesundheitsbereich, geht. Ein bekanntes Beispiel dafür ist der weitverbreitete Mythos, die Mumps-Masern-Röteln-Impfung (MMR) könne Autismus auslösen. Der Grund für diesen Irrglauben ist eine Studie mit gefälschten Daten aus dem Jahr 1998.[10] Noch heute glauben viele Menschen, dass es einen Zusammenhang zwischen Impfungen im Allgemeinen und Autismus gebe. Wäre unser Gehirn eine Wahrheitsmaschine, die Entscheidungen aufgrund der vorliegenden Beweislage trifft, ließe sich ein solcher Irrglauben ganz einfach korrigieren. Häufig passiert jedoch genau das Gegenteil: Lesen impfkritische Eltern Informationsbroschüren, die erklären, dass es keine wissenschaftlichen Befunde für einen Zusammenhang zwischen Impfungen und Autismus gibt, sinkt deren Bereitschaft, ihre Kinder zu impfen, noch weiter.[11] Das, obwohl sie gleichzeitig angeben, weniger als zuvor an den nicht vorhandenen Zusammenhang zwischen Autismus und Impfungen zu glauben. Selbst wenn ein Irrglauben erfolgreich korrigiert wurde, kann er also weiterhin dein Verhalten beeinflussen. Dein Gehirn macht dir dabei manchmal einen Strich durch die Rechnung, weil es zurückfeuert, wenn jemand versucht, alte Annahmen in deinem Kopf zu widerlegen. Entsprechend wird dieses Phänomen als *Backfire-Effekt* bezeichnet.

Spricht eine Beraterin des US-Präsidenten also über einen ausgedachten Anschlag wie das Massaker in Bowling Green, passt diese Information in zahlreiche bereits existierende Denkmuster, zum Beispiel: die Angst vor Terroranschlägen, die Vorstellung, Migranten seien gefährlich, die Annahme, die Presse berichte nicht über das, was passiert usw. Die Assoziation mit diesen Mustern ist bei manchen Menschen so stark, dass eine nachträgliche Richtigstellung nicht ausreicht. Die bestehenden Denkmuster sind im Gehirn so fest verankert, dass einer oder gar mehrere Korrekturversuche dagegen nicht ankommen.

Dein Gehirn austricksen

Um Falschinformationen nicht zu hartnäckigen Mythen werden zu lassen, sind wir alle gefragt, egal ob als Gesprächspartner im Alltag, Politiker oder Journalist. Vier Dinge können wir dabei besonders beachten:

1. Wiederholungen vermeiden (besonders in Überschriften)

Je öfter eine falsche Information wiederholt wird, desto besser bleibt sie hängen. Daraus ergibt sich besonders für die Berichterstattung häufig ein schwieriger Spagat. Denn um eine Falschinformation korrigieren zu können, müssen wir sie benennen. Wenn sie allerdings schon in der Überschrift (ohne Korrektur) steht, sorgt das im Gehirn jedes Mal für eine Aktivierung der entsprechenden Gedächtnisspur und damit für eine stärkere Erinnerung an die Falschinformation.

Hinzu kommt, dass mittlerweile ein Großteil unseres Nachrichtenkonsums darin besteht, Überschriften zu überfliegen – besonders online. Deshalb sollte der Inhalt der Falschinformation nicht bereits in der Überschrift auftauchen, Zusammenhänge und Aufklärung bleiben ansonsten auf der Strecke.

Statt Überschriften wie »Kellyanne Conway und das Bowling-Green-Massaker, das nicht war« oder »Trump-Unterstützer sagen: ›Bowling-Green-Massaker rechtfertigt Einreiseverbot‹« wäre diese Überschrift also deutlich besser: »Trump-Beraterin verbreitet weitere Falschinformation – dieses Mal zu Bowling Green«.

Später im Artikel – also dort, wo viele Online-Leser gar nicht mehr ankommen – kann die Falschinformation natürlich detaillierter genannt und widerlegt werden. Das würde Menschen wie Trump, die häufig Falschinformationen verbreiten, etwas den Wind aus den Segeln nehmen und damit vielleicht auch die Frequenz solcher Behauptungen verringern.

2. Warnungen helfen

Ähnlich wie bei explosiven oder giftigen Stoffen können wir auch Aussagen mit einem Warnhinweis versehen. Die sind besonders effektiv, wenn sie direkt zu Beginn genannt werden. Am besten sollte die Falschinformation explizit gemacht werden. Außerdem hilft es, zu erklären, was diese für einen Einfluss auf das Gedächtnis haben können.[12]

Ich kann mir nicht helfen und muss die Frage stellen: Wie sähe eine solche Kennzeichnungspflicht wohl für manches Werbevideo aus? Vielleicht so: »Folgendes Video enthält frei erfundene Behauptungen, die Sie dazu verführen sollen …«

3. Das Prinzip der Bullshit-Asymmetrie

»Der Aufwand, um Bullshit zu widerlegen, ist zehn Mal so hoch wie der Aufwand, um ihn zu produzieren.« So in etwa lautet in einem Satz *Brandolinis Gesetz*, auch als Prinzip der Bullshit-Asymmetrie bekannt. Nachdem er eine Fernsehdiskussion mit Silvio Berlusconi gesehen hatte, twitterte der italienische Programmierer Alberto Brandolini sein »Gesetz«, das ob seiner Griffigkeit schnell Verbreitung fand. Die bisherigen Forschungsergebnisse zur Frage, wie gut (oder schlecht) sich Falsches in unseren Köpfen korrigieren lässt, stimmen dabei mit Brandolinis These überein. So greift auch ein Artikel in der angesehenen Fachzeitschrift *Nature* die Bullshit-Asymmetrie auf.[13] Mit anderen Worten: Eine kleine Richtigstellung auf Seite 15, rechts unten oder am Ende einer Unterhaltung, reicht nicht aus, um Fake News aus deinem Kopf zu löschen. Es gilt, ständig dranzubleiben, wenn wir mit Mythen aufräumen wollen, auch wenn du den *Backfire-Effekt* überwinden willst.

4. Lücken wieder füllen

Ein Tisch auf drei Beinen wackelt. Ähnlich ergeht es unserem Gedächtnis, wenn jemand versucht, einen Mythos zu widerlegen, und dort eine Lücke hinterlässt.

Als die Versuchsteilnehmer der oben erwähnten Studie gesagt bekamen, dass weder Farbeimer noch Gasflaschen in der Lagerhalle vorhanden waren, entstand eine Erklärungslücke. Irgendetwas musste schließlich den Brand befeuert haben. Die Studie ging noch weiter, denn tatsächlich wurde einem Teil der Studienteilnehmer ein Lückenfüller angeboten. Sie lasen, dass ein Brandstifter für das Feuer verantwortlich gewesen sei. Ausgestattet mit einem neuen mentalen Tischbein, bezogen sich diese Teilnehmer nun in ihren Antworten weniger häufig auf Gasflaschen und Farbeimer.

Alternative Erklärungen sind nicht immer vorhanden oder lassen sich nicht so einfach beschreiben. Es spricht aber alles dafür, dass du diese, wann immer sie verfügbar sind, erwähnen solltest. Wo aber nur damit anfangen? Vielleicht bei dir selbst und der

Unzulänglichkeit deines eigenen Gedächtnisses. Dafür musst du nur an die Gardine zurückdenken, an die du dich fälschlicherweise erinnert hast. Die dir gezeigt hat, wie einfach dein Gedächtnis dich täuscht. Vielleicht musst du nur anerkennen, wie wenig Kontrolle du über Falschinformationen … Moment mal … Gardine?

Lektion 3: Warum uns unser Ego wichtiger ist als die Wahrheit

Wer hat die Glühbirne erfunden?
Was, wenn ich dir sage, dass es nicht Thomas Edison war, sondern Joseph Swan?[14] *Und gleich noch hinterherschiebe, dass Napoleon entgegen weitverbreiteter Annahme nicht klein war, sondern mit seinen 1,69 Metern damals tatsächlich zu den vergleichsweise großen Menschen zählte?*
»Ok, wieder was gelernt«, denkst du dir vielleicht mit Schulterzucken oder aber in der Freude, etwas für den nächsten Small Talk parat zu haben.
In jedem Fall ist es dir sicher nicht besonders schwergefallen, dein Wissen über den Erfinder der Glühbirne und Napoleon zu aktualisieren.
Doch wie sieht es mit folgenden beiden Aussagen und der Frage, für wie glaubwürdig du sie hältst, aus:

1. *Migranten sind gut für die Gesellschaft, weil sie durchschnittlich mehr Unternehmergeist an den Tag legen als der Rest der Bevölkerung.*
2. *Migranten sind schlecht für die Gesellschaft, weil ein Großteil geringer ausgebildet ist und damit im starken Wettbewerb zum wirtschaftlich schwächeren Anteil der heimischen Bevölkerung steht.*

Bestimmt hast du dich in Sekundenschnelle entschieden, welche Aussage du glaubwürdiger findest – und lehnst gleichzeitig die andere vehement ab. Deine Entscheidung hat wenig mit tatsächlichen Gegebenheiten und viel mit deiner politischen Einstellung zum Thema Migration zu tun. Würde ich versuchen, dich von der jeweils anderen Aussage (die du ablehnst) zu überzeugen, würdest du dich sehr viel schwerer tun, Belege dafür zu akzeptieren, als bei der Erfindung der Glühbirne und Napoleons Körpergröße. Warum ist das so?

Auch du integrierst bestimmte Informationen in dein Wissen einfacher als andere. Der entscheidende Faktor dabei sind Emotionen: Ob Napoleon klein oder groß war, ist keine Tatsache, die dich emotional beeinflusst. Ob du Migration eher als Chance oder Gefahr siehst, hat allerdings viel mit deinen persönlichen Einstellungen und deiner Identität zu tun. Wird dein *Ich* durch Gegenargumente und Fakten infrage gestellt, geht dein Gehirn automatisch in Abwehrstellung und feuert zurück. Vergleichbar mit den Abwehrmechanismen deines Immunsystems, das fremde Stoffe bekämpft, wehrt dein Gehirn fremde Ideen ab.

Ein bestimmtes Thema zum Teil der Identität von Menschen – egal ob in ihrer Rolle als Wähler oder Konsument – zu machen ist ein starkes Werkzeug. Ist das einmal passiert, kann das gesellschaftliche Diskurse nicht nur erschweren, sondern gar unmöglich machen. Denn dann führt jedes Gegenargument lediglich dazu, dass sich die eigene Position noch stärker festsetzt.

Wenn dein Gehirn deine Identität verteidigt

Stell dir folgende, sicher bekannte Situation vor: Dein Gegenüber sieht die Welt komplett anders als du und scheint einfach nichts verstehen zu wollen. Ihr redet euch in Rage, die Wangen werden rot, die Hände schwitzen, und plötzlich fühlst du sogar dein Herz schlagen. Vielleicht fühlst du dich regelrecht abgestoßen oder angeekelt von der Meinung deines Diskussionspartners. Solche emotionalen und damit einhergehenden körperlichen Reaktionen zeigen: Hier geht es ans Eingemachte, um ein Thema, das Teil deiner Identität ist, die es instinktiv zu verteidigen gilt!

Das können wir auch im Gehirn beobachten. Je stärker du dich gegen Argumente zur Wehr setzt, die deine Identität bedrohen, desto aktiver sind Gehirnregionen, die für Angstgefühle wichtig sind. Im Gehirn werden also ähnliche Mechanismen aktiviert, wenn wir mit einem Messer oder mit Argumenten bedroht werden.

Was bedeutet das im Hinblick auf die beiden eingangs von Lektion 3 erwähnten Aussagen zu Migranten? Ich habe keine Daten oder Beweise für eine der beiden Aussagen geliefert. Es ist aber ein Leichtes, für beide Aussagen genau das zu tun. Deine Zustimmung zu einer der beiden Aussagen hängt aber zu einem großen Teil eben nicht von irgendwelchen Statistiken und Untersuchungen ab, sondern von deiner bisherigen Einstellung zum Thema Migration. Siehst du Migration als etwas grundsätzlich Positives, zweifelst du eher die Aussage an, die mögliche negative Folgen von Migration beschreibt – und umgekehrt.

Denn wie du über Flüchtlinge und Neuankömmlinge denkst, ist längst nicht mehr nur emotional bestimmt, deine persönliche Haltung dazu ist Teil deiner Identität geworden. Sie trennt zwischen politischen Grundhaltungen, zwischen progressiv und konservativ.[15] Wirst du mit Fakten konfrontiert, die mit deinen Überzeugungen kollidieren, integrierst du sie nicht einfach in dein Wissen, um so dein bisheriges Weltbild und deine eigene Identität aufrechtzuerhalten.

Das tun wir alle, ohne darüber nachzudenken. Unsere Reaktion auf Positionen, die unsere Identität ins Wanken zu bringen drohen, laufen automatisch ab. Diesen Automatismen liegen verschiedene Mechanismen zugrunde.

Mechanismus 1: Rosinen rauspicken

Viele Menschen wünschen sich, »objektiv informiert zu werden«. Warum das nicht funktionieren kann, hast du schon in Kapitel 2 gelesen – als ich die Idee einer objektiven Berichterstattung mit einer Fata Morgana verglichen habe. Umso mehr wir versuchen, uns ihr anzunähern, desto stärker wird uns klar: Das war nur eine Illusion!

Und selbst wenn Journalisten und andere Menschen in der Lage wären, objektiv zu berichten, macht dir spätestens dein eigenes Gehirn einen gewaltigen Strich durch die Rechnung. Dass es Informationen und Nachrichten objektiv beurteilt, ist nicht mehr als eine Wunschvorstellung. Denn dein Gehirn verarbeitet nicht jede Information gleich, sondern eher wie ein Türsteher, der Informationen Zugang zu unterschiedlichen Räumen gibt. Der *Confirmation Bias* (Bestätigungsfehler) sorgt dafür, dass du dein Weltbild lieber verfestigst, statt es zu hinterfragen. Manche Psychologen halten den *Confirmation Bias* für die stärkste kognitive Verzerrung überhaupt. Gemeint ist damit die Tendenz, neue Informationen so auszuwählen und zu interpretieren, dass sie die eigenen Erwartungen und das eigene Weltbild bestätigen. Im Umkehrschluss bedeutet das: Informationen, die die eigenen Erwartungen nicht bestätigen, werden entweder ganz ignoriert, anders wahrgenommen oder gleich wieder vergessen.

Wie stark Menschen sich die Rosinen rauspicken, die ins eigene Weltbild passen, zeigten amerikanische Wissenschaftler bereits 1979.[16] Sie legten Versuchsteilnehmern verschiedene Studien vor, die entweder zeigten, dass die Todesstrafe einen wirkungsvollen abschreckenden Effekt hat oder nicht. Dazu musst du wissen, dass die Todesstrafe in den USA seit Jahrzehnten ein hoch emotionales und politisches Thema ist. Und siehe da: Wie die Teilnehmer die Studien beurteilten, hing stark von ihrer Einstellung zur Todesstrafe ab. Befürworter zweifelten stärker an der Glaubwürdigkeit der Quelle, die gegen die Todesstrafe argumentierte. Die Qualität der Studie, die *für* die Todesstrafe argumentierte, nahmen sie hingegen wohlwollend an. Gegner der Todesstrafe zeigten das gleiche Argumentationsmuster aus ihrer Perspektive, also mit umgekehrter Zustimmung.

Übertragen auf den eigenen Medienkonsum, ist also niemand ein objektiver Informations-Verarbeiter. Wenn Journalisten beide Seiten einer Debatte so neutral wie möglich darstellen, tendierst auch du dazu, die Argumente, die in dein Weltbild passen, herauszupicken – und den Rest zu vernachlässigen oder kleinzureden.[17]

Mechanismus 2: Aktive Informations-Vermeidung

Die beste Verteidigungsstrategie ist es, dich selbst erst gar nicht in Situationen zu bringen, in denen du dich verteidigen musst. Genauso ist es einfacher, einen großen Bogen um identitätsgefährdende Informationen zu machen. Ja, wir alle tendieren zum Vogel-Strauß-Verhalten. Wir wollen lieber wissen, wie schlau wir sind, statt anerkennen zu müssen, dass wir es oftmals überhaupt nicht sind.

Das beginnt bei unserem Selbstbild, das wir zu schützen versuchen. Um das zu untersuchen, mussten Versuchsteilnehmer 2011 entweder einen Intelligenztest machen oder ihre Attraktivität von anderen Teilnehmern bewerten lassen. Im nächsten Schritt erhielten alle Teilnehmer eine Vorschau auf ihr Ergebnis, sodass sie einschätzen konnten, wie gut sie beim IQ-Test abgeschnitten hatten oder wie attraktiv sie bewertet worden waren. Teilnehmer, die entgegen ihren eigenen Erwartungen eine schlechte Vorschau auf ihre Intelligenz oder ihr Aussehen erhielten, tendierten dazu, die vollständigen Ergebnisse nicht sehen zu wollen. Einige waren sogar bereit, dafür zu zahlen, um die Ergebnisse nicht sehen zu müssen.[18]

Angenommen, es geht nicht um den eigenen IQ oder das

Aussehen, hat dieser Mechanismus weitreichende – auch gesellschaftliche – Folgen. Er beeinflusst nicht nur unsere Gesundheit[19] und Kaufentscheidungen, sondern auch unser Verhalten gegenüber Menschen, die anders denken oder aussehen als wir. Selbst vermeintlich rationale Entscheider sind davor nicht gefeit: Investoren etwa vermeiden es, ihr Portfolio anzuschauen, wenn sie wissen, dass es auf dem Aktienmarkt nicht gut läuft.[20] Boomt der Markt insgesamt, kontrollieren sie auch ihre eigenen Anlagen häufiger. Vergleichbar mit dem Umschlag vom Finanzamt, der seit Wochen ungeöffnet auf dem Küchenregal herumliegt. Auch Manager vermeiden es häufig, sich Argumente anzuhören, die ihrer zuvor getroffenen Entscheidung widersprechen.[21] Das gilt auch dann, wenn die Argumente dabei helfen könnten, negative Auswirkungen zu verhindern.

Beide Mechanismen – die Rosinen-Pickerei und die Informationsvermeidung – verstärken gesellschaftliche Polarisierung. Sie sorgen dafür, dass du nach der Auseinandersetzung mit einem Thema, sei es in einer Diskussion oder beim Medienkonsum, noch stärker vom eigenen Standpunkt überzeugt bist. Ist das biologisch gesehen sinnvoll? Oder hat das Immunsystem unseres Gehirns bei der Bekämpfung fremder Ideen über die eigenen Stränge geschlagen?

Die Balance des Immunsystems

Das Verhalten, das Wissenschaftler in Studien und wir im echten Leben beobachten können, verdeutlicht, wie stark sich das Gehirn gegen Fakten und Ideen verteidigt, die mit der eigenen Identität kollidieren. So abwegig es vielleicht zunächst scheinen mag, erfüllt das Immunsystem im Gehirn damit aber mindestens zwei wichtige Funktionen.

Erstens wäre es schlecht, wenn du bei jedem Gegenargument, jedem neuen Widerspruch, deine eigenen Ideen direkt über Bord werfen würdest. Vor allem dann, wenn diese Ideen Teil deiner Identität und somit grundlegend für dein Leben sind. Egal ob es um dein eigenes Aussehen und deine Selbstwertschätzung oder das Wohl der Menschheit geht. Zweitens stehen diese Ideen nicht nur für deine Identität, sondern signalisieren Gruppenzugehörigkeiten, die du nicht gefährden willst. Wenn du Werte und Standpunkte einer solchen Gruppe verteidigst, geht es meist nicht darum, die Wahrheit herauszufinden, sondern darum, die eigene Identität zu schützen.[22]

Das bringt mich zurück zur Eingangsfrage von Lektion 3: Warum fällt es uns so schwer, bestimmte Korrekturen in unser Weltbild zu integrieren? Denn eine solche Gruppe kann neben Familie, Glaubensgemeinschaft, Sportverein, Unternehmen und anderen auch eine politische Partei oder eine politisch motivierte Bürgerbewegung sein. In der Psychologie wird darum auch von politisch motivierter Argumentation gesprochen. Je mehr beispielsweise das Thema Migration in dieser Form politisiert wird, desto schwieriger wird der Austausch darüber. Parteien versuchen sich abzugrenzen und nehmen darum extremere Positionen ein. Anhänger der Parteien identifizieren sich wiederum mit diesen Positionen, Fakten und eine ehrliche Diskussion bleiben dabei oft auf der Strecke.

Wenn dein Immunsystem überaktiv ist, greift es den eigenen Körper an. Gleiches gilt für das Immunsystem deines Gehirns, das deine Identität verteidigt. Wenn es dauerhaft aktiv ist, gefährdet es ebenfalls dein Wohlergehen, weil du Hinweise auf zukünftige Gefahren und Nachteile ausblendest. Sei es die eigene Gesundheit betreffend, wenn du nicht zum Arzt gehst, obwohl dein Körper es dir signalisiert. Oder eben in Bezug auf gesellschaftliche Gefahren und Herausforderungen, die politisiert wurden. Prominentes Beispiel ist neben Migration der Klimawandel.

Und auch hier stellt sich wieder die Frage: Was kannst du dagegen tun? Gibt es Medikamente gegen das überaktive Immunsystem der eigenen Identität? Ja, die gibt es!

Medikamente gegen das überaktive Immunsystem

1. Grafiken statt Text

Statt ein Argument in Textform zu präsentieren, lohnt es sich, etwas grafisch darzustellen. Das erhöht die Chancen, dass wir neue Informationen oder Korrekturen von Bekanntem besser aufnehmen können.[23]

2. Wer hat's gesagt?

Es macht einen Unterschied, ob sich Angela Merkel, Horst Seehofer oder Anton Hofreiter zur Migrationspolitik äußern. Ebenso macht es einen Unterschied, wer wen korrigiert, wenn Falschinformationen im Umlauf sind. Das funktioniert im politischen Bereich zum Beispiel dann am besten, wenn sie vom Parteigenossen kommen. Das haben Wissenschaftler für Falschinformationen von US-Präsident Donald Trump untersucht; werden diese von einem republikanischen Kongressmitglied widerlegt, kommt die Korrektur bei Republikanern viel besser an, als wenn ein Demokrat etwas richtigstellt.[24]

3. Wie ist es gesagt worden?

Neben der Quelle spielt auch das sogenannten Framing, also die sprachliche Einrahmung eines Arguments, eine wichtige Rolle: Unterschiedliche Formulierungen vom gleichen Inhalt können unser Verhalten unterschiedlich beeinflussen. So macht es zum Beispiel für die Akzeptanz von Maßnahmen gegen den Klimawandel einen Unterschied, ob von CO_2-Steuern oder CO_2-Ausgleich gesprochen wird[25] – allerdings nur für Menschen, deren Werte durch die für sie mitklingende Bedeutung des Wortes Steuern herausgefordert werden.

4. Blickwinkel ändern

Ein Gegenmittel, das im Alltag nicht immer verfügbar ist, aber sehr wirksam sein kann, sind Rollenspiele. Sei es in Schulen, an

Universitäten oder in anderen Gruppensituationen. Die Rollen zu tauschen und so aus der Sicht des anderen für die Gegenposition zu argumentieren kann Einsicht und Nachsicht fördern.

Nicht zuletzt gibt es einen weiteren Grund zur Hoffnung. Wir Menschen haben alle ein unterschiedlich starkes Immunsystem. Das gilt auch für das Abwehrsystem im Hirn, das unsere Identität schützt. Menschen, die einen hohen Grad an wissenschaftlicher Neugier haben oder über eine gehörige Portion intellektueller Demut verfügen, sind offener für Fakten, Argumente und Positionen, die ihre Überzeugungen infrage stellen. Diese intellektuelle Demut geht einher mit der oft erwähnten Offenheit, Neugier, einer höheren Toleranz für Zweideutigkeit und geringem Dogmatismus. Menschen mit einem hohen Grad dieser Demut sind sich beispielsweise weniger sicher, dass ihr religiöser Glaube der richtige ist, verurteilen Politiker, die ihre Position anpassen, weniger schnell als sprunghaft und sind empfänglicher für überzeugende Gegenargumente.

Die vielleicht beste Erkenntnis der Forschungsergebnisse zur Frage, wie wir das übereifrige Immunsystem in unserem Kopf austricksen können: Vieles deutet darauf hin, dass wir intellektuelle Demut und Aufgeschlossenheit fördern und lernen können!

Lektion 4: So schnell sind dir die *anderen* egal

Zugunglück in Indien, 143 Passagiere sterben. Darunter ein deutsches Ehepaar, das anlässlich seiner Silberhochzeit eine Rundreise durch Asien gemacht hat. Die Story bestimmt die Schlagzeilen. Die trauernden Kinder des Ehepaars erzählen vor laufender Kamera vom Lebenstraum der Eltern, durch Indien zu reisen. Die übrigen 141 Toten in Indien bleiben für uns ohne Namen und Gesicht, und ohne deutschen Pass sind sie lediglich eine Zahl in der deutschen Berichterstattung. Ihre Geschichte interessiert hier niemanden, wir fühlen anscheinend nicht mit ihren Hinterbliebenen.

Flugzeugabsturz in Thailand, 98 Tote, darunter kein Deutscher. Das Unglück ist deutschen Medien nur eine kurze Meldung wert, während es in Großbritannien die Titelseiten bestimmt: Zu den Toten gehört eine englische Schulklasse mit 17 Schülern und zwei Lehrern.

Generell gilt erst mal: Jeder Mensch verfügt über ein gewisses Maß an Empathie. Die beiden fiktiven Unglücke zeigen aber auch exemplarisch, was du sicher schon aus dem Medienalltag kennst:[26] Empathie macht häufig an nationalen Grenzen halt, die *anderen* sind dir schnell egal. Generell fällt es Menschen leichter, Mitgefühl und Betroffenheit für einzelne Personen statt für Gruppen zu fühlen.[27] Sind die Betroffenen dann noch so wie du, fällt dir das Mitgefühl noch leichter. Was aber bestimmt diese Wahrnehmung, warum teilen wir die Menschen so schnell in Gruppen ein, wie funktioniert das?

In Sekundenschnelle entscheidet unser Gehirn, wer unser Mitgefühl verdient und wer nicht. Gerade wenn Politiker zunehmend in die Kerbe des Nationalismus schlagen und damit definieren, wo die eigene Gruppe aufhört und die andere anfängt, lohnt es sich, den Sinn und Unsinn unserer empathischen Automatismen besser zu verstehen.

Beginnt Nationalismus beim Fußball?

»Von diesem Tag an wird eine neue Vision unser Land regieren. Von diesem Tag an wird es nur noch heißen: Amerika zuerst!« So die zentrale Botschaft in Donald Trumps Antrittsrede als 45. US-Präsident am 20. Januar 2017. Aussagen wie diese ziehen eine klare Linie. Eine Linie, die im konkreten Fall etwas über dreitausend Kilometer lang ist und mit einer Betonmauer gezogen werden soll und zwischen der sogenannten *In-Group* (also meiner Gruppe) und der *Out-Group* (also den *anderen*) verläuft. Alle, die zur *In-Group* gehören, sind klar definiert. Sie müssen sich ihre Zugehörigkeit nicht verdienen, sondern erhalten sie automatisch. Mitgefühl und Empathie aller Zugehörigen ist ihnen gewiss. Die Zugehörigkeit zu einer Gruppe bestimmt auch, wem du hilfst und wem nicht.

Was könnte sich besser dazu eignen, als die Dramatik dieses Effekts anhand des Volkssports Nummer 1 zu zeigen: Fußball. Für eine britische Studie wurde dazu eine Gruppe leidenschaftlicher Manchester-United-Fans rekrutiert.[28] Bei Ankunft wurde ihnen jeweils mitgeteilt, dass sie an einem Experiment mit anderen Manchester-United-Fans teilnehmen würden. Auf dem Weg zum vorgeblichen Versuchsraum begegnete dem Teilnehmer im Flur dann jemand im Trikot des Erzrivalen Liverpool, der prompt stolperte und sich sein rechtes Bein verletzte. Reichte der Manchester-Fan seinem Rivalen eine helfende Hand? Nein! Zumindest in den allermeisten Fällen nicht. Trug der stolpernde Fan (der in Wahrheit ein von den Wissenschaftlern instruierter Schauspieler war) jedoch ein Manchester-United-Trikot, waren ihm Mitleid und Hilfe gewiss.

Wie schnell wir Gruppen formen, dabei Menschen bevorzugen und andere vernachlässigen, hat allerdings nicht zwangsläufig etwas mit deren Trikot zu tun. Gruppenbildung funktioniert bereits über scheinbar belanglose Ähnlichkeiten, wie etwa einen farbigen Punkt hinter deinem Namen. Geben Wissenschaftler Versuchsteilnehmern eine Namensliste, auf der jeder Eintrag entweder mit einem blauen oder einem roten Punkt markiert ist, bevorzugen die Teilnehmer sofort die eigene Gruppe, also alle Namen, die mit einem Punkt in der gleichen Farbe versehen worden sind – und rechnen der eigenen Gruppe höhere Fähigkeiten zu als den *anderen*.[29]

Fühlst du dich einmal zu einer Gruppe zugehörig, legen die anderen Mitglieder und du schneller eine Reihe typischer Verhaltensweisen an den Tag: Zunächst einmal sehen Mitglieder die eigene Gruppe im Vergleich zu anderen Gruppen als höherwertig an. Dabei spielt der Grad der Identifikation eine wichtige Rolle: Je stärker sich Menschen mit einer bestimmten Gruppe identifizieren, desto stärker bevorzugen sie die eigene Gruppe gegenüber anderen.[30] Die Identifikation sorgt auch für ein ausgeprägtes Abwehrverhalten: Haben Gruppenmitglieder das Gefühl, dass die Werte der eigenen Gruppe hinterfragt werden, betonen sie die Besonderheit der eigenen Gruppe und die Schwäche anderer. Auch Schadenfreude auf Gruppenebene gehört dazu, wenn eine andere Gruppe an einer Aufgabe scheitert. Die wiederum ist besonders stark, wenn es um einen Bereich geht, der relevant für die eigene Gruppe ist, und wenn unklar ist, ob die eigene Gruppe in dem Bereich wirklich überlegen ist.[31]

Diese Verhaltensweisen können wir in den unterschiedlichsten Konfliktfeldern und unter den verschiedensten Akteuren beobachten: Schalke- und Dortmund-Fans, die den Schal der gegnerischen Mannschaft in der Regionalbahn anzünden, Republikaner und Demokraten, die eine so unterschiedliche Sprache entwickelt haben, dass sie nicht mehr miteinander kommunizieren können, Israelis und Palästinenser, deren Konflikt durch eine Mauer reguliert werden soll.

Sobald du Ähnlichkeiten mit anderen definiert hast, fällt es dir leichter, Empathie für sie zu empfinden. Sie sind nicht mehr einfach die *anderen*, sondern Teil der eigenen *In-Group*. Mit anderen Worten: Empathie ist der gruppenspezifische Klebstoff menschlichen Zusammenlebens.

Wie schnell Gruppenbildung auf der Verhaltensebene vonstattengeht, zeigen die erwähnten Experimente zu Fußballfans und farbigen Punkten. Wie schnell dein Gehirn dir signalisiert, »Du gehörst (nicht) dazu«, haben Neurowissenschaftler ebenfalls bereits erforscht. Beispielsweise indem sie zeigen, wann und wie unser Gehirn auf Menschen unterschiedlicher Hautfarbe reagiert.

Dein Gehirn signalisiert, wer dazugehört und wer nicht

Bist du hellhäutig und schaust Bilder von dunkelhäutigen Menschen an, reagiert dein Gehirn anders, als wenn du in ein hellhäutiges Gesicht siehst. Umgekehrt ist das für dunkelhäutige Menschen genauso.[32] Das Ganze lässt sich anhand von EEG-Messungen feststellen und passiert wahnsinnig schnell: Bereits nach etwas mehr als einer Zehntelsekunde unterscheidet dein Gehirn zwischen unterschiedlichen Hautfarben des Gegenübers. Erst danach erfolgt die Unterscheidung zwischen Mann und Frau. Diese Kategorisierung deines Gegenübers passiert, bevor du beginnst, darüber nachzudenken, in wessen Augen du gerade schaust. Das Reaktionsmuster zeigen Kinder bereits so früh, dass sich eine sozio-kulturelle Prägung der Wahrnehmung ausschließen lässt.

Einen Schritt weitergedacht, haben Wissenschaftler ebenfalls bereits untersucht, wie das Gehirn des Fußballfans reagiert, wenn dieser einen Anhänger des Erzrivalen leiden sieht. Kategorisiert es in dem Fall ebenso?

In einem deutschen Experiment wurden dafür die Gehirne von Borussia-Dortmund-Fans beobachtet. Die Wissenschaftler des Max-Planck-Instituts Leipzig schauten, was im Gehirn des Dortmund-Fans passierte, wenn ein verhasster Schalke-Anhänger einen (vermeintlich) schmerzhaften elektrischen Schock bekommt.

Das Ergebnis: Die Aktivität im Nucleus Accumbens, der Gehirnregion, die aktiv ist, wenn wir belohnt werden und uns gut fühlen, steigt.[33] Wird dem Dortmund-Fan angeboten, das Leid des Gegenübers zu mindern, indem er selbst einen halb so starken Elektroschock verabreicht bekommt, überrascht seine Wahl kaum: Handelt es sich beim Gegenüber ebenfalls um einen Dortmund-Fan, willigt er eher ein, als wenn er einem Schalke-Fan mit schmerzverzerrtem Gesicht gegenübersitzt. Beim tatenlosen Betrachter des verhassten Gegners zeigt sich: Die Region im Gehirn, die für die Wahrnehmung empathischer Gefühle zuständig ist, ist weniger aktiv. Das gleiche Aktivierungsmuster im Gehirn offenbaren Studien auch für Gruppen anderer Art, die miteinander im Wettbewerb stehen.[34]

Unser Verhalten und unser Gehirn bestätigen also, dass unsere Empathie vor allem der eigenen Gruppe gilt – gegenüber der *Out-Group* bringt jeder Einzelne im Durchschnitt weniger Mitgefühl auf. Damit ist Empathie eben nicht nur Klebstoff menschlichen Zusammenlebens, sondern gleichzeitig auch Treibstoff gesellschaftlicher Konflikte – nämlich immer dann, wenn eine *Out-Group* ins Spiel kommt.

Dabei liegt die Betonung auf *eine*, denn egal wie gern einige Politiker in lautstarken Reden die eigene Gruppe abgrenzen mögen, niemand ist nur Mitglied einer Gruppe.

Wie viele Gruppen bist du?

Frau oder Mann, dunkel- oder hellhäutig, Europäer, Afrikaner oder Asiate, alt oder jung, Dortmund- oder Schalke-Fan, Radfahrer, Fußgänger oder Autofahrer, einsam oder nicht. Die Liste ließe sich fast beliebig fortführen und zeigt auf banale Weise: Du gehörst vielen Gruppen an, je nach Lebenslage ist die eine wichtiger als die andere. Ja, sobald du das Licht der Welt erblickst, gruppierst du Menschen und entscheidest (unbewusst), wem du vertraust und wem nicht.

Welche Kriterien bestimmen die Gruppierung deines sozialen Umfelds? Da ist zunächst einmal Bekanntes: So bevorzugen Babys Muttersprachler und nehmen ein Spielzeug lieber von jemandem an, wenn derjenige die vertraute Sprache der Eltern spricht.[35] Die eigene Sprache ist sogar stärker als das Aussehen. Im Alter von fünf Jahren bevorzugen Kinder andere Kinder, die den gleichen Akzent sprechen wie sie, unabhängig davon, welche Hautfarbe sie haben.[36]

Genau solche Faktoren werden wichtig, wenn es zum Streit oder Konflikt kommt. Auch wenn fraglich ist, inwieweit das »Sozialverhalten« von Amöben mit dem von Menschen vergleichbar ist, zeigen selbst die Einzeller soziale Präferenzen. Sie migrieren mit verwandten Amöben und verteidigen ihre Nahrung gegenüber fremden Amöben.[37] Ähnlich entscheiden wir Menschen über die Verteilung von Ressourcen anhand von Gruppenzugehörigkeiten. Doch wenn die Politiker und Fußballfans dieser Welt Menschen in heimisch und fremd, in Freunde und Gegner aufteilen, unterschlagen sie einen wichtigen Aspekt von Gruppen. Ihre Grenzen sind nicht in Stein gemeißelt, sondern flexibel. Genau das ist unsere Chance, um Empathie nicht als gruppenspezifischen Klebstoff zu nutzen, sondern gesamtgesellschaftlich.

Gruppengrenzen verstehen und verschieben

Gruppenzugehörigkeiten – und damit ein Teil deiner Identität – sind alles andere als statisch. Wie schnell du von einer zur anderen Gruppe wechselst und damit auch bestimmst, wie weit deine Empathie reicht, bestimmen dein Gehirn beziehungsweise die Gruppen-Merkmale, die du gerade im Kopf parat hast. Was meine ich damit?

Dafür lohnt ein Blick auf den zweiten Teil der britischen Studie mit den stolpernden Fußballfans (du erinnerst dich: Liverpool und Manchester). Bekommen die Versuchsteilnehmer zu Beginn gesagt, dass an der Studie britische Fußballfans statt Manchester-Fans teilnehmen, reichen sie plötzlich den verletzten Liverpool-Fans viel öfter eine helfende Hand. Warum? Weil sie in den stolpernden Statisten nicht in erster Linie einen verhassten Liverpool-Anhänger, sondern einen gleichwertigen Fußballfan sehen.

Das gleiche Prinzip wenden Menschen auch bei der Frage

nach der nationalen Identität an: Wen du zur *In-Group* zählst, hängt davon ab, ob du Nationalität über die ethnische oder die bürgerliche Identität bestimmst. Siehst du ein asiatisch aussehendes Mädchen im Deutschland-Trikot als Deutsche? Wie fließend die Einteilung solcher Kategorien ist, wird sich in Zukunft noch stärker zeigen. Ist ein Mädchen mit deutsch-koreanischen Eltern Europäerin oder Asiatin? Und welcher Gruppe gehören ihre Kinder an, die sie mit einem Afrikaner zeugt, dessen Eltern aus den USA und Griechenland kommen?

Wenn rechtspopulistische Politiker über Migration sprechen, betonen sie häufig, dass zunehmende Migration zu zunehmenden Spannungen führt, weil sich die einheimische Bevölkerung in ihrer Identität bedroht fühle. Ist das wirklich so?

Tatsächlich zeigen Studien weltweit, dass, sobald Kontakt zwischen verschiedenen Gruppen entsteht, Ängste abgebaut und Gruppen auf praktischem Wege neu definiert werden.[38] Das erklärt, warum nationalistische Parteien in Städten im Mittel weniger Chancen haben als auf dem Land – wo der Kontakt zu Fremden geringer ist. Dabei ist es wichtig, die Möglichkeiten für positive Begegnungen zu erhöhen, in denen Hilfsbereitschaft gezeigt werden kann und geteilte Erfahrungen das Gemeinsame betonen – genau wie bei den Fußballfans.

Ist die Rede von der *einen* deutschen, amerikanischen, französischen, niederländischen oder schottischen Identität, macht der Redner mindestens zwei (möglicherweise beabsichtigte) Fehler. Erstens zieht der Sprecher eine klare Grenze, die es meist nicht gibt – die Zuhörer ordnen zu und sortieren aus, ohne darüber nachzudenken. Zweitens ist jede Aussage, die gruppiert, Nährboden für das beschriebene Gruppenverhalten. Und bestimmt damit wiederum, wie weit deine Empathie reicht.

Wie können wir die Klebstoff-Funktion der Empathie nutzen? Indem wir nicht an alteingesessenen Zugehörigkeiten und Identitäten festhalten, sondern über gemeinsame Ziele für die Zukunft sprechen – egal ob als Mutter, als Radfahrer, als Besucherin, als Pfadfinder, als Bürgerin eines Landes oder als Medienkonsument.

Lektion 5: Warum du nicht alles frei entscheidest

»Take back control!« (Übernimm wieder die Kontrolle!), der Slogan hat 2016 nicht nur die Brexit-Kampagne dominiert und darunter alle Menschen vereinen können, die sich gegen die etablierte Politik stellten. Er passt auch sehr gut zu einem der Glaubenssätze der westlichen aufgeklärten Gesellschaft: Um dein Wohl zu maximieren, benötigst du maximale individuelle Freiheit. So bist du in der Lage, dein Leben zu kontrollieren und die bestmöglichen Entscheidungen zu treffen. Niemand anders entscheidet für dich, und du bist frei von Manipulationen. Darüber hinaus gilt: Je mehr Auswahl, desto besser! Nur so kannst du deine Bedürfnisse passgenau befriedigen. Sei es bei der Auswahl zwischen 42 Kekssorten im Supermarktregal, 23 neuen Smartphone-Modellen beim Online-Händler oder 14 Arzneimitteln gegen Halsschmerzen.

Das Dogma ist jedoch höchst irreführend. »Take back control« spielt nicht nur mit unserem Drang zur individuellen Entfaltung, sondern unterstellt auch: Wir haben die Kontrolle und damit ein Stück Freiheit verloren. Die Wahrheit ist aber: Du hattest nie die vollständige Kontrolle über deine Entscheidungen, dafür ist unser Gehirn schlichtweg nicht ausgelegt.

Warum dich zu viel Auswahl unzufrieden macht

Beginnen wir mit der Annahme: Je mehr Auswahl, desto besser! Ist die Auswahl zu groß, zeigt dein Gehirn tatsächlich Lähmungserscheinungen, und zurück bleibt ein demotiviertes Ich. Genau das zeigten die beiden Psychologen Sheena Iyengar und Mark Lepper im Jahr 2000 erstmalig in einer Reihe von Experimenten.[39] Ihre Testpersonen hatten eine geradezu süße Aufgabe: Sie durften Marmelade probieren. In einem Gourmetladen mit sechs verschiedenen Sorten kauften 30 Prozent der Teilnehmer nach dem Probieren ein Glas. Standen 24 Geschmäcker zur Auswahl, kauften im Anschluss nur 3 Prozent etwas.

In einem zweiten Experiment wählten Studenten entweder aus sechs oder dreißig Gourmet-Schokoladen ihren persönlichen Favoriten. Diejenigen, die nur aus sechs Sorten wählen durften, zeigten sich im Anschluss zufriedener mit der eigenen Wahl und waren geneigter, Schokolade statt Geld als Vergütung für ihre Teilnahme an der Studie zu wählen.

Was sagt uns das? Je größer die Auswahl, desto größer die Gefahr, die falsche Wahl zu treffen. Wer kennt sie nicht, die nagenden Fragen: Vielleicht gibt es doch noch ein Hotel mit besserem Preis-Leistungs-Verhältnis? Wer sagt mir, dass nicht doch der Käsekuchen mit Rosinen die leckerere Wahl gewesen wäre statt der Erdbeertorte? Warum sollte ich mich jetzt für eine feste Beziehung entscheiden, wenn da draußen vielleicht doch noch der Traumpartner warten könnte? Solche Gedanken sorgen dafür, dass dir Entscheidungen an sich schwerer fallen und du die gemachten Entscheidungen weniger genießen kannst.[40] Das Gleiche gilt natürlich eins zu eins für deinen Medienkonsum – wenn du mal wieder die 50 Tabs offen hast und 42 Überschriften überflogen hast.

Mit einer größeren Auswahl steigen auch deine Erwartungen. Der amerikanische Psychologe Barry Schwartz beschreibt das folgendermaßen: Während es vor ein paar Jahrzehnten genau ein (schlecht sitzendes) Jeansmodell gab, musst du dich jetzt zwischen Slim Fit, Straight Leg, Skinny, Loose Fit und anderen Schnitten und Versionen entscheiden. Die Erwartung hat sich von »Ich brauche eine neue (zunächst schlecht sitzende) Jeans« zu »Bei so viel Auswahl muss doch auch ich die perfekt sitzende Hose finden« geändert. Und selbst wenn du den Laden mit einer scheinbar maßgeschneiderten neuen Jeans verlässt, denkst du sicherlich: »Vielleicht hätte ich noch besser wählen können!« Solange deine Erwartungen mit den Auswahlmöglichkeiten steigen, hast du zwar von außen betrachtet ein besseres Leben – aber nicht das Gefühl, dass es dir tatsächlich besser geht.

Kommt all das zusammen – also: viel Denkarbeit vor einer Entscheidung, Reue, verpasste Möglichkeiten und hohe Erwartungen –, gilt es, einen Schuldigen zu finden. Bei einer geringen Auswahl fällt die Wahl leichter auf die Welt da draußen, schließlich gab es nur zwei Jeans zur Auswahl, kein Wunder, dass deine jetzt schlecht sitzt. Hattest du die Auswahl zwischen 23 Hosen, liegt es näher, die Schuld bei dir zu suchen. Sicher ist es trivialer, zwischen Slim Fit und Loose Fit zu entscheiden, verglichen mit wichtigen Entscheidungen, die deine Gesundheit, Karriere und dein Sozialleben betreffen. Einfach gesagt, ist dein Leben nichts anderes als eine Entscheidung nach der anderen, eine Priorisierung dessen, womit du deine Zeit verbringst. Mit den negativen Überschriften, die von überall auf dich einprasseln? Oder mit einem guten Buch, das dir die Zusammenhänge erklärt?

Müsstest du ständig alles selbst entscheiden, wärst du schnell überfordert. Darum lagerst du viele Entscheidungen aus an Dritte, vom besten Freund über den Arzt bis zum Vermögensberater, und automatisierst andere. Dabei helfen bestimmte Mechanismen im Gehirn, die wie bei den Gewohnheiten auf eine Art Autopilotmodus umschalten.

Das Dogma, du hättest die Kontrolle über deine eigenen Entscheidungen (also die, die du nicht sowieso an Dritte abgibst), ist daher oft schlichtweg falsch. Denn mit dem Einschalten deines Autopiloten gibst du die Kontrolle täglich ab.

Alles Manipulation?!

Der Gedanke, dass du nicht Herrin oder Herr deiner Entscheidungen bist, mag frustrierend oder sogar beängstigend sein – ist aber unvermeidbarer Teil deines Lebens. Betrittst du einen Raum, entscheidet seine Aufteilung, seine Einrichtung darüber, wie du dich verhältst. Das Gleiche gilt für jede Website, die du besuchst, um dich zu informieren oder unterhalten zu lassen. Der Raum entscheidet, ob du dich eher setzt oder stehen bleibst, die Website, wo deine Aufmerksamkeit hinwandert, worauf du klickst und so weiter. Wenn du im Restaurant die Karte aufschlägst, beeinflusst die Anordnung der Gerichte, welches du auswählst. Genau wie die Anordnung von Produkten im Supermarktregal mit darüber bestimmt, was in deinem Einkaufskorb landet und was nicht.

Vieles in deinem Leben wird mit Werkseinstellungen ausgeliefert. Auch wenn du die Freiheit hast, sie zu ändern, passiert das verhältnismäßig selten.[41] Das beginnt bei deinem Handy, das mit bestimmten Apps und Voreinstellungen geliefert wird, aber betrifft auch Standardeinstellungen, die beispielsweise staatliche Gesundheitssysteme prägen und über Leben und Tod entscheiden können. In Ländern, in denen jeder zunächst als Organspender gilt und Bürger sich aktiv dagegen entscheiden müssen, wenn sie dies nicht wollen, ist die durchschnittliche Rate an Organspendern viel höher als in Ländern, in denen Menschen die umgekehrte Wahl haben. Da hilft keine noch so teure Werbekampagne für Organspendeausweise.

Auswahl, Einrichtung, Werkseinstellungen: Du wirst ständig beeinflusst oder auch manipuliert, da kommst du nicht drum herum. Bevor du jedoch brüllst, dass du ständig manipuliert würdest, solltest du genauer hinschauen. Laut Definition bedarf es für eine Manipulation einer verdeckten, bösen Absicht, die dem Manipulator einen Vorteil verspricht.

Entscheiden, wann du entscheiden willst

Statt zu rufen: »Übernimm wieder die Kontrolle!«, müsstest du dich also – abhängig vom Kontext – eher fragen: Wann willst du nicht alle Möglichkeiten kennen? Vielleicht lohnt es sich, die nächste Einkaufstour auf ein (Online-)Geschäft zu beschränken, wenn es um die Auswahl der nächsten Jeans oder des neuen Smartphones geht. Trotz scheinbar unbegrenzter Möglichkeiten solltest du dich auch bei komplexen Entscheidungen wie der Partnerwahl und gesundheitlichen Maßnahmen von der Vorstellung verabschieden, alle Möglichkeiten kennen zu wollen.

Ebenso solltest du dich fragen, wann und wo du die Kontrolle übernehmen willst. Muss es der süße Snack an der Supermarktkasse, die fünfte Episode in Folge der aktuellen Lieblingsserie auf *Netflix* oder der nächste Griff zum Smartphone sein? Wenn du dich fragst, ob du das Gratisangebot von zwei Extra-Limonadeflaschen beim Kauf von zehn wirklich annehmen willst (obwohl du nur drei kaufen wolltest), kontrollierst du deine Entscheidung. Und entscheidest so, wann du das Steuer vom Autopiloten übernehmen willst.

Zu guter Letzt kannst du einfach öfter mal die Werkseinstellungen ändern. Auch dein Leben wird nämlich durch zahlreiche Werkseinstellungen bestimmt, vorgegeben durch Hersteller von Produkten, gesellschaftliche Normen und deine eigene Biologie. Letztere außen vor gelassen, kommt hier auch die Verantwortung von Wirtschaft und Politik ins Spiel. Sie entscheiden, ob dein Smartphone standardmäßig deine GPS-Daten weiterleitet oder jeder Bürger als Organspender eingetragen ist. Sie an diese Verantwortung zu erinnern liegt am Ende des Tages auch an dir.

Und was hat das mit dem Brexit zu tun? Ganz einfach: Jeder Wähler, der mehr Kontrolle fordert, fragt implizit auch nach mehr Verantwortung. Wann du diese Kontrolle überhaupt ausüben kannst – und willst –, hängt von vielen Faktoren ab. Vor allem von den beiden begrenzten Ressourcen Zeit und Gehirnkapazität.

Lektion 6: Dieses Syndrom hat auch dich fest im Griff!

Um herauszufinden, wie sehr auch du von einem Syndrom betroffen bist, das uns alle im Griff hat, beantworte die folgenden vier Fragen:

1. *Du bestellst ein Bier und einen Schnaps und zahlst 1,10 Euro. Das Bier kostet einen Euro mehr als der Schnaps. Wie viel kostet der Schnaps?*
2. *Fünf Heinzelmännchen benötigen fünf Minuten, um fünf Tische abzuräumen. Wie lange brauchen 100 Heinzelmännchen, um 100 Tische abzuräumen?*
3. *Alle Säugetiere können laufen. Ein Wal ist ein Säugetier. Also kann ein Wal laufen. Ist diese Aussage logisch korrekt?*
4. *Wie viele der drei Fragen glaubst du richtig beantwortet zu haben?*

Fertig? Im Anhang kannst du die Antworten überprüfen.

Und, wie hast du abgeschnitten? Hast du schnell aus dem Bauch heraus geantwortet und 10 Cent, 100 Minuten und »unlogisch« getippt? Wenn es dir schwerfiel, diese intuitiven Antworten zu unterdrücken, bist du anfälliger für das Syndrom, um das es in dieser Lektion geht. Du hattest alle drei Fragen richtig? Prima! Aber auch du bist nicht immun!

Jeder kennt das Syndrom vorrangig von anderen Personen, leidet aber gleichzeitig auch selbst darunter. Die heutige 24-Stunden-Beschallung mit Informationen und der Kampf um deine Aufmerksamkeit im Internet bieten den perfekten Nährboden für akute Ausbrüche. Wer dort am lautesten schreit, zeigt starke Anzeichen des Syndroms. Welche Ausprägung es annehmen kann, wenn es jahrzehntelang unbehandelt bleibt, demonstriert der zurzeit mächtigste Mann der Welt Tag für Tag aufs Neue.

Im Mai 2017 verkündete US-Präsident Donald Trump stolz, dass er der US-Marine empfohlen habe, für den Start von Flugzeugen von Flugzeugträgern wieder die gute alte Dampftechnik zu nutzen:[42] »Es erschien mir schlecht. Digital. Sie haben digital. Was ist digital? Und es ist sehr kompliziert, man muss Albert Einstein sein, um es zu kapieren.« Der amtierende US-Präsident macht keinen Hehl daraus, dass er oftmals keine oder wenig Ahnung hat. Sein Wissen über die Technik von Flugzeugträgern ist da keine Ausnahme. Seine Unkenntnis hat ihn wie so oft aber nicht daran gehindert, sein Urteil abzugeben. Vielleicht hat er sich vor seiner Aussage sogar ein wenig auf Wikipedia umgeschaut oder einen Bericht auf *Fox News* gesehen und so erfahren, dass die zuvor gängige Technik tatsächlich dampfbetrieben war.

Dann wäre seine Recherche ein wenig damit vergleichbar, dass du dich ein paar Tage mit einem Thema beschäftigst, dafür im Internet oder der Bibliothek recherchierst und ein paar Fernsehsendungen und Videos anschaust – und dich bei der nächsten Diskussion zum Thema lautstark einbringst –, schließlich bist du jetzt informierter als die meisten anderen. Oder wenn du nach drei Monaten Tennisunterricht das Gefühl hast, Serena Williams oder Roger Federer besiegen zu können. Genau das ist der Moment, an dem du auf dem *Ignoranz-Gipfel* angekommen bist – und der Abstieg von dort ist kein Zuckerschlecken.

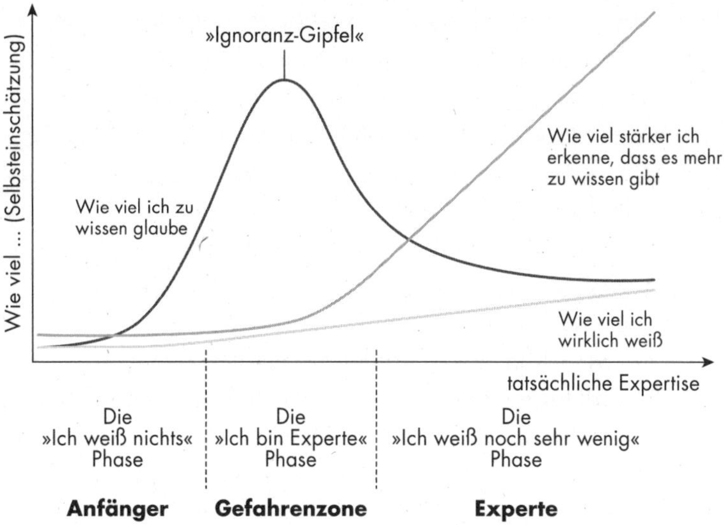

Der Ignoranz-Gipfel

Klar, wenn du am Fuße des Gipfels stehst und gar nichts weißt, ist dir das meistens bewusst. Wer keinen Führerschein hat, glaubt nicht, der nächste Formel-1-Weltmeister zu werden. Wer Physik in der Schule abgewählt hat, denkt nicht, schwarze Löcher erklären zu können.

Gemeint ist also das Syndrom der Selbstüberschätzung. Es schlägt erst dann zu, wenn du dich vom Novizen zum Amateur entwickelst. Das geht meist schnell: Egal ob du die ersten Akkorde auf der Gitarre gelernt hast oder du dir das Grundwissen zu einem bestimmten Thema angeeignet hast. Die zu Beginn meist steile Lernkurve sorgt dafür, dass du deine Fortschritte genießt und glaubst, keiner könne dir nun mehr etwas vormachen. Die Herausforderung besteht dann darin, vom *Ignoranz-Gipfel* wieder hinabzusteigen, aus der Gefahrenzone der Selbstüberschätzung wieder hinauszukommen. Das fällt schwer, weil die Aussicht dort oben so schön ist und weil es bis hierhin anstrengend war. Denn plötzlich treten die Verbesserungen nicht mehr so schnell ein. Vom Beherrschen des *Beatles*-Klassikers auf der Gitarre bis zum komplizierten Flamencostück braucht es eben viel länger. Aber nur wenn du den Abstieg wagst, beginnst du langsam, aber sicher zu erkennen, wie wenig du noch immer kannst oder weißt.

Das Konzept des *Ignoranz-Gipfels* liefert eine mögliche Erklärung für das Syndrom der Selbstüberschätzung und beschreibt gleichzeitig ein mittlerweile weltberühmtes Verhalten: den Dunning-Kruger-Effekt. Ende der 1990er-Jahre stellten die beiden amerikanischen Sozialpsychologen David Dunning und Justin Kruger ihren Studenten nach einer Klausur eine einfache Frage: »Was glaubst du, wie gut du abgeschnitten hast?« Das Ergebnis überraschte nicht nur die beiden Wissenschaftler. Die Studenten mit den schlechtesten Noten schätzten sich selbst viel besser ein. Die Studenten mit den besten Noten lagen mit ihrer Einschätzung viel dichter am tatsächlichen Ergebnis und tendierten sogar zu einer leichten Unterschätzung.

Der ersten Studie folgten zahlreiche weitere rund um den Globus, die immer wieder das gleiche Ergebnis offenbarten: Diejenigen mit geringem Wissen überschätzen sich am stärksten, sie stehen hoch oben auf dem Ignoranz-Gipfel.[43] Dabei wirken die beiden wichtigsten Folgen der eigenen Inkompetenz, die dich auf dem Gipfel verweilen lässt, wie ein doppelter Fluch: Zum einen machst du Fehler und triffst schlechte Entscheidungen, weil dir echte Expertise fehlt. Zum anderen bist du nicht in der Lage, deine eigene und die Kompetenz anderer richtig einzuschätzen.

Dieser blinde Fleck der Selbsteinschätzung hat das Weltgeschehen fest im Griff. Er führt nicht nur dazu, dass du selbst Fehler machst, sondern dass vor allem in Zeiten des Internets die Bewohner des Ignoranz-Gipfels überzeugt davon sind, es besser zu wissen als diejenigen, die den Gipfel schon lange verlassen haben. Das Problem: Sie schreien häufig am lautesten.

Noch bevor es vollgetrollte Kommentarspalten und Internetforen gab, hat der Mathematiker und Philosoph Bertrand Russell das Phänomen treffend zusammengefasst (damals in Bezug auf Adolf Hitlers Machtergreifung 1933): »Die grundlegende Ursache der Unruhen ist, dass in der modernen Welt die Dummen sich todsicher sind, während die Intelligenten voller Zweifel sind.«

So verbreitet ist Selbstüberschätzung

Ein Beruf, in dem besonders laut und viel in die Welt hinausposaunt wird, ist der des Journalisten. Ich selbst laufe also besonders Gefahr, anschauliche Beispiele für den Dunning-Kruger-Effekt zu liefern. Vielleicht erklimme ich bei der Recherche zu einem Artikel schnell den Ignoranz-Gipfel, ohne zu erkennen, dass mir dort gerade der Wind um die Nase weht. Einen optimalen Nährboden für die Selbstüberschätzung bieten fehlende Zeit und mangelndes Fachwissen bei der journalistischen Arbeit. Beides führt etwa dazu, dass Journalisten nicht in der Lage sind, die besten Gesprächspartner, also die mit der größten Expertise, als Interviewpartner einzuladen (hier macht sich der zweite Teil des doppelten Fluchs bemerkbar, Kompetenz nicht richtig einschätzen zu können).

Verschlimmert wird das Ganze dadurch, dass diejenigen, die den Gipfel schon verlassen haben, sich meist eher leise verhalten und stärker am eigenen Wissen zweifeln – sie wissen besser, was sie alles noch nicht wissen. Mit anderen Worten: Sich selbst besonders sicher zu fühlen ist nicht zwangsläufig ein guter Indikator für Kompetenz. Im Gegenteil, in manchen Fällen signalisiert die Überzeugung, besonders fähig zu sein, die eigene Unfähigkeit.

Neben bestimmten Berufsgruppen gibt es tatsächlich auch einige psychologische Eigenschaften, die es dem Syndrom der

Selbstüberschätzung besonders leicht machen aufzutreten. Eine solche, mittlerweile gut untersuchte, Fähigkeit ist die, kritisch denken zu können (genau das haben die drei Eingangsfragen im Schnelldurchlauf getestet). Das heißt, Menschen, die häufig voreilige Schlüsse ziehen, Ratschläge ignorieren und sich weigern, ihre Haltung zu überdenken, verharren besonders gern auf dem Ignoranz-Gipfel.[44]

Liegt die Lösung also darin, sich einfach immer auf die Experten zu verlassen? Jein. Denn wie gerade beschrieben, hat die Selbstüberschätzung verschiedene Einfallstore. Eine Studie mit amerikanischen Universitätsprofessoren etwa zeigte, dass 94 Prozent der Befragten ihre Arbeit in ihrem Fachgebiet für überdurchschnittlich halten – eine Tatsache, die mathematisch höchst unwahrscheinlich ist.[45] Außerdem tendieren Experten dazu, ihr eigenes Feld der Expertise zu verlassen, um auch in anderen Gebieten ihre Meinung kundzutun, was wiederum von Journalisten häufig gern angenommen wird. Auch wenn ein Professor für Mathematik wohl nicht unbedingt als politischer Analyst herangezogen werden sollte.

Egal ob Expertin oder Amateur (und egal wie viele der Eingangsfragen du richtig beantwortet hast): Dein Abstand zum Ignoranz-Gipfel lässt sich immer noch vergrößern.

Drei Gegenmittel gegen die Ignoranz

Generell sind wir nicht gut darin, uns selbst einzuschätzen. Der Austausch mit anderen kann uns auf zwei Wegen dabei helfen. Auch wenn es manchmal unangenehm ist, verbessert Feedback von außen unsere Selbsteinschätzung, und das Wissen des Gegenübers erleichtert das Lernen. Also: Frag andere nach ihrer Einschätzung!

Das zweite Gegenmittel ist die Ehrlichkeit, denn die Einsichten anderer helfen nur, wenn sie ehrlich sind. Es ist schön, wenn

Familie und Freunde dir sagen, wie fantastisch du singen kannst. Wenn du dann aber einen höchstens mittelmäßigen Auftritt bei *Deutschland sucht den Superstar* hinlegst, freuen sich höchstens das hämisch lachende Publikum und die Jury. Genau wie du es schaffst, deine Oma davon zu überzeugen, der nächste Superstar zu sein, ist Donald Trump ein Meister darin, Menschen um sich zu versammeln, die es ihm ermöglichen, weiter auf dem Ignoranz-Gipfel zu bleiben. Also: Schluss mit falschen Höflichkeiten!

Auch beim dritten Gegenmittel geht es im weitesten Sinne um Ehrlichkeit, und zwar die gegenüber dir selbst. Akzeptiere Fehler – vor allem deine eigenen – und suche Fehler nicht nur bei anderen, sondern zuerst bei dir. Wenn es neue (wissenschaftliche) Erkenntnisse zu einer Fragestellung gibt, sträube dich nicht dagegen, sie zu akzeptieren. Sei bereit, deine eigenen Irrtümer zuzugeben, statt krampfhaft an der eigenen Überzeugung festzuhalten. Nur dann kannst du sehen, was du gelernt hast.

Dass es nie zu spät ist, vom Ignoranz-Gipfel hinabzusteigen, zeigt vielleicht der Champion im Ignoranz-Gipfel-Verweilen selbst. So klingt Donald Trumps Einschätzung des amerikanischen Gesundheitssystems im Februar 2017 vor laufenden Kameras fast, als habe er sich getraut, ein paar Schritte vom Gipfel hinabzugehen: »Es ist ein unglaublich kompliziertes Thema. Niemand wusste, dass das Gesundheitssystem so kompliziert sein könnte.«[46]

Du, ich und wir alle haben häufig das Gefühl, uns selbst gut zu kennen, und überschätzen die eigene Kompetenz. Was dagegen vielleicht am besten hilft? Wenn wir uns alle öfter mal trauen, (laut) zu sagen: »Ich weiß es nicht!«

Lektion 7: Warum Bullshit gefährlicher ist als jede Lüge

»Dem Weg zu folgen bedeutet, eins zu werden mit ihm. Erfüllung ist das Wissen von der Wiedergeburt und von uns. Dieses Leben ist erfüllt mit einer blühenden Metamorphose eines ständigen Bewusstseins. Die Realität wurde immer von Traumwebern belebt, deren Hoffnung von Freude genährt wird. Es kann schwierig sein, den Anfang zu finden, wenn du noch nie einen Funken in der Leere deiner selbst gespürt hast. Es kann schwierig sein zu wachsen, auch wenn du es vielleicht nicht bemerkst. Du bist ausdauernd.«

Irgendwie klingt das tiefgründig und vielleicht sogar ein wenig weise, oder? Vielleicht erinnern dich die Sätze auch an einen philosophischen Text oder die Lehren einer bestimmten Glaubensgemeinschaft. Der erste Absatz dieser letzten Lektion wurde allerdings von einem Computerprogramm generiert, das Wörter gemäß grammatikalischen Regeln zufällig aneinanderreiht. Geschrieben hat das Programm Seb Pearce, der selbst jahrelang großer Anhänger der sogenannten New-Age-Bewegung war und sich durch zahlreiche Bücher gelesen hat, die ähnlich wie das computergenerierte Eingangs-Zitat klingen. Bis er sich entschieden hat, der Sache auf den Grund zu gehen, und feststellte: Die Bücher und Vorträge klangen zwar tiefgründig, hatten aber keinerlei Bedeutung. Um das auch anderen Menschen zu verdeutlichen, schrieb er 2014 besagtes Computerprogramm, das, »auf gut Deutsch gesagt«, Bullshit (oder Schwachsinn) generiert.

Wir alle sind täglich von Bullshit umgeben, sei es in Werbebotschaften, Heilsversprechen oder Aussagen von Politikern. Das Gemeine ist: Auch du bist empfänglich dafür, weil das menschliche Gehirn immer auf der Suche nach Mustern ist und jeder von uns darum (in unterschiedlichem Ausmaß) dazu tendiert, auch dort Bedeutungen zu sehen, wo es vergeblich ist.

Das ist Bullshit!

Um Missverständnissen vorzubeugen, brauchen wir erst mal eine Definition von Bullshit. Die lieferte der amerikanische Philosoph Harry Frankfurt zwar bereits im Jahr 1986 in seinem Essay *Bullshit* – weltweit berühmt wurde der Text aber erst 2005, als das winzige Buch Kultstatus erlangte. Der wohl wichtigste Aspekt seiner Definition ist, dass er Bullshit von einer Lüge unterscheidet: »Es ist unmöglich zu lügen, ohne davon überzeugt zu sein, die Wahrheit zu kennen. Um Bullshit zu produzieren, braucht es eine solche Überzeugung nicht.«[47] Dem, der Bullshit verbreitet, geht es also nicht um wahr oder falsch. Er will imponieren statt informieren. Es geht ihm darum, das eigene Ansehen (oder das eines Produkts oder einer Idee) in den Augen des Empfängers seiner Botschaft zu erhöhen. Den *Bullshitter* kümmert es nicht, ob seine Aussagen richtig sind, es geht ihm im Gegensatz zum Lügner nicht darum, sein Gegenüber zu täuschen. Stattdessen versucht er, andere über seine Absichten in die Irre zu führen. Das bedeutet auch, dass Bullshit teilweise wahr und teilweise falsch sein kann. Bullshit begegnet dir in vielen Formen und reicht von Heilsversprechen pfiffiger Geschäftemacher bis hin zu Theorien von Wissenschaftlern, die keine sind.

Von Gurus und männlichen Geschlechtsorganen

Mit seinen abstrusen Heilsversprechen und einem pseudowissenschaftlichen Jargon hat der Amerikaner Deepak Chopra weltweit Millionen Anhänger gesammelt, obwohl seine Behauptungen von Experten wieder und wieder widerlegt und kritisiert werden. Doch nicht nur Gurus wie er bedienen sich des Bullshits. Auch in der Welt der Experten sind nicht alle vor Bullshit gefeit. Hier eine kleine Auswahl an bekannten Fällen:

Im Jahr 1996 erscheint in einem wissenschaftlichen Magazin ein Artikel mit einem ungewöhnlichen Titel: *Grenzüberschreitend: Richtung einer transformativen Hermeneutik der Quantengravitation*, geschrieben vom amerikanischen Physiker und Mathematiker Alan Sokal.[48] Er stützt sich auf die Arbeit berühmter Philosophen wie Jacques Derrida und Jacques Lacan, um zu erklären, wie, … – ja, was denn eigentlich? Irgendwas darüber, dass Physik und Mathematik männlich seien, sowieso alles relativ sei und es keine Realität gebe.

Kurz darauf veröffentlicht Sokal einen weiteren Text, in dem er fragt: »Würde ein führendes amerikanisches Wissenschaftsmagazin für Kulturwissenschaften einen Artikel veröffentlichen […], der mit Absicht mit unsinnigen Aussagen gespickt ist, die sich gut anhören und in das Weltbild der Redakteure passen? Leider lautet die Antwort: Ja!«[49] Er offenbart, dass sein erster Artikel nichts als – du ahnst es sicher – Bullshit sei. Den Kulturwissenschaftlern, die über seine Veröffentlichung zuvor entschieden hatten, war dies jedoch nicht aufgefallen.

Im Mai 2017 gelingt ein weiterer Clou, der international für Aufsehen sorgt: Ein Physiker und ein Philosoph publizieren einen Artikel in einem Wissenschaftsmagazin, in dem sie behaupten, dass der Penis besser als ein soziales Konstrukt statt als ein physisches Objekt verstanden werden könne.[50] Und schuld am Klimawandel sei das männliche Geschlechtsorgan übrigens auch. Bevor die beiden Autoren den Artikel auf die Reise schicken, überprüfen sie ihr Meisterwerk selbst noch einmal. Sie wollen sicherstellen, dass der Artikel nichts Sinnvolles aussagt und keiner von beiden eigentlich weiß, wovon der Text handelt.[51] Mit dieser Gewissheit im Hinterkopf beurteilen sie ihn als Erfolg. Genau wie in Sokals Fall ist auch ihr Artikel vor der Veröffentlichung von anderen Wissenschaftlern geprüft und zugelassen worden.

Das dritte Beispiel zeigt: Bullshit funktioniert nicht nur in Textform. In den 1970er-Jahren gibt ein gewisser Dr. Fox mehrere Vorträge für Pädagogen aus der Psychologie, Psychiatrie und dem Gesundheitswesen. Der charismatische Akademiker vermittelt laut Aussagen der Zuhörer »tiefgründige Inhalte« und »könne so klar erzählen«. Das Problem an Dr. Fox: Seine Vorträge waren ohne jeden Inhalt und er selbst ein Schauspieler, angeheuert von Bildungswissenschaftlern. Den gleichen Effekt zeigten auch die Ergebnisse von Folgestudien.[52]

Diese Beispiele belegen, dass auch der Teil der Akademiker, der häufig mit Schachtelsätzen und undurchsichtiger Sprache um sich wirft, anfällig für Bullshit ist. Und dass Ausstrahlung und Körpersprache inhaltsleere Aussagen kompensieren können. Sokal und Co. haben sich einer Sprache bedient, die sie zuvor in Studien kennengelernt hatten. Doch bevor du jetzt lauthals das Ende aller Wissenschaftsmagazine forderst, solltest du überlegen, ob du nicht gerade auf dem Ignoranz-Gipfel stehst. Zunächst gilt: Nicht alle Wissenschaftsmagazine sind gleichermaßen anfällig für Bullshit. Sie unterscheiden sich stark in ihrem Anspruch, den Laien und Neulinge in einem Feld nur schwer beurteilen können.

Wie also kannst du dich vor Bullshit schützen? Egal ob in vermeintlich wissenschaftlichen Studien, in einem clever klingenden Artikel auf einer Website oder von möglichen Heilsversprechern. Dafür musst du zunächst verstehen, was dich möglicherweise besonders anfällig für ihn macht.

Hast du eine gute Nase für Bullshit?

»Versteckte Bedeutung transformiert beispielslose abstrakte Schönheit.« Klingt tiefgründig, oder? Diese Frage stellte der kanadische Psychologiedoktorand Gordon Pennycook seinen Versuchsteilnehmern, als er ihnen diese und ähnlich klingende, grammatikalisch korrekte, aber zufällig generierte Aussagen vorlegte. Gemeinsam mit seinen Kollegen untersuchte er erstmals, ob Menschen unterschiedlich anfällig für pseudotiefgründigen Bullshit sind, und wenn ja, welche Eigenschaften diese Menschen sonst noch haben.[53]

Ihre Ergebnisse: Tatsächlich unterschieden sich die Studienteilnehmer in der Bewertung der Aussagen; circa ein Viertel beurteilte sie als »wirklich tiefgründig«. Je tiefgründiger ein Teilnehmer die Aussagen einschätzte, desto weniger reflektierte er seine eigene Haltung und desto schlechter schnitt er in verschiedenen kognitiven Aufgaben ab, bei denen zum Beispiel Rechenkünste und Sprachkenntnisse getestet wurden. Wer die Aussagen als besonders tiefgründig einstufte, glaubte außerdem stärker an übernatürliche Phänomene.

Die Studie sorgte für viel Aufsehen und wurde im Jahr 2016 mit dem Ig- oder Anti-Nobelpreis ausgezeichnet.[54] In den Medien ließen Überschriften wie diese dann nicht lange auf sich warten: »Studie findet heraus, dass Menschen, die auf Unsinn von inspirierenden Zitaten reinfallen, weniger intelligent sind.«[55] Das ist natürlich ebenso grober Bullshit! Was die Studie stattdessen zeigte, ist, dass unser aller Bedürfnis, nach Bedeutungen und Mustern zu suchen, unterschiedlich groß ist und mit einigen anderen Charaktereigenschaften korreliert. Zentral ist dabei, wie unterschiedlich wir Sprache interpretieren.[56] Das wurde in Folgestudien bereits weiter untersucht, zum Beispiel während des US-Präsidentschaftswahlkampfes im Jahr 2016. Dabei zeigten sich Anhänger des republikanischen Präsidentschaftskandidaten Ted Cruz besonders empfänglich für »pseudotiefgründigen Bullshit«.[57]

Ist unsere Fähigkeit, Bullshit zu erkennen, also Teil unserer Persönlichkeit? Und wenn ja, können wir sie trotzdem trainieren?

Aufstehen gegen Bullshit

In einer Welt, in der wir in jedem Moment Zugriff auf so viel Wissen, Informationen und eben auch Bullshit haben wie nie zuvor, bleibt die Suche nach der Wahrheit die vielleicht wichtigste Aufgabe eines jedes Individuums. Und die wichtigste Aufgabe derer, die sie als Journalisten, Lehrer und andere Wissensvermittler verpacken, ist es, den schmalen Grat zu finden zwischen notwendiger Komplexität, um eine Sache hinreichend zu erklären, und Bullshit, der auf der Aneinanderreihung von clever klingenden Aussagen beruht. Das Internet erlaubt eine rasend schnelle Verbreitung von Bullshit – das Prinzip der Bullshit-Asymmetrie hast du ja bereits in Lektion 2 kennengelernt.

Egal wie anfällig du selbst für Bullshit bist, kann jeder Einzelne lernen, besser damit umzugehen.

Wie? Indem er sich im Kritischen Denken übt. Menschen, die ihre eigenen Überzeugungen bei der Beurteilung der »pseudotiefgründigen Bullshit-Aussagen« aus Gordon Pennycooks Studie reflektieren, schneiden entsprechend besser ab. Dass wir diese Fähigkeit tatsächlich lernen können, zeigt das Beispiel von Seb Pearce eindrücklich: Vom Anhänger der New-Age-Bewegung ist er zum Aufklärer gegen Bullshit geworden und vergleicht den Lernprozess gern mit körperlicher Fitness. Und auch wenn Menschen gern mal sagen: »Ich muss fit werden!«, weiß jeder Sportler: Es geht nicht darum, einen Endpunkt zu erreichen, ab dem kein Training mehr nötig ist – vielmehr hat jeder Sportler das Ziel, fit zu bleiben. Und dafür muss er die Sportschuhe immer wieder erneut schnüren! Das ist am Ende eine Entscheidung für einen bestimmten Lebensstil, keine Leistung. Das Gleiche gilt für die Entscheidung, sich selbst zu hinterfragen.

Anhang

Lösung zu Seite 36:

Der Trick ist es, die unsichtbare Grenze, die wir schnell aus Gewohnheit um die neun Punkte ziehen, mit den Linien zu überschreiten:

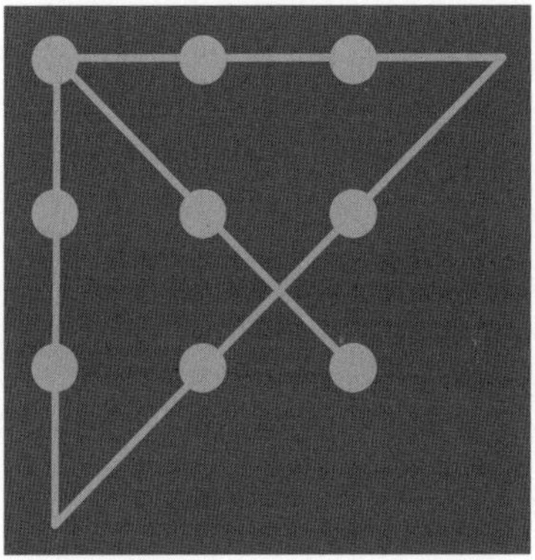

Lösung zu Seite 195:

1. *Der Schnaps kostet fünf Cent (und das Bier 1,05 Euro).*
2. *Die Heinzelmännchen benötigen fünf Minuten.*
3. *Ja, die Aussage ist logisch korrekt (auch wenn sie natürlich faktisch falsch ist).*

Anmerkungen

Kapitel 1
Süchtig nach dem nächsten Update:
Nachrichtenkonsum im 21. Jahrhundert

1 https://perspective-daily.de/article/470/5XNiD2Vq
2 Tim Wu: The Attention Merchants. The Epic Scramble to Get Inside Our Heads. New York 2016.
3 https://www.forbes.com/sites/kashmirhill/2014/07/07/ex-facebook-data-scientist-every-facebook-user-is-part-of-an-experiment-at-some-point/#-4143d757538e
4 https://www.newyorker.com/books/page-turner/moon-shot-race-a-hoax-and-the-birth-of-fake-news
5 Hier präsentieren Larry Page und Sergey Brin, die beiden Gründer von Google, ihre Idee: http://infolab.stanford.edu/~backrub/google.html
6 https://www.recode.net/2017/7/24/16020330/google-digital-mobile-ad-revenue-world-leader-facebook-growth
7 Ignoranztest-Ergebnisse von *Spiegel* und Gapminder Foundation: https://www.gapminder.org/GapminderMedia/wp-uploads/German-Ignorance-2014.pdf Vollständiger Test unter: http://www.spiegel.de/quiztool/quiztool-62775.html
8 https://data.worldbank.org/indicator/SE.ADT.LITR.ZS
9 Zusammenfassung der Daten aus mehreren Quellen bei Our World in Data: https://ourworldindata.org/natural-catastrophes
10 https://data.worldbank.org/indicator/SH.DYN.MORT Mehr Informationen unter: http://www.childmortality.org/
11 Daten bis 2016: https://data.worldbank.org/indicator/SH.IMM.MEAS
12 https://www.gapminder.org/
13 Hans Gösta Rosling (1948–2017) war Professor für Internationale Gesundheit in Stockholm und Gründer der Gapminder-Stiftung.
14 Bohle, R. (1986). Negativism as News Selection Predictor. Journalism & Mass Communication Quarterly, 63(4), 789–796.
15 Montgomery, M. (2007). The discourse of broadcast news. London: Routledge.
16 https://perspective-daily.de/article/197/OANRj2S1
17 http://www.sciencedirect.com/science/article/pii/S0165176515001615
18 http://jmq.sagepub.com/content/81/1/124.short
19 https://perils.ipsos.com/slides/index.html

20 https://www.destatis.de/DE/Publikationen/WirtschaftStatistik/Verkehr/Unfallstatistik122010.pdf?__blob=publicationFile
21 https://www.goodreads.com/book/show/1222724.The_Optimism_Gap

Kapitel 2
Abhängigkeit mit Folgen:
Das macht die Informationsflut mit Gehirn und Psyche

1 https://www.ncbi.nlm.nih.gov/pmc/articles/PMC2770457/pdf/ukmss-27837.pdf
2 https://dornsife.usc.edu/assets/sites/545/docs/Wendy_Wood_Research_Articles/Habits/Wood.Quinn.Kashy.2002_Habits_in_everyday_life.pdf
3 http://www.isbn-suchen.de/search.php5?q=psycho-cybernetics
4 https://onlinelibrary.wiley.com/doi/abs/10.1002/ejsp.674
5 https://www.ncbi.nlm.nih.gov/pmc/articles/PMC3505409/
6 http://www.im-clever.eu/documents/courses/computational-embodied-neuroscience-1/CEN/files/YinKnowlton2006RoleOfBasalGangliaInHabitFormation.pdf
7 https://www.physiology.org/doi/pdf/10.1152/jn.1998.80.1.1
8 https://dornsife.usc.edu/assets/sites/545/docs/Wendy_Wood_Research_Articles/Habits/Wood.Quinn.Kashy.2002_Habits_in_everyday_life.pdf
9 https://www.socialrelationslab.com/uploads/1/8/9/6/18966149/mccluckey_et_al._2011_the_economics_of_bad_news.pdf
10 http://psycnet.apa.org/record/1996-06209-002
11 https://www.cpsa-acsp.ca/papers-2013/Trussler-Soroka.pdf
12 Cannon, Walter: Bodily Changes in Pain, Hunger, Fear and Rage. New York 1915.
13 Sapolsky, Robert: Warum Zebras keine Migräne kriegen. Wie Streß den Menschen krank macht. München 1994.
14 »Eine Stadt steht unter Schock« betitelte am 7. April die *Rheinische Post* ihre Berichterstattung, vgl. https://rp-online.de/nrw/panorama/muenster-eine-stadt-steht-unter-schock_aid-17004799. Andere Medien berichteten mit ähnlichem Tenor, siehe u.a. *Focus Online* https://www.focus.de/panorama/welt/muenster-stadt-steht-unter-schock-so-erlebten-die-menschen-die-todesfahrt_id_8727452.html und *Bild* https://www.bild.de/news/inland/news/news-eilmeldung-muenster-55320884.bild.html
15 http://www.pnas.org/content/111/1/93.abstract
16 Haskins, J. (1981). The Trouble with Bad News. Newspaper Research. 2(2), 3–16.
17 http://onlinelibrary.wiley.com/doi/10.1111/j.2044-8295.1997.tb02622.x/abstract
18 Slovic, P. (1987). Perception of risk. Science, 236(4799), 280–285.

19 https://www.ruv.de/presse/aengste-der-deutschen/grafiken-die-aengste-der-deutschen
20 https://perspective-daily.de/article/111/sqQlAw7w
21 http://www.wz.de/lokales/duesseldorf/senioren-oder-fahranfaenger-wer-baut-die-meisten-unfaelle-1.592543
22 https://www.destatis.de/DE/PresseService/Presse/Pressemitteilungen/2016/07/PD16_242_46241pdf.pdf?__blob=publicationFile
23 Balthasar, Cord / Wiese, Thorsten: Warum Kugelschreiber tödlicher sind als Blitze: Verblüffende Statistiken über die Gefahren und Risiken unseres Lebens. München 2014.
24 https://www.sciencedaily.com/releases/2015/05/150506164240.htm
25 Seligman, Martin: Erlernte Hilflosigkeit. München 1979
26 Seligman, M.E.P. & Maier, S.F. (1967). Failure to escape traumatic shock. *Journal of Experimental Psychology, 74,* 1–9.
27 Dweck, C.S. & Licht, B.G. (1980). Learned helplessness and intellectual achievement. In J. Garber & M.E.P. Seligman (Eds.), Human helplessness: Theory and applications. New York: Academic.
28 https://onlinelibrary.wiley.com/doi/full/10.1111/j.1460-2466.1977.tb01863.x
29 DeVellis, R. F., DeVellis, B. M., & McCauley, C. (1978). Vicarious acquisition of learned helplessness. Journal of Personality and Social Psychology, 36(8), 894–899.
30 Seligman, M. E. P. (1974). Depression and learned helplessness. In R. J. Friedman & M. M. Katz (Eds.), The psychology of depression: Contemporary theory and research (pp. 83–113). Washington, DC: Winston.
31 Veitch, R. & Griffitt, W. (1976). Good News-Bad News: Affective and Interpersonal Effects. J Appl Social Pyschol, 6(1), 69–75.
32 What is the purpose of journalism? – American Press Institute. (2016). American Press Institute. Retrieved 5 April 2016, from 44 https://www.americanpressinstitute.org/journalism-essentials/what-isjournalism/purpose-journalism/
33 https://reutersinstitute.politics.ox.ac.uk/sites/default/files/Digital%20News%20Report%202017%20web_0.pdf?utm_source=digitalnewsreport.org&utm_medium=referral
34 Edgerly, S. (2015). Red Media, Blue Media, and Purple Media: News Repertoires in the Colorful Media Landscape. Journal Of Broadcasting & Electronic Media, 59(1), 1–21. http://dx.doi.org/10.1080/08838151.2014.998220
35 http://www.harbus.org/2004/social-theory-at-hbs-2749/
36 Alexander Markowetz: Digitaler Burnout. Warum unsere permanente Smartphone-Nutzung gefährlich ist. München 2015.
37 http://psychosomatik.lwl-uk-bochum.de/die-ambulanz/medienambulanz
38 https://play.google.com/store/apps/details?id=open.menthal&hl=de
39 https://psychcentral.com/blog/fomo-addiction-the-fear-of-missing-out/

40 https://www.sciencedirect.com/science/article/pii/S0747563213000800
41 https://hbr.org/2015/09/consuming-negative-news-can-make-you-less-effective-at-work
42 http://www.nytimes.com/2013/05/05/opinion/sunday/a-focus-on-distraction.html
43 Hewlett-Packard: *Abuse of Technology Can Reduce UK Workers' Intelligence.* Small & Medium Business press release 22.04.2015.
44 https://www.ncbi.nlm.nih.gov/pmc/articles/PMC4174517
45 http://science.sciencemag.org/content/330/6006/932.full
46 https://reutersinstitute.politics.ox.ac.uk/sites/default/files/Digital%20News%20Report%202017%20web_0.pdf?utm_source=digitalnewsreport.org&utm_medium=referral
47 https://www1.wdr.de/unternehmen/der-wdr/unternehmen/glaubwuerdigkeitsstudie-2018-100.pdf
48 https://de.ejo-online.eu/qualitaet-ethik/medienvertrauen-so-hoch-wie-seit-15-jahren-nicht-mehr, das Eurobarometer findet man auch unter: http://data.europa.eu/euodp/en/data/dataset/S2137_86_2_STD86_ENG
49 https://www.unigesellschaft.de/fileadmin/eigene_dateien/Foerderprojekte/Sozialwissenschaften/2016_Medienvertrauen/FP_42_43_Medienvertrauen_Deutschland.pdf. Siehe auch: Reinemann, Carsten / Fawzi, Nayla / Obermaier, Magdalena: Die »Vertrauenskrise« der Medien – Fakt oder Fiktion? Zu Entwicklung, Stand und Ursachen des Medienvertrauens in Deutschland. In Lilienthal, Volker / Neverla, Irene (Hg.): »Lügenpresse«. Anatomie eines politischen Kampfbegriffs. Köln 2017, S. 77–94.
50 Alle Daten aus dem Eurobarometer 2016 https://de.ejo-online.eu/qualitaet-ethik/medienvertrauen-auf-dem-tiefpunkt#!prettyPhoto
51 http://www.daserste.de/information/talk/maischberger/sendung/wozu-brauchen-wir-noch-ard-und-zdf-100.html

Kapitel 3
Weg von der Nadel:
Konstruktiver Journalismus als Alternative

1 https://perspective-daily.de/article/391/QYgz3usI
2 Dabei handelt es sich um das sogenannte EXIST-Stipendium, das Ausgründungen aus Universitäten und anderen Bildungseinrichtungen in der Frühphase unterstützt. Weitere Infos dazu: https://www.exist.de
3 2013 hatte der niederländische *De Correspondent* innerhalb weniger Wochen mehr als 15 000 zahlende Mitglieder (à 60 Euro) gesammelt, um an den Start zu gehen. https://decorrespondent.nl/
4 https://www.br.de/presse/inhalt/pressemitteilungen/glaubwuerdigkeitsstudie-br-b5-geburtstag-100.html

5 https://mediaengagement.org/wp-content/uploads/2014/06/ENP_SJN-report.pdf. Siehe auch: https://engagingnewsproject.org/wp-content/uploads/2016/03/ENP-Solutions-Journalism-News-Engagement.pdf
6 http://www.nytimes.com/2001/01/28/magazine/look-at-brazil.html
7 https://www.solutionsjournalism.org/
8 https://storytracker.solutionsjournalism.org/
9 https://apolitical.co/solution_article/new-york-is-giving-free-legal-advice-to-thousands-of-undocumented-migrants/?utm_source=Solutions+Story+Tracker
10 https://generocity.org/philly/2018/08/08/home-visiting-programs-improving-outcomes-low-income-kids-poverty-early-childhood-education/?utm_source=Solutions+Story+Tracker
11 Übersetzung der Autorin. Englisches Original: »Problem talk creates problems, solution talk creates solutions«.
12 Reviewstudie der amerikanischen Psychologieprofessorin Barbara L. Fredrickson zu ihrer Forschung und der von ihr entwickelten Broaden-and-built-Theorie ttp://www-personal.umich.edu/~prestos/Downloads/DC/Fredrickson_AESP2013.pdf
13 http://psycnet.apa.org/record/1976-00172-001
14 https://pdfs.semanticscholar.org/dedf/666ee7035c73cb3aa85616c83fbad-3f96ef0.pdf
15 Studie zur verbesserten Fähigkeit, Probleme kreativ zu lösen: https://www.ncbi.nlm.nih.gov/pubmed/3598858
16 https://labs.psych.ucsb.edu/ashby/gregory/reprints/emotss.pdf
17 https://www.ncbi.nlm.nih.gov/pubmed/10467897
18 https://www.tandfonline.com/doi/abs/10.1080/13607863.2015.1043619?-journalCode=camh20
19 Gyldensted, Catherine: From Mirrors to Movers. Five Elements of Positive Psychology in Constructive Journalism. Create Space Independent Publishing 2015.
20 https://perspective-daily.de/article/197
21 Die *New York Times* berichtet in einem ausführlichen Artikel in Bezug auf Vitamin D über die finanziellen Interessen, die auch hinter vorgeblich medizinischen Richtwerten stehen können: https://www.nytimes.com/2018/08/18/business/vitamin-d-michael-holick.html
22 https://perspective-daily.de/article/519/tvQqqtyS
23 https://perspective-daily.de/article/621/mTSsxxZ2
24 https://www.nejm.org/doi/10.1056/NEJM199212313272701?url_ver=Z39.88-2003&rfr_id=ori%3Arid%3Acrossref.org&rfr_dat=cr_pub%3Dwww.ncbi.nlm.nih.gov
25 https://perspective-daily.de/article/132/BdxHIUey
26 https://perspective-daily.de/article/585/JEu1BwxL
27 https://perspective-daily.de/article/89/5cfo0SgQ

28 https://perspective-daily.de/article/391/QYgz3usI
29 Die aktuellsten Zahlen stammen aus dem Jahr 2015: https://ourworldindata.org/child-mortality
30 https://www.zeit.de/karriere/bewerbung/2010-01/hartz-fragen-antworten
31 Den vollständigen Artikel dazu habe ich zum Valentinstag 2017 bei *Perspective Daily* veröffentlicht: https://perspective-daily.de/article/187/K5wIB79Q
32 https://www.thesun.co.uk/archives/news/500519/men-view-2-hours-of-porn-a-week/
33 https://www.childrenscommissioner.gov.uk/wp-content/uploads/2017/07/Basically_porn_is_everywhere.pdf
34 Die Studie wird beschrieben in Carol, Avedon: Nudes, prudes and attitudes. Pornography and Censorship. Cheltenham 1994.
35 Ogas, Ogi / Gaddam, Sai: Wicked Thoughts. What the Internet Tells Us About Sexual Relationships. New York 2011.
36 https://www.sciencedirect.com/science/article/pii/S0747563215004343
37 Die rein positive Berichterstattung gibt es auch und findet gerade im Internet in Form von speziellen Websites und Social-Media-Accounts einen regen Zustrom von Menschen, die sich durch das ganze Negative im wahrsten Sinne des Wortes erschlagen fühlen; diese Form des Journalismus heißt dann tatsächlich Positiver Journalismus.
38 Dazu haben wir bei *Perspective Daily* beispielsweise auch schon einen Teamtext veröffentlicht, in dem jeder Autor von einer Thematik schreibt, bei der er oder sie in letzter Zeit seine Haltung geändert hat: https://perspective-daily.de/article/539/oLcrKtD0
39 https://perspective-daily.de/article/83/SqIJGX2C
40 https://perspective-daily.de/article/83/SqIJGX2C
41 https://perspective-daily.de/article/105/WCBA4Zkz
42 https://perspective-daily.de/article/98/1vn46alQ
43 https://perspective-daily.de/article/150/Nd7K1nKB
44 https://perspective-daily.de/article/161/XruBeWYv
45 https://perspective-daily.de/article/235/mJIZXqu5
46 https://perspective-daily.de/article/26/UqQatjjh
47 https://perspective-daily.de/article/611/1adaZz3e
48 https://perspective-daily.de/article/578/t0lC01Qp
49 https://perspective-daily.de/article/264/2AjwRqa9
50 Hier findest du eine Zusammenfassung der Debatten um das Konzept der Willensstärke: http://www.slate.com/articles/health_and_science/cover_story/2016/03/ego_depletion_an_influential_theory_in_psychology_may_have_just_been_debunked.html
51 https://perspective-daily.de/konstruktiver_journalismus/ignorieren_wir_probleme_oder_fortschritte
52 https://perspective-daily.de/article/137/n4cYCeOD

53 https://read.oecd-ilibrary.org/governance/social-media-use-by-governments_5jxrcmghmk0s-en
54 http://noahpinionblog.blogspot.com/2017/06/the-shouting-class.html
55 https://marginalrevolution.com/marginalrevolution/2017/02/theory-ordinary-people-can-become-trolls.html
56 https://www.sciencedirect.com/science/article/pii/S0191886914000324
57 https://perspective-daily.de/perspectiquette
58 Beitrag des *NDR* vom 25.01.2017: https://www.ndr.de/fernsehen/sendungen/zapp/Konstruktive-Nachrichten-Perspective-Daily-,perspectivedaily106.html
59 BDZV-Chef Mathias Döpfner wirft der ARD und dem ZDF vor, »digitale Staatspresse« zu sein: https://www.ndr.de/fernsehen/sendungen/zapp/Doepfner-ARD-und-ZDF-digitale-Staatspresse,bdzv108.html
60 Fachjournalist, Heft 4 / 2008, 21, Der Einfluss von Anzeigenkunden auf die redaktionelle Berichterstattung in der Qualitätspresse (https://www.fachjournalist.de/der-einfluss-von-anzeigenkunden-auf-die-redaktionelle-berichterstattung-in-der-qualitatspresse/)
61 https://www.newamerica.org/public-interest-technology/policy-papers/digitaldeceit/?utm_source=Krautreporter+Newsletter&utm_campaign=e29a564340-EMAIL_CAMPAIGN_2018_04_27&utm_medium=email&utm_term=0_9ed711293a-e29a564340-219765805
62 Wojdynski, Bartosz / Evans, Nathaniel: Going Native. Effects of Disclosure Position and Language on the Recognition and Evaluation of Online Native Advertising. In: Journal of Advertising 45/2 (2016), S. 157–168.
63 Artikel in *Der Journalist* (Ausgabe Januar 2016)

Kapitel 4
Deine einzige Chance:
Das Rüstzeug gegen die tägliche Informationsflut

1 In diesem Artikel werden Biases und verschiedene Mechanismen zu deren Bekämpfung vorgestellt: https://www.theatlantic.com/magazine/archive/2018/09/cognitive-bias/565775/
2 Das Experiment wird beschrieben in: Gilovich, Thomas / Ross, Less: The Wisest One in the Room. How You Can Benefit from Social Psychology's Most Powerful Insights. New York 2015. Siehe auch: https://oneworld-publications.com/the-wisest-one-in-the-room.html
3 http://www.stanfordlawreview.org/wp-content/uploads/sites/3/2012/05/Kahan-64-Stan-L-Rev-851.pdf
4 Thomas Gilovich/Lee Ross: The Wisest One in the Room. How You Can Benefit from Social Psychology's Most Powerful Insights. New York 2015. Übersetzung durch die Autorin.

5 https://www.sciencedirect.com/science/article/pii/002210317790049X
6 https://www.ncbi.nlm.nih.gov/pubmed/22095975
7 Video des NPR: https://www.npr.org/sections/thetwo-way/2017/02/03/513222852/bogus-bowling-green-massacre-claim-snarls-trump-adviser-conway
8 Siehe beispielsweise: https://www.politifact.com/truth-o-meter/statements/2017/feb/06/donald-trump/donald-trump-wrong-media-not-reporting-terrorism-a/
9 http://psycnet.apa.org/record/1995-04372-001
10 https://academic.oup.com/cid/article/48/4/456/284219
11 https://universecitypod.files.wordpress.com/2015/03/antivaccinepaper1.pdf
12 https://link.springer.com/article/10.3758/MC.38.8.1087
13 https://www.nature.com/news/take-the-time-and-effort-to-correct-misinformation-1.21106
14 Joseph Swan hatte sich seine Erfindung bereits 1869 patentieren lassen. Thomas Edison ließ sich zehn Jahre später lediglich ein verbessertes Design patentieren, woraufhin Swan ihn verklagte. Edison verlor, zur Strafe musste er Swan zum Partner seines Unternehmens machen.
15 https://perspective-daily.de/article/519/tvQqqtyS
16 http://citeseerx.ist.psu.edu/viewdoc/download?doi=10.1.1.372.1743&rep=rep1&type=pdf
17 https://www.tandfonline.com/doi/abs/10.1080/10584609.2015.1102187
18 https://www.aeaweb.org/articles?id=10.1257/mic.3.2.114
19 http://www.nber.org/papers/w17629.pdf
20 http://www.cmu.edu/dietrich/sds/docs/loewenstein/FinancialAttention.pdf
21 https://www.ncbi.nlm.nih.gov/pubmed/10794372
22 http://www.dartmouth.edu/~nyhan/nyhan-reifler-causal-corrections.pdf
23 https://www.dartmouth.edu/~nyhan/opening-political-mind.pdf
24 http://rsos.royalsocietypublishing.org/content/4/3/160802
25 http://davidhardisty.info/downloads/2010-ADirtyWordOrADirtyWorld-HardistyJohnsonWeber.pdf
26 http://rsos.royalsocietypublishing.org/content/3/10/160460
27 http://www.cell.com/current-biology/abstract/S0960-9822(17)30140-9?_returnURL=http%3A%2F%2Flinkinghub.elsevier.com%2Fretrieve%2Fpii%2FS0960982217301409%3Fshowall%3Dtrue
28 http://journals.sagepub.com/doi/abs/10.1177/0146167204271651?url_ver=Z39.88-2003&rfr_id=ori:rid:crossref.org&rfr_dat=cr_pub%3dpubmed
29 https://research.vu.nl/ws/portalfiles/portal/575433/Ellemers+Journal+of+Personality+and+Social+Psychology+72%283%29+1997+u.pdf
30 http://onlinelibrary.wiley.com/doi/10.1002/ejsp.2420240603/abstract
31 http://psycnet.apa.org/record/2003-00420-005
32 https://www.ncbi.nlm.nih.gov/pmc/articles/PMC3864590/

33 http://www.cell.com/neuron/fulltext/S0896-6273(10)00720-8
34 https://dspace.mit.edu/openaccess-disseminate/1721.1/70034
35 http://europepmc.org/articles/PMC1941511/
36 http://europepmc.org/articles/pmc3096936
37 https://www.nature.com/articles/ncomms3385
38 https://www.researchgate.net/publication/281453353_Does_Intergroup_Contact_Reduce_Prejudice_Recent_Meta-Analytic_Findings
39 https://faculty.washington.edu/jdb/345/345%20Articles/Iyengar%20%26%20Lepper%20(2000).pdf
40 http://psycnet.apa.org/record/1995-24085-001
41 https://www8.gsb.columbia.edu/sites/decisionsciences/files/files/Johnson_Defaults.pdf
42 http://time.com/4775040/donald-trump-time-interview-being-president/
43 http://web.missouri.edu/~segerti/capstone/Dunning_Incompetent.pdf
44 https://www.reddit.com/r/science/comments/2m6d68/science_ama_seriesim_david_dunning_a_social/cm1mfm3/
45 http://onlinelibrary.wiley.com/doi/10.1002/he.36919771703/abstract8
46 https://www.theguardian.com/us-news/video/2017/feb/27/trump-healthcare-complicated-budget-video
47 http://www2.csudh.edu/ccauthen/576f12/frankfurt__harry_-_on_bullshit.pdf
48 http://www.physics.nyu.edu/faculty/sokal/transgress_v2/transgress_v2_singlefile.html
49 http://www.physics.nyu.edu/faculty/sokal/lingua_franca_v4/lingua_franca_v4.html
50 http://www.skeptic.com/downloads/conceptual-penis/23311886.2017.1330439.pdf
51 http://www.skeptic.com/reading_room/conceptual-penis-social-contruct-sokal-style-hoax-on-gender-studies/
52 http://adrianmarriott.net/logosroot/papers/DrFoxSpoof.pdf
53 http://journal.sjdm.org/15/15923a/jdm15923a.pdf
54 http://www.improbable.com/ig/winners/#ig2016
55 http://www.huffingtonpost.com/entry/pseudo-intellectual-profound-bullshit-study_us_5661acb4e4b079b2818e4020
56 https://perspective-daily.de/article/719/4pjlo9vl
57 http://bit.ly/2sZLZtj

Bildnachweis

Alle Grafiken von le-tex publishing services unter Verwendung folgender Quellen:
S. 19 UNICEF, The Human Mortality Database; S. 20, 21 based on free material from gapminder.org, cc-by licence; S. 36, 77, 89, 123, 131, 209 Perspective Daily; S. 101 Willoughby & Busby (2015), In the Eye of the Beholder: Exploring Variations in the Perceptions of Pornography, Society for the Scientific Study of Sexuality (SSSS), http://www.sexscience.org/, reprinted by permission of Taylor & Francis Ltd, http://www.tandfonline.com on behalf of the Society for the Scientific Study of Sexuality (SSSS); S. 107 tylervigen.com; S. 197 Simon Wardley (keine ernstgemeinte Grafik)

Dank

Am Ende eines Buches stehen dankende Worte an Menschen, die eigentlich an den Anfang gehören, weil sie genau den ermöglicht haben. Mein erster und größter Dank gilt Han, der meine Reise, Gedanken und Taten in den vergangenen Jahren nicht nur begleitet, sondern herausgefordert und auf neue Bahnen gelenkt hat. Dazu gehört natürlich auch die gemeinsame Gründung eines Unternehmens und der Aufbau eines Teams aus Menschen, die nicht müde werden, sich für eine konstruktivere Berichterstattung einzusetzen. Mein zweiter Dank geht an ebendiese Menschen, die *Perspective Daily* ausmachen oder ein Stück begleitet haben. Viele der Gedanken in diesem Buch sind der gemeinsamen inhaltlichen Arbeit entnommen, neben der mit Han, auch besonders der mit Felix, Dirk, Ellie und Frederik.

Damit ich überhaupt anfangen »durfte«, dieses Buch zu schreiben, brauchte ich ein Konzept und einen Verlag. Darum gilt mein Dank auch Barbara, die sich mit mir auf die ungewisse Reise gemacht hat. Die Harmonie zwischen uns habe ich von Beginn an als etwas Besonderes wahrgenommen. Und natürlich sähe dieses Buch nicht so aus, wie es aussieht, ohne das stets konstruktive und ungemein hilfreiche Feedback meines Lektors Conrad Gminder.

Klar danke auch ich meiner Familie. Meinem Bruder Philipp, der immer der Erste sein wollte, der ein Buch von mir lesen dürfe, danke ich dafür, dass er mich zum Schreiben ermutigt hat und stets der erste Zuhörer meiner frühen Schreibexperimente war. Meinen Eltern danke ich nicht für meine glückliche Kindheit (zumindest nicht hier), sondern für eine Woche »Book Office« an der Ostsee, während der sie tagsüber einer wenig kommunikativen Tochter begegneten. Sie haben mir einen Ort geschaffen, der mir erlaubte, die zweite Hälfte des Manuskripts zu tippen und gleichzeitig das Meer am Morgen und Abend genießen zu dürfen. Ich danke Christoph für die aufmunternden Worte und abendlichen Gespräche während dieser Woche.

Für die erste Hälfte des Manuskripts danke ich Christian für seinen Schreibtisch, seinen Balkon und seine Gesellschaft in einer schwierigen Zeit.

Und nicht zuletzt – aber nun doch am Ende – danke ich der Erkenntnis: Das Leben ist zu kurz für irgendwann!